Gesine Agena / Patricia Hecht / Dinah Riese

SELBSTBESTIMMT

Gesine Agena
Patricia Hecht
Dinah Riese

SELBSTBESTIMMT

Für reproduktive Rechte

Verlag Klaus Wagenbach Berlin

Intro

Frauen in langen roten Gewändern gehen vorsichtig durch die Straßen, ihre Köpfe sind gesenkt, ihre Gesichter von weißen Hauben verborgen. Ihre Identitäten spielen keine Rolle – sie sind Eigentum. Ihre Körper stehen im Dienst des Fortbestands eines totalitären Staates, ihre eigentlichen Namen wurden ersetzt durch den Hinweis darauf, wem sie gehören: Desfred, Desgeorge, Desglen. Sie sind Sklavinnen ihrer männlichen Besitzer, sie sind deren Gefäße, die gebären sollen. Wer nicht gebären kann, ist entbehrlich.

Die Welt, die die kanadische Autorin Margaret Atwood 1985 in ihrem Roman *Der Report der Magd* zeichnet, der seit 2017 als Serie Erfolge feiert, ist eine dystopische Fantasie. Doch Atwood fügt darin Umstände zusammen, unter denen Frauen irgendwo und irgendwann tatsächlich schon leben mussten.[1] Denn dass Frauen über ihre Körper nicht selbst bestimmen, sondern ihr Entscheidungsspielraum von politischen oder religiösen Systemen abhängt, ist eine jahrtausendealte historische Erfahrung. Das Wesen dessen, was Atwood beschreibt, prägt global auch aktuell die Leben von Frauen und Queers: der nicht enden wollende Kampf gegen ihre Unterdrückung durch patriarchale Institutionen, für ihre Rechte und um körperliche Selbstbestimmung. Es ist kein Zufall, dass Feminist:innen* in Irland, den USA, Argentinien oder Italien seit einigen Jahren rote Umhänge und

* Sprache prägt Denken und Handeln, weshalb wir geschlechtersensible Sprache nutzen. Wir gendern mit dem Doppelpunkt, schreiben also etwa »Politiker:innen«, um deutlich zu machen, dass es mehr als zwei Geschlechter gibt. An Stellen, an denen Ideologie und Denkmuster der beschriebenen Personen oder Gruppen auf ein binäres Geschlechterbild begrenzt sind, verwenden wir das Binnen-I und schreiben zum Beispiel »PolitikerInnen«. Das ist nicht immer trennscharf, verweist aber auf die dahinterliegenden Strukturen.

weiße Hauben als Zeichen ihres Protests für legale Schwangerschaftsabbrüche tragen.

Wir schreiben das 21. Jahrhundert – nie haben Sexualaufklärung, jahrzehntelange Kämpfe um Emanzipation sowie Medizin und Technik in reproduktiver Hinsicht so viele Möglichkeiten eröffnet wie heute. Hierzulande verspricht sichere Verhütung freie Sexualität, und Kinder zu bekommen oder nicht scheint längst keine Frage des Schicksals mehr. Reproduktionstechnologien sollen helfen, falls sich der Kinderwunsch nicht erfüllt, und auch die biologische Uhr scheint der Vergangenheit anzugehören: Eizellen etwa können eingefroren oder von einem Körper in einen anderen verpflanzt werden. Selbst Leihmutterschaft, obschon ethisch hochumstritten, ist medizintechnisch kein Wunderwerk mehr.

Politisch gehören wir Autorinnen dieses Buchs wohl zur ersten Generation, die mit der Idee von Geschlechtergerechtigkeit aufgewachsen ist – und mit der Vorstellung, dass die Gleichstellung der Geschlechter auch das Recht auf den eigenen Körper umfasst. Trotz aller Möglichkeiten: Bis heute existieren zahlreiche rechtliche, politische und gesellschaftliche Hürden und Einschränkungen, wenn es um Frauenkörper und um Entscheidungen geht, die damit zusammenhängen. Wie sehr weibliche und queere Körper noch immer fremdbestimmt und staatlicher oder patriarchaler Kontrolle ausgesetzt sind und wie wenig reproduktive Rechte ihnen zugestanden werden, zeigt sich in nahezu allen Aspekten, die mit der Möglichkeit zu tun haben, schwanger zu werden – oder dem Versuch, genau das zu unterbinden.

Reproduktive Rechte, oder genauer »sexuelle und reproduktive Gesundheit und Rechte«,[2] sind Rechte, die »alle Aspekte reproduktiver Gesundheit und das sexuelle Selbstbestimmungsrecht« betreffen:[3] die freie Entscheidung für Elternschaft oder dagegen, das Recht, sowohl über die Anzahl als auch den Zeitpunkt der Geburt von Kindern zu entscheiden sowie das Recht, über die dafür nötigen Informationen, Kenntnisse und Mittel zu verfügen.[4] Letztlich geht es also um alle Bereiche im Lauf eines Lebens, die die Fortpflanzung betreffen – von der Verhütung bis zur Geburt.

Diese Rechte über den eigenen Körper sind als Menschenrechte in verschiedenen völkerrechtlichen Dokumenten verbindlich verankert. Staaten sind dazu verpflichtet, sie zu achten und die notwendigen Voraussetzungen zu schaffen. Trotzdem mangelt es, wenn auch in unterschiedlicher Ausprägung, global an ihrer Ausgestaltung und Umsetzung. Reproduktive Rechte werden gebrochen, wenn Menschen zwangssterilisiert werden – bis in die 1990er Jahre hinein zulässige Praxis im heutigen EU-Land Tschechien, um Romn:ja an der Fortpflanzung zu hindern. Reproduktive Rechte werden gebrochen, wenn Polen ein nahezu totales Verbot von Schwangerschaftsabbrüchen beschließt, laut dem sogar Föten ausgetragen werden müssen, die keine Überlebenschancen haben. Reproduktive Rechte werden gebrochen, wenn Frauen keine Wahl haben, wie sie verhüten möchten, wenn etwa in Uganda Frauen langfristig wirkende Hormonimplantate eingesetzt werden, obwohl sie lieber eine temporär wirksame Spritze gehabt hätten. Reproduktive Rechte werden gebrochen, wenn Frauen in der Ukraine als günstige Leihmütter arbeiten, damit sich wohlhabende Paare aus aller Welt den Traum von einer Familie erfüllen können. Reproduktive Rechte werden gebrochen, wenn in Deutschland Krankenhäuser Schwangere in den Wehen abweisen oder wenn Frauen weltweit unter der Geburt sterben, weil die medizinischen Bedingungen miserabel sind.

Das Recht auf körperliche Selbstbestimmung ist um seiner selbst willen unabdingbar: Eine Person, die nicht über ihren Körper und die eigene Fortpflanzung bestimmen kann, leidet unter konkreten Zwängen. Diese können unmittelbar bedeuten, kein Kind bekommen zu können oder ein Kind austragen zu müssen, das nicht gewollt ist. Sie können auch bedeuten, ein Kind unter Verhältnissen zur Welt bringen zu müssen, die erniedrigend oder nicht sicher sind. Fehlende Verhütungsmittel können zu unsicheren Schwangerschaftsabbrüchen führen, die 47 000 Frauen jährlich das Leben kosten. Frauen sterben auch an den Folgen von Schwangerschaft und Geburt – 295 000 sind es derzeit jedes Jahr.

Darüber hinaus wirkt sich die Frage, ob Frauen und Queers selbst über ihre Körper bestimmen, auf viele weitere Aspekte ihrer Leben aus. Ob eine Person Zugang zu Verhütungsmitteln hat, entscheidet darüber, ob sie ungewollt schwanger wird und – falls sie das Kind austrägt – möglicherweise nicht mehr zur Schule gehen, studieren, arbeiten oder sich überhaupt frei entfalten kann. Wer sich wie lange um wie viele Kinder kümmert, prägt den beruflichen wie privaten Werdegang bis ins hohe Alter. Damit einher gehen materielle Lebensbedingungen wie gleicher oder vielmehr ungleicher Lohn und ungleiche Rente. Reproduktive Rechte weisen also weit über sich selbst hinaus und sind deshalb heftig umkämpft. Für Frauen und gebärfähige Personen sind sie die Grundlage für Selbstbestimmung – für viele andere ein Instrument der Macht.

Das zeigt sich etwa an historisch gewachsenen Geschlechterrollen, auf denen westliche Gesellschaften aufgebaut sind und die zum Teil auf religiösen Vorstellungen beruhen. Im Mittelalter verfolgt die katholische Kirche Frauen als Hexen, die Wissen über den weiblichen Körper besitzen. Martin Luther sieht in Mutterschaft den »eigentlichen ›Gottesdienst‹«.[5] Während der Reformation wird die Frau auf Mutterrolle und Haus reduziert. Die Herausbildung der Kernfamilie im Europa des 17. und 18. Jahrhunderts verstärkt diese Ideen. Der Mann, der sich um das Geld kümmert, die Frau als Mutter: Dieses mächtige Ideal prägt Kultur und Politik noch immer. Bis heute zementieren rechtliche Regelungen und ökonomische Bedingungen diese Ungleichheit: in Deutschland etwa das Ehegattensplitting, das massive Anreize für verheiratete Frauen schafft, nicht oder nur wenig erwerbstätig zu sein, Minijobs, die vor allem Frauen in die Rentenarmut treiben, und ein eklatanter Mangel an Kitaplätzen. Dass anstelle der Mütter die Väter zu Hause bleiben und deutlich weniger verdienen, kommt in verschwindend geringem Maß vor.

Über die Jahrhunderte hinweg werden zudem zentrale Gesetze geschaffen, die Frauen das Recht entziehen, über den eigenen Körper zu entscheiden, wie die Sanktionierung von

Schwangerschaftsabbrüchen. Bis heute sind Abbrüche auch hierzulande illegal und nur unter bestimmten Bedingungen straffrei. Gesetze wie dieses dienen auch dazu, die Größe und Zusammensetzung von Bevölkerung zu beeinflussen. Nationalstaaten, ob religiös oder säkular geprägt, haben ein Interesse daran, ihre Bevölkerungen zu regulieren,[6] damit diese wahlweise wächst oder schrumpft. Und die Größe von Bevölkerung kann am einfachsten über den Zugriff auf Frauenkörper beeinflusst werden. Dieser Zugriff basiert auf einem ungleichen Zugang zu Macht und Rechten, den er gleichzeitig prägt. Er zementiert Abhängigkeiten und einen grundlegenden Unterschied zwischen den Geschlechtern. Wer die Funktion von Frauen vor allem darin sieht, zu gebären und Mutter zu sein, misst Verhütung oder legalen und sicheren Schwangerschaftsabbrüchen kaum Wert zu. Der Kampf um körperliche Selbstbestimmung ist ein feministischer.

Wer soll Kinder bekommen – und wer nicht?

Mit den Vorstellungen darüber, wie Bevölkerung wachsen oder schrumpfen soll, sind häufig Ideen verknüpft, wer Kinder bekommen soll und wer nicht. Staaten und Religionen schränken dafür körperliche Rechte verschiedener Gruppen ein. Manchen potenziell Schwangeren ist der Zugang zu reproduktiven Rechten noch drastischer versperrt als anderen, vor allem denjenigen, die von Rassismus, Klassismus, Behinderten- oder Queerfeindlichkeit betroffen sind.[*] Während *weiße*[**] Frauen seit den 1970er Jahren um ihr Recht

[*] Wir Autorinnen sind drei cis Frauen, alle sind *weiß*, eine ist jüdisch. Wir haben alle studiert und sind heterosexuell. Es gibt gleich mehrere Diskriminierungsebenen, von denen wir nicht selbst betroffen sind. Uns ist bewusst, dass unsere Perspektiven aus diesem Grund beschränkt sind.

[**] Schwarz und *weiß* bezeichnen keine biologische Eigenschaft und keine reelle Hautfarbe, sondern sind politisch und sozial konstruierte Kategorien in einer mehrheitlich *weiß* dominierten Gesellschaftsordnung, was Kursivierung und groß geschriebenes S sowie klein geschriebenes *w* markieren.

auf körperliche Selbstbestimmung kämpfen – und dabei vor allem auf das Recht auf Schwangerschaftsabbruch fokussieren –, kämpfen Schwarze Frauen und queere Menschen oft um ihr Recht, überhaupt schwanger werden zu dürfen und während der Schwangerschaft ausreichend medizinisch versorgt zu werden. Anders als *weiße* sind Schwarze Frauen und Queers nicht angehalten, Kinder zu bekommen.

Im Gegenteil: Global betrachtet wird ihre Fruchtbarkeit problematisiert und bekämpft. So sind etwa Romn:ja von Zwangssterilisation betroffen, und Menschen mit Behinderung kämpfen gegen eine strukturell behindertenfeindliche Gesellschaft, die sie als Eltern einschränkt. Wenngleich all diese Kämpfe auf den ersten Blick verschiedene Stoßrichtungen haben, sind sie untrennbar Teil des eingeforderten Rechts, selbst über den eigenen Körper zu entscheiden. Reproduktive Rechte sind ein Seismograf für den Zustand der jeweiligen Demokratie. Wo antidemokratische Regierungen an die Macht kommen, beschneiden sie reproduktive Rechte oft als eine der ersten Amtshandlungen.

Das ist nicht verwunderlich: Weibliche und queere Körper sind Ziel rechtsextremer und fundamentalistischer Ideologie und Praxis. Was Sexualität, Verhütung, Geburt und Mutterschaft angeht, soll die Einzelne keine Rechte haben – denn Frauen, die eine freie Sexualität leben, die selbst darüber entscheiden, ob und wann sie Kinder bekommen, lassen sich schlecht kontrollieren und beherrschen. Aber rechte und fundamentalistische Systeme brauchen gleichzeitig bestimmte Frauen, die zuverlässig Nachwuchs produzieren – sonst funktionieren sie nicht. Fundamentalistische AkteurInnen wollen Selbstbestimmung über den Körper verhindern, auch und gerade sexuelle und reproduktive. Das ist durchaus kein Nebeneffekt, sondern vielmehr zentraler Bestandteil ihrer Politik.

Der ungarische Ministerpräsident Viktor Orbán ließ die Änderung des Geschlechtseintrags per Gesetz verbieten. Die USA unter Präsident Donald Trump strichen sämtlichen ausländischen NGOs, die mit Schwangerschaftsabbrüchen zu tun haben, die finanzielle Unterstützung. Und die sächsische

AfD erkundigte sich im Landtag danach, wie viel Geld das Land für die Sterilisation von geflüchteten Frauen zur Verfügung stellen könne.[7] In rechten und rechtsextremen Ideologien vermengen sich antifeministische Bevölkerungspolitik, Antisemitismus und Rassismus. Wie die Terroranschläge im neuseeländischen Christchurch oder in Halle zeigen, kann das tödliche Folgen haben.

Körper, Kinder, Kämpfe

Wir konzentrieren uns in diesem Buch auf vier Bereiche, die besonders prägend für das Leben eines Menschen sind, der schwanger werden kann: Verhütung, Schwangerschaftsabbruch, Reproduktionstechnologien und Geburt. Dabei richten wir den Blick nicht nur nach Deutschland, sondern, um Zusammenhänge sowie globale Hierarchien zu verdeutlichen und Strukturen sichtbar zu machen, auch nach Irland, Nigeria, Indien, Argentinien, Polen oder in die USA.

Im ersten Kapitel fragen wir danach, wie Bevölkerungspolitik historisch gewachsen ist und welche teilweise gewaltvollen und menschenfeindlichen Ausprägungen sie hat. Wir zeigen, wie Kirche und Staat im Lauf der Jahrhunderte ihre Vorstellungen darüber durchsetzen, wer in einer Gesellschaft Kinder bekommen soll und wer nicht.

Kapitel zwei beschäftigt sich mit der Frage, welche Rolle Verhütung dabei spielt. Manchen Menschen wird der Zugang zu Verhütung erschwert, anderen wird sie aufgezwungen – je nachdem, wessen Kinder im jeweiligen Kontext gewollt sind. Wir schauen auf die dahinterliegenden Strukturen und Vorstellungen.

Kapitel drei behandelt ein zentrales feministisches Anliegen: den Kampf um freien und sicheren Zugang zu Schwangerschaftsabbrüchen. Und wir beschreiben die konservativen, christlich-fundamentalistischen, teils rechtsextremen internationalen Netzwerke, die sich dem Kampf gegen eben diesen Zugang und gegen reproduktive Rechte generell verschrieben haben.

Kapitel vier widmet sich den in den vergangenen Jahrzehnten entstandenen Reproduktionstechnologien wie der sogenannten künstlichen Befruchtung, der Eizellabgabe und der Leihmutterschaft. Wer hat Zugang zu diesen Technologien, wer greift auf sie zurück – und wessen reproduktive Fähigkeiten werden dafür genutzt?

Im fünften Kapitel zeigen wir, dass Kinder mancher Menschen gesellschaftlich zwar unbedingt erwünscht sind, der Staat sich jedoch kaum bemüht, die Umstände des Kinderkriegens würdevoll zu gestalten. Wir fragen, welche Auswirkungen Hebammenmangel, Gewalt unter der Geburt und Diskriminierung im Gesundheitssystem auf Schwangere haben.

Wir lassen in dieser Struktur zwangsläufig Themen aus oder streifen sie nur am Rande, obwohl sie mit Fruchtbarkeit zu tun haben: die Menstruation, deren Tabuisierung bis heute in vielen Ländern dazu führt, dass Mädchen nicht zur Schule gehen und am gesellschaftlichen Leben teilhaben dürfen; die Stillzeit oder die Umstände der Mutter- beziehungsweise Elternschaft; den Kampf gegen (sexualisierte) Gewalt, auch gegen weibliche Genitalverstümmelung. Gerade im Zusammenhang mit Reproduktionstechnologien, aber auch mit Schwangerschaftsabbrüchen spielen Verfahren der Pränatal- und Präimplantationsdiagnostik eine Rolle – ebenso die Frage, welche Folgen diese in einer strukturell behindertenfeindlichen Gesellschaft haben. All diese Themen sind zentral in feministischen Kämpfen für eine inklusive und egalitäre Gesellschaft. Wir klammern sie in diesem Buch deshalb aus, weil wir uns auf die Körper derer fokussieren, die schwanger werden können. Uns geht es um Fortpflanzung, um Strukturen, die diese prägen, und um Bedingungen und Umstände, unter denen sie praktiziert wird oder werden muss.[8]

Nicht nur Frauen haben einen Uterus – und manche Frauen haben keinen oder keinen mehr –, und nicht nur Frauen werden schwanger, sondern zum Beispiel auch trans Männer oder nichtbinäre Personen. Wir schreiben deswegen nicht nur von Frauen, sondern auch von Menschen, die schwanger werden können, von Schwangeren oder von Menschen mit Uterus. Wir nutzen die Kategorie Frau, um globale, auch ökonomische Diskriminierung von Frauen aufgrund ihres Geschlechts sichtbar zu machen. Wenn wir aber von Frauen schreiben, sind alle Menschen gemeint, die sich selbst so definieren: trans Frauen sind Frauen. Obwohl es mehr als zwei Geschlechter gibt, kommt es immer wieder vor, dass wir trotzdem nur von Frauen und Männern schreiben – auch deshalb, weil viele Studien auf binären Kategorien aufbauen.

Wir wollen mit diesem Buch zeigen, wie eng die einzelnen Bereiche verflochten sind, die mit reproduktiven Rechten zu tun haben, aber wie wenig sie zusammen gedacht werden. Fehlende Verhütung hat unmittelbar mit der Forderung nach sicheren Schwangerschaftsabbrüchen zu tun, die Forderung nach sicheren Abbrüchen ist untrennbar von der Forderung, allen Frauen Mutterschaft zuzugestehen. Fehlende Rechte fußen in dieser Hinsicht auf denselben religiösen, kulturgeschichtlichen und ideologischen Fundamenten. Phänomene, die nur scheinbar für sich stehen, müssen gedanklich verknüpft werden, um zu sehen, worum es geht: um eine sozial gerechte, diskriminierungsfreie, selbstbestimmte und feministische Körperpolitik.

Generationen von Feminist:innen vor uns haben viel erkämpft, wovon wir heute profitieren. In den vergangenen Jahrzehnten ging die Umsetzung reproduktiver Rechte teilweise voran. In vielen Ländern wurden etwa Gesetze zum Schwangerschaftsabbruch liberalisiert, darunter jüngst in Neuseeland, Argentinien und Gibraltar. Im Juni 2021 stimmten die Abgeordneten des EU-Parlaments für den Matić-Report, der anerkennt, dass alle Bürger:innen Europas »Zugang zu sexueller und reproduktiver Gesundheit«[9] haben sollten, inklusive des Zugangs zu legalen und sicheren Schwangerschaftsabbrüchen. Ein Meilenstein. Gleichzeitig wäre es ein gefährlicher Trugschluss, anzunehmen, dass Fortschritt linear wäre – was sich schon daran zeigt, dass sich Feminist:innen in Ländern wie Deutschland oder den USA gegen einen erstarkenden Antifeminismus zur Wehr setzen müssen. Manche Kämpfe werden zurückgeworfen, viele treten auf der Stelle. Feministische Errungenschaften müssen immer wieder neu verteidigt werden.

Dieses Buch soll mehr sein als nur ein Überblick über den betrüblichen Stand der Dinge. Es soll zeigen, wie Feminist:innen zu verschiedener Zeit und in zahlreichen Staaten und Regionen gegen dieselben Strukturen kämpften und kämpfen, auch wenn diese in unterschiedlichem Gewand daherkommen. Damit soll das Buch letztlich Inspiration sein: Wie könnte die Welt aussehen, wie könnten Leben gelebt werden, wenn der Kampf um reproduktive Rechte tatsächlich voranginge?

Kapitel 1

Bevölkerungspolitik

»Es sind die Geburtenraten. Es sind die Geburtenraten. Es sind die Geburtenraten« – mit diesen manischen Worten eröffnet der Attentäter sein 74 Seiten langes rechtsterroristisches »Manifest«.[10] Seine Mission: *Weiße* Frauen müssten mehr Kinder bekommen, der »große Austausch« der *weißen* Bevölkerung durch Einwanderung müsse gestoppt werden. 51 Menschen kommen bei diesem Anschlag auf zwei Moscheen im neuseeländischen Christchurch im März 2019 ums Leben, 50 weitere werden zum Teil schwer verletzt.

Sieben Monate später, im Oktober 2019, versucht ein Mann in Halle, in die Synagoge einzudringen, um ein Blutbad anzurichten. Als er daran scheitert, ermordet er vor dem Gebäude und in einem nahegelegenen türkischen Imbiss zwei Menschen. Er streamt seine Tat im Netz, das Video eröffnet er mit den Worten: »Feminismus ist schuld an der sinkenden Geburtenrate im Westen, die die Ursache für Masseneinmigration ist. Und die Wurzel dieser Probleme ist der Jude.«[11]

Christchurch und Halle. Weitere Tatorte lassen sich hinzufügen, Utøya oder Hanau etwa. An all diesen Orten haben rechtsextreme Männer terroristische Attentate verübt, überzeugt von derselben Idee: Der »große Austausch« – »The Great Replacement«, so der Titel der Erklärung von Christchurch – müsse verhindert werden. Der »große Austausch« ist Kampfbegriff und rechtsextreme Verschwörungsideologie zugleich, es ist das derzeit am weitesten verbreitete Konzept der Neuen Rechten:* Durch hohe Geburtenraten unter

* Die Neue Rechte ist eine rechtsextreme politische Strömung in verschiedenen Ländern, die Querverbindungen ins konservative Spektrum sucht. Sie will mit einer »Kulturrevolution von rechts« einen grundlegenden politischen Wandel vorantreiben.

nicht-*weißen* und niedrigen unter *weißen* Frauen stehe ein Genozid der »europäischen« Gesellschaften bevor. Schuld daran trage auch der Feminismus.

Viel wird über die rassistischen und antisemitischen Hintergründe der Anschläge berichtet und diskutiert. Die Verachtung von Frauen aber und die bevölkerungspolitische Komponente, die diesen Taten ebenfalls zugrunde liegen, werden oft außer Acht gelassen. Dabei sind rassistische, antisemitische, bevölkerungspolitische und antifeministische Dimensionen in rechtsextremen Ideologien untrennbar verwoben. Die Körper von Frauen nehmen in diesem Weltbild eine passive Rolle ein. Sie sind Hüllen für das Ziel, die »Volksgemeinschaft« zu erhalten. Eine *weiße* Frau, die keine Kinder bekommt, ist eine Gefahr für den sogenannten Volkserhalt. Die »Anderen« aber sollen sich weder fortpflanzen noch, wie bei den Attentaten ins terroristische Extrem getrieben, überleben. Zur angestrebten rechtsextremen und »männlichen Hegemonie über die Welt gehört […] die Idee, die Beschaffenheit der Bevölkerung zu bestimmen.«[12] Und das funktioniert besonders gut über die Kontrolle weiblicher Reproduktionsfähigkeit.

Auch in die parlamentarische Sphäre der Bundesrepublik ist dieses Denken vorgedrungen. Ein Plakat der AfD aus dem Bundestagswahlkampf 2017 zeigt den Torso einer *weißen* Schwangeren. »Neue Deutsche? Machen wir selber« steht darunter. Seit ihrem Einzug in den Bundestag nutzt die AfD diesen als Bühne, um ihre Ideen zu propagieren – inklusive der Verschwörungsfantasie vom »großen Austausch«. So nennt ein Abgeordneter der Fraktion im November 2018 den von den Vereinten Nationen geplanten globalen Migrationspakt ein »trojanisches Pferd« und eine »verantwortungslose Einladung zur weltweiten Völkerwanderung nach Deutschland ohne Obergrenze«. Als Folgen prognostiziert er »Chaos, Gewalt und Verdrängung«.[13] Was die Geburtenraten angehe, beschwert sich ein anderer Abgeordneter im November 2020, liege Deutschland weltweit auf den hinteren Plätzen. Nötig sei deshalb eine »aktive Bevölkerungspolitik«: »Für mehr Kinder!«[14] beendet er seine Rede kämpferisch – deutsche, versteht sich.

Was die Propaganda der AfD so gefährlich macht, ist, dass sie nicht nur für Rechtsextreme anschlussfähig ist. Zwar wurden bevölkerungspolitische Argumente in der Bundesrepublik lange strikt gemieden: Zu stigmatisiert war diese Sphäre nach 1945 durch den Holocaust und die weiteren Verbrechen des NS-Regimes, das eugenische Selektion bis hin zum Genozid praktizierte, zu verknüpft mit rassistischem Gedankengut. Doch um die Jahrtausendwende schwindet die Scheu vor der Idee, mit politischen Mitteln in die Zusammensetzung von Bevölkerung einzugreifen. In den 1990er Jahren hat ein Diskurs an Fahrt aufgenommen, der die alternde Gesellschaft mit perspektivisch weniger Einwohner:innen problematisiert. Mit Begriffen wie »demographischer Wandel«[15] wird die Debatte über Bevölkerungspolitik neu aufgezogen. Vor allem angesichts sich leerender Rentenkassen wird eine Erhöhung der Geburtenrate explizit eingefordert: Eine »nachhaltige« Familienpolitik müsse sich auch am »Ziel der Geburtenentwicklung messen«[16] lassen, konstatiert etwa die damalige Familienministerin Renate Schmidt (SPD) im Jahr 2003. Adressiert werden dabei fast ausschließlich Frauen.

Rhetorisch geht es dabei in erster Linie um die Quantität der Bevölkerung, nicht um eine vermeintliche Qualität ihrer Zusammensetzung. Die Politik setzt pronatalistische Anreize, will also Menschen dazu animieren, sich zu vermehren. Doch dabei ist ihr keineswegs egal, *wer* Kinder bekommt. Um der überalternden Gesellschaft etwas entgegenzusetzen, wird die Steigerung der Geburtenrate im eigenen Land propagiert. Menschen den Weg nach Deutschland durch Migration zu öffnen, lehnen viele hingegen strikt ab. Auch klassistische Kriterien sind salonfähig: »Eine anhaltend hohe Kinderlosigkeit unter Akademikerinnen kann […] zu Engpässen beim Fach- und Führungskräfte-Nachwuchs führen«, heißt es 2004 in einer gemeinsamen Broschüre des Bundesministeriums für Frauen und Familie, des Bundesverbands der Deutschen Industrie und des Instituts der deutschen Wirtschaft Köln.[17] Als Mittel der Wahl im Kampf gegen den Führungskräftemangel wird hier verstanden, mehr Kinder von Akademiker:innen einzufordern – und nicht etwa, soziale Ungleichheit anzugehen und zum Beispiel Kindern aus Arbeiter:innenfamilien bessere Aufstiegschancen zu ermöglichen. Selbst sinnvolle Instrumente wie Eltern- und Kindergeld unterstützen keineswegs alle Menschen, die Kinder bekommen. Anspruch auf das Geld haben zwar auch Menschen, die Hartz IV beziehen – doch es wird zu 100 Prozent auf das Arbeitslosengeld angerechnet. Arme Familien bekommen also keinen Cent davon, obwohl sie das Geld besonders dringend bräuchten.

Dass vor allem Kinder von Deutschen mit einem gewissen Einkommen und Bildungsgrad erwünscht sind, daran dockt im Jahr 2010 Thilo Sarrazin mit seinem Buch *Deutschland schafft sich ab* an – und läutet eine offensiv rassistische Kehrtwende im bundesdeutschen Bevölkerungsdiskurs ein. Sarrazin schreibt, »dass wir als Volk an durchschnittlicher Intelligenz verlieren, wenn die intelligenteren Frauen weniger oder gar keine Kinder zur Welt bringen.«[18] Wie die Anhänger:innen der Theorie vom »großen Austausch« verbindet auch er rassistische, speziell antimuslimische, antifeministische, biologistische und bevölkerungspolitische Ideologien. Muslim:innen hätten eine »überdurchschnittliche Fertilität«,[19] behauptet Sarrazin und prognostiziert: »Wer sich stärker vermehrt, wird am Ende Europa besitzen.«[20]

Sarrazin spricht offen aus, was bis dahin allenfalls als Ressentiment durchschimmerte. Aber seine Ausführungen fallen auf fruchtbaren Boden. Sein Buch schlägt mit mehr als einer Million verkaufter Exemplare binnen weniger Wochen ein.[21] Es verändert die Debatte über Migration, Integration und Identität in Deutschland nachhaltig und schafft Voraussetzungen zur Entstehung rassistischer Parteien wie der AfD. Manche seiner Thesen sind im gesellschaftlichen Bewusstsein heute so etabliert, dass das »Bestandsniveau« von 2,1 Kindern pro Frau, das die AfD als Zielgröße für die deutsche Fortpflanzung bemüht, vollkommen unkritisch auch in einer Studie des Bundesministeriums für Familie und Frauen auftaucht.[22]

Die Anfänge der Bevölkerungspolitik

Über die Bemächtigung von Frauenkörpern in die Zusammensetzung der Bevölkerung einzugreifen hat eine lange, weit in die Geschichte zurückreichende Tradition. Die Idee, dass eine Frau eigene Rechte hat und ihren Körper nicht nur Ehemann und Staat zur Verfügung stellen muss, ist dagegen ziemlich neu. Das Recht zu wählen, das Recht auf Arbeit, reproduktive Rechte – all das gilt für Frauen in den meisten westlichen Ländern noch nicht einmal seit 150 Jahren. Nach der Allgemeinen Erklärung der Menschenrechte 1948 dauert es nochmals rund dreißig Jahre, bis die sogenannte CEDAW-Konvention 1979 erstmals völkerrechtlich verbindlich die Diskriminierung von Frauen verbietet – auf dem Papier, immerhin. Das Patriarchat dagegen ist mehrere tausend Jahre alt. Angesichts dessen verwundert es nicht, dass die gesamte Sphäre von Sexualität und Reproduktion lange kaum unter der Perspektive der Rechte oder der Gesundheit von Frauen, sondern vor allem entlang ökonomischer Fragen diskutiert wurde. Frauenkörper dienten schlicht dem Fortbestand der Nation,[23] der Produktion von Soldaten und Arbeiter:innen.

Im 18. Jahrhundert wird erstmals nicht nur die Steigerung, sondern auch die Regulierung der Bevölkerungsgröße zum politischen Thema – zu einer Zeit, als die Menschheit wächst. Einen Bestseller, der in dieser Hinsicht wegweisend für die kommenden Jahrhunderte sein wird, verfasst 1798 der junge Brite Thomas Robert Malthus, ein Mathematiker, Ökonom und Pfarrer der anglikanischen Kirche. Im ersten Band seines Grundsatzwerks stellt er die These auf, dass die Bevölkerung schneller wachse als die verfügbaren Nahrungsmittel.[24] Malthus schlussfolgert: Sofern das Bevölkerungswachstum unkontrolliert weiter zunehme, trete zwingend ein Zustand ein, in dem die Ressourcen der Erde nicht mehr ausreichten, um die Menschen zu ernähren. Die Möglichkeit, die Produktion von Nahrungsmitteln zu steigern oder die vorhandenen besser zu verteilen, verwirft er. Sein Fazit: Wer seine Familie nicht ernähren könne, solle eben keine haben. Wer mittel- und arbeitslos sei, der sei »wirklich zu viel auf der Erde«, und: »Bei dem großen Gastmahle der Natur ist durchaus kein Gedecke für ihn gelegt. Die Natur gebietet ihm abzutreten.«[25] Diese Stelle streicht Malthus später aus seinem Werk, der Grundgedanke aber bleibt bestehen. 1803 stellt er klar, wie das Problem anzugehen sei: durch »moralische Zurückhaltung« der Armen, also Ehelosigkeit und Enthaltsamkeit.[26]

Malthus' Arbeit setzt Maßstäbe: Dass arme Frauen Kinder bekommen, wird zum Problem erklärt, während Bevölkerungswachstum ansonsten weiterhin erwünscht bleibt. Vermehren sollen sich jene, die dem Staat nützen. Bestimmte Teile der Bevölkerung werden als moralisch und sexuell unverantwortlich und überflüssig konstruiert. Dieser Gedanke wirkt bis heute fort. »Überzählig«, fasst es die Anthropologin Shalini Randeria zusammen, »sind immer die anderen.«[27] Die Politik entdeckt mit Malthus ein neues Thema für sich. Es ist – noch weit entfernt von Menschen- oder gar Frauenrechten – der Körper. Nun wird zum besonderen Interesse für den Staat, was zuvor nicht Gegenstand von Politik war: die körperliche Gesundheit der Bevölkerung, die Fruchtbarkeit, die Geburtenrate. Die Politik beginnt, sich in diesen Fragen zu engagieren – es schießen, wie der Soziologe Michel Foucault es hundert Jahre später analysieren wird, »[v]erschiedenste Techniken zur Unterwerfung der Körper und zur Kontrolle der Bevölkerungen […] aus dem Boden und eröffnen die Ära einer ›Bio-Macht‹«.[28]

Seit Ende des 18. Jahrhunderts werden statistische Berechnungen über die Beschaffenheit der Bevölkerung immer stärker in politische Entscheidungen einbezogen. In Großbritannien etwa wendet sich Malthus gegen staatliche Unterstützungsleistungen für besonders arme und kinderreiche Familien. Von Beginn an sind seine Thesen und die daraus folgende Politik umstritten: Die jüngeren Zeitgenossen Karl Marx und Friedrich Engels etwa werfen ihm vor, eine vermeintliche Überbevölkerung, aber nicht den Kapitalismus als Grund für die prekäre Lage der Arbeiter:innenschaft verantwortlich zu machen. Die Idee, die soziale Frage durch

Umverteilung und nicht durch die Auslöschung der armen Bevölkerung zu lösen, lehnt Malthus aber ab. Sein »Bevölkerungsgesetz« findet derart viele Anhänger:innen, dass daraus eine ganze Bewegung entsteht. Ab dem 19. Jahrhundert befürworten sogenannte Neomalthusianer:innen nicht mehr nur Enthaltsamkeit zur Geburtenkontrolle, sondern setzen sich darüber hinaus für die zunehmend wirkungsvolleren Verhütungsmittel ein (siehe Kapitel 2).

Nach und nach stößt der Neomalthusianismus auf Gleichgesinnte in der international erstarkenden eugenischen Bewegung, die die Fortpflanzung als krank oder arm definierter Menschen verhindern und die der als gesund und überlegen Definierten fördern will. 1883 prägt der britische Mediziner Francis Galton den Begriff Eugenik für das »gute Erbe«:[29] Die Frage, wer sich fortpflanzen soll und wem dies verwehrt wird, wie die Qualität einer vermeintlichen »Rasse« medizinisch und sozialpolitisch verbessert werden kann, bekommt eine eigene Lehre. Es ist ein Siegeszug, den die Eugenik antritt: Im Jahr 1900 beschreibt der deutsche Psychiater Paul Näcke die »Kastration bei gewissen Klassen von Degenerierten als wirksame[n] socialen Schutz«. Und sein Schweizer Kollege Auguste Forel fordert wie im Tierreich eine »Zuchtwahl« durch Geburtenkontrolle. Er will »die defekten Untermenschen durch Sterilität der Träger [...] beseitigen«.[30]

In vielen Ländern werden eugenische Gesellschaften gegründet. Anfang der 1930er Jahre gelten in mehr als der Hälfte der US-Bundesstaaten Sterilisationsgesetze, die die Fortpflanzung von als nicht reproduktionswert angesehenen Menschen verhindern sollen.[31] Vorbild ist ein 1907 im Bundesstaat Indiana verabschiedetes Gesetz, das Sterilisationen für »Kriminelle, Idioten, Vergewaltiger und Schwachsinnige« vorschreibt.[32] Bis 1937 erleiden in den USA 26 000 Menschen dieses Schicksal aufgrund einer eugenischen Indikation, vor allem Frauen.[33] Europäische Staaten folgen der US-amerikanischen Praxis wenig später. Zehntausende Frauen werden auf Grundlage eugenischer Gesetze sterilisiert.

Auch der Rassismus des 19. und 20. Jahrhunderts ist essenzieller Teil der bevölkerungspolitischen Debatten und Gesetze.

Schon früh kommt in den USA und Kanada der Diskurs über »race suicide« auf, was sich als »Selbstmord der *Weißen*« übersetzen ließe. Die »Rassenreinheit« müsse erhalten bleiben, betont der damalige US-Präsident Theodore Roosevelt 1905, vierzig Jahre nach Abschaffung der Versklavung.[34] Die *Weißen* würden aussterben, weil sie zu wenige, die Schwarzen dagegen zu viele Kinder bekämen – eine Paranoia, die hundert Jahre später in Thilo Sarrazins Ideen in Deutschland oder der White-Supremacy-Bewegung in den USA weiterlebt.

Es dürfen nicht zu viele werden, es dürfen nicht die Falschen sein: Die bevölkerungspolitische Spirale ist in Gang gesetzt und infiltriert in den kommenden Jahren und Jahrzehnten die globale Gesellschaft.

Von »Rassenhygiene« und der »Pflicht zur Gebärtätigkeit«

Auch in der Weimarer Republik sind bevölkerungspolitische Debatten en vogue. Die Szene differenziert sich aus: Die einen treibt im Sinne des Neomalthusianismus die aus ihrer Sicht drohende Überbevölkerung um. Ihr Ziel ist, über Sexualaufklärung sowie die Legalisierung von Verhütungsmitteln die Vermehrung der prekären Schichten zu begrenzen und so »Sozialhygiene« zu betreiben.[35] Den anderen geht es um eine vermeintliche »Rassenhygiene«. Sie wollen die »arische« Bevölkerung nicht verringern, sondern betrachten im Gegenteil die »Vermehrung der Bevölkerung als Bedingung eines Erfolgs im ›Kampf der Völker ums Dasein‹«.[36]

Um 1920 verbreitet sich der Begriff des »Volkskörpers« in Gesellschaft und Politik: Die Gesundheit des einzelnen Menschen erscheint nicht als Wert an sich, »sondern als Teil der Leistungsfähigkeit einer übergeordneten Entität [...] und seiner generationenübergreifenden Reproduktion«.[37] Feminist:innen, die sich zu Zeiten der Weimarer Republik gegen den Muttermythos und die Reduktion von Frauen auf den eigenen Haushalt auflehnen, werden von Konservativen und NationalistInnen als »biologische Gefahr« bekämpft.[38]

Organisationen wie der Deutsche Bund zur Bekämpfung der Frauenemanzipation lehnen ihre Ideen strikt ab. Analog zur Wehrpflicht der Männer gilt vielen die »Pflicht zur Gebärtätigkeit der Frauen«[39] als selbstverständlicher Beitrag zur Volkserhaltung.

Die Vorstellung, Frauenkörper hätten im Dienst des Staates zu stehen, setzen die NationalsozialistInnen mit bis dahin nicht dagewesener Systematik und Unmenschlichkeit durch. Die nationalsozialistische »Rassen«- und Vernichtungspolitik ist der grausame Gipfelpunkt des Versuchs, die Zusammensetzung der Bevölkerung staatlicherseits zu bestimmen.[40] Neben Massenerschießungen und millionenfachem Morden in Vernichtungslagern setzen die Nazis darauf, sich der Körper von Frauen zu bemächtigen: Während als »arisch« markierte Frauen für das Volk gebären müssen, versucht das Regime, die Fortpflanzung als »anders« gekennzeichneter Menschen brutal zu unterdrücken.

Mindestens vier Kinder soll die deutsche Frau produzieren. Dafür bietet der Staat ihr steuerliche und andere finanzielle Anreize sowie das propagandistische Mutterkreuz als Ehrentitel für Kinderreichtum. Schließlich wird Verhütung für »arische« Frauen bei Strafe verboten, ebenso Sexualität und Ehen mit von den Nazis als minderwertig erachteten jüdischen Männern. 1943 wird die Regelung zum Schwangerschaftsabbruch verschärft: Die »Verordnung zum Schutz von Ehe, Familie und Mutterschaft« sieht Gefängnis- oder Zuchthausstrafe für Frauen vor, die eine Schwangerschaft abbrechen – zumindest wenn sie »deutscher Volkszugehörigkeit« sind.[41] Die Strafandrohung für durchführende Ärzt:innen ist eindeutig: »Hat der Täter die Lebenskraft des deutschen Volkes dadurch fortgesetzt beeinträchtigt, so ist auf Todesstrafe zu erkennen.«[42]

Extremer noch als die pro- sind die antinatalistischen Praktiken. Zum ersten Mal gibt es neben dem Gebärzwang das Komplementärstück: Ausnahmen vom Abtreibungsverbot für jene, die als »unwertes Leben«[43] betrachtet werden, bis hin zu direktem und indirektem Zwang zur Abtreibung. Schwangerschaften von Frauen, die im Rasseverständnis der

Nazis als »minderwertig« betrachtet werden, gelten als »Gefahr für den Volkskörper«.[44] Stellt sich heraus, dass Frauen, die aus eugenischen Gründen zwangssterilisiert werden sollen, schwanger sind, werden diese mitunter zur Abtreibung gezwungen, teils noch im achten Monat.[45]

Die nationalsozialistische Vernichtungslogik soll kommende Generationen von aus ihrer Sicht unwürdigen Gruppen verhindern. Gleichzeitig wollen die Nazis die Arbeitskraft dieser Menschen bis zum letzten Tag ausbeuten.[46] Sie erproben in den Konzentrationslagern effiziente Methoden der Unfruchtbarmachung auf brutale Weise, vor allem an Jüdinnen, Sintezze und Romnja, manche davon Kinder. Auch hier werden Schwangere einer Zwangsabtreibung unterzogen oder gleich nach der Geburt zusammen mit dem Säugling ermordet.

In Auschwitz experimentiert der Arzt Horst Schumann an Männern und Frauen mit Sterilisation durch Röntgenstrahlung. Im selben Block spritzt der Gynäkologe Carl Clauberg Frauen chemische Mittel in Vagina und Eierstöcke, die Entzündungen und Verwachsungen hervorrufen und so zu Unfruchtbarkeit führen. Die Prozedur ist extrem schmerzhaft, viele Betroffene überleben sie nicht. 1943 schreibt Clauberg an Heinrich Himmler, seine Methode sei »so gut wie fertig ausgearbeitet«. Mit zehn Personen als Hilfspersonal ließen sich »höchstwahrscheinlich mehrere hundert – wenn nicht gar 1000 – an einem Tage« sterilisieren.[47] In den 1950er Jahren erklärt der SS-Arzt, er habe den Frauen bloß geholfen.[48]

Die Nazis treiben Zwangssterilisationen auch bei Menschen voran, die psychisch krank oder genetisch beeinträchtigt sind, ebenso bei Gehörlosen oder Menschen mit Krankheiten wie Epilepsie. Vielen wird »Schwachsinn« oder »Schizophrenie« attestiert. Auf Grundlage des »Gesetzes zur Verhütung erbkranken Nachwuchses« werden rund 400 000 Menschen zwangssterilisiert, davon etwa die Hälfte Frauen. Viele sterben an den Folgen.[49] Auch Schwarze Menschen werden in einem Geheimprogramm zwangssterilisiert. Bei ihnen handelt es sich um die rassistisch als »Rheinlandbastarde« bezeichneten Kinder *weißer* deutscher Mütter und französischer Soldaten aus den Kolonien, die nach dem

Ersten Weltkrieg das Rheinland besetzt hatten.[50] Ab Frühjahr 1943 werden auch Zwangsarbeiterinnen aus Osteuropa zu Abtreibungen gezwungen.[51]

»Das Charakteristische der nationalsozialistischen Frauenpolitik war [...] der staatlich organisierte Zugriff auf die weibliche Gebärfähigkeit von zwei Seiten: Abtreibungsverbot und direkter oder indirekter Zwang zur Abtreibung existierten nebeneinander«, schreibt die Politikwissenschaftlerin Gabriele Czarnowski.[52] Was der Historiker Götz Aly als »Ineinandergreifen von Selektion und Völkermord«[53] bezeichnet, bedeutet mit Blick auf Reproduktion: Es geht nicht mehr um die Frage, wessen Fortpflanzung erwünscht ist – sondern wer vom Staat dazu gezwungen wird und wem sie unter allen Umständen verwehrt wird.

Die Tradition der Gewalt

Der Nationalsozialismus ist eine Zäsur im Diskurs und in der Praxis der Bevölkerungspolitik. In BRD und DDR bleiben bevölkerungspolitische Praktiken jahrzehntelang offiziell tabu. Doch Zwangssterilisationen werden von den Alliierten nach 1945 nicht als NS-spezifisches Unrecht eingeordnet. Zu verbreitet sind sie in dieser Zeit – und international ist das massive Eingreifen in die körperliche Integrität von Menschen mit Ende des Krieges noch lange nicht vorbei. In Dänemark werden noch bis 1967 Tausende aus eugenischen Gründen sterilisiert.[54] Ein entsprechendes Schweizer Gesetz gilt bis 1985.[55] Auch Japan erlässt 1940 Sterilisationsgesetze, bis 1995 werden hier mehr als 16 000 Frauen mit Behinderung unfruchtbar gemacht, oft gegen ihren Willen.[56]

In Großbritannien werden Zwangssterilisationen bis Ende der 1950er Jahre als Maßnahme im Strafrecht gegen Tausende Homosexuelle angewendet. Das bekannteste Beispiel ist 1952 der Computerspezialist Alan Turing, der die Nazi-Codierung der Verschlüsselungsmaschine Enigma knackte und zum Sieg über die NS-Diktatur beitrug.[57] In der Tschechoslowakei und später in Tschechien gibt es ab den 1970er Jahren Programme und finanzielle Anreize, um durch Sterilisation »die höchst ungesunde Roma-Population durch Familienplanung und Verhütung zu kontrollieren«, so die Begründung der Regierung.[58] Die Zustimmung der betroffenen Romnja wird oft erschlichen, erpresst oder übergangen. Frauen unterschreiben Dokumente, die sie nicht verstehen, oder der Eingriff wird ohne ihr Wissen während eines Kaiserschnitts vorgenommen. Erst 1993 werden diese Gesetze abgeschafft.[59] NGOs zufolge gibt es aber noch 2007 einen Fall von Zwangssterilisation.[60]

Bis heute werden Menschen gegen ihren Willen unfruchtbar gemacht. So ist etwa China entschlossen, die Geburtenrate der muslimischen Minderheit der Uigur:innen mit allen Mitteln zu senken, auch durch Zwangssterilisationen. Die Geburtenrate in von Uigur:innen bewohnten Regionen ist zwischen 2015 und 2018 um mehr als 60 Prozent eingebrochen, die Zahl der Abtreibungen hat sich versiebenfacht – während sie im Rest des Landes gesunken ist.[61] Es handle sich um einen »demografischen Genozid«, urteilt der Anthropologe Adrian Zenz.[62]

Auch in den USA gibt es Beispiele aus Gefängnissen oder Abschiebeeinrichtungen. Eine Krankenschwester einer privat geführten Hafteinrichtung der Einwanderungsbehörde im Bundesstaat Georgia berichtet im Jahr 2020, dass es unter spanischsprachigen Migrantinnen auffällig viele Hysterektomien gebe, also komplette Entfernungen des Uterus. Diese seien von einem externen Arzt durchgeführt worden, wenn die Frauen über heftige Menstruationsbeschwerden geklagt hätten. Bei nahezu jeder, die zu ihm komme, führe er eine Hysterektomie durch, sagt die Whistleblowerin. Oft verstünden die Frauen nicht, was mit ihnen geschehe und warum.[63]

Koloniale Kontinuitäten

In den Nachkriegsjahrzehnten setzt ausgehend von den USA international und mit Fokus auf die sogenannte Dritte Welt eine weitere Form des bevölkerungspolitischen Diskurses ein.[64] Ab den 1950er Jahren ist die westliche

Entwicklungspolitik geprägt von der Vorstellung der angeblich aussterbenden Bevölkerung in den industrialisierten Staaten, der das vermeintlich unkontrollierte Wachstum im überbevölkerten globalen Süden gegenübergestellt wird.

Darin spielen zum einen neomalthusianische Ansätze eine Rolle, nach denen das Bevölkerungswachstum die natürlichen Ressourcen übersteigt. Zum anderen ist der Kalte Krieg Treiber antinatalistischer Politiken im globalen Süden, denn die westlichen Industrienationen befürchten, Armut könne die Menschen empfänglich machen für kommunistische Ideen. Der Westen konstruiert den Diskurs der Überbevölkerung auch aus Angst vor sozialen Revolten und »erstarkenden antikolonialen Befreiungsbewegungen«[65] in den sogenannten Entwicklungsländern.

So bildet sich in den reichen Industriestaaten der Konsens heraus, dass die Bevölkerungsentwicklung im globalen Süden ein Problem sei und über die Einflussnahme auf Frauenkörper verlangsamt werden sollte.[66] Dieser Ansatz fällt auf fruchtbaren Boden in der internationalen Politik, die in einer langen Tradition kolonialer Praktiken steht. Als ideologischen Überbau der Unterwerfung etablieren KolonialistInnen das Bild der »ausnahmslosen *Anderen*«[67] – die Schwarzen, die weniger wert seien als die *Weißen*. Weitgehend männliche »Eroberer«[68] löschen daraufhin in vielen Gegenden der Welt weite Teile der einheimischen Bevölkerung aus.

Der Kolonialismus basiert auf der Idee, dass sich Menschen anhand rassistischer Kriterien unterscheiden und bewerten lassen. Was zu dieser Zeit in den deutschen Kolonien geschieht, ist ein Unrecht, das bis heute nicht aufgearbeitet ist. Rassismus und Kolonialismus prägen die Gesellschaften im globalen Norden wie Süden seit vielen Jahrhunderten bis heute – wie sie auch die Vorstellung über und den Umgang mit Frauenkörper(n) prägen. So schreibt die afroamerikanische Theoretikerin Loretta Ross über die Versklavung von Menschen: »Der rechtliche und moralische Apparat, der diese Systeme stützte, definierte, welche Frauen für Weiße profitable Gebärmütter besaßen und welche Frauen das

Recht hatten, Mütter der von ihnen geborenen Kinder zu sein. Und er diktierte, wessen Babys frei und wessen versklavt geboren wurden.«[69]

Die kolonisierenden EuropäerInnen verstehen es als ihr Recht, auf die Körper der von ihnen unterdrückten Menschen zuzugreifen – sei es, indem sie Männer für die Feldarbeit versklaven oder indem sie Frauen zu Dienstmädchen oder Zwangsprostituierten machen.[70] Um den Kolonialismus als »zivilisatorische Reinigung«[71] legitimieren zu können, wird die kolonisierte Frau als »sexuell unersättlich, unkontrollierbar und deviant« dargestellt.[72]

Dieser Blick prägt bis heute rassistische Stereotype über muslimische und Schwarze Frauen. In den Debatten zum globalen Bevölkerungswachstum und in der Entwicklungspolitik ab den 1950er Jahren spielt er eine besonders große Rolle. Wieder ist es die Frau aus dem globalen Süden, deren angeblich grenzenlose Fortpflanzung bedrohlich ist, der folglich der zivilisierte globale Norden Einhalt gebieten muss.

Konsum auf Kosten der Umwelt

In die Hände spielt den Bevölkerungspolitiker:innen, dass die breite Öffentlichkeit auf das Wachstum der Menschheit aufmerksam geworden ist. 1968 erscheint das Buch *Die Bevölkerungsbombe* des Stanford-Biologen Paul Ehrlich. Auf dem Cover: eine kurz vor der Explosion stehende Bombe. Der radikale Neomalthusianer weissagt eine »Bevölkerungsexplosion«,[73] die zusammen mit Rohstoffverschwendung und Treibhauseffekt die Umwelt zerstören werde. Bis in die 1980er Jahre werde dies hunderte Millionen Hungertote verursachen. Allerdings treibt ihn vor allem die Sorge um, der westliche Lebensstandard könne kollabieren.

Ehrlich diskutiert finanzielle Anreize für kinderlose Ehen. Die Idee, Trinkwasser und Nahrung zeitweise Sterilisationsmittel beizugeben, verwirft er zwar – aber nur, weil er keine Möglichkeit sieht, diesen Plan in die Tat umzusetzen. Ein Ministerium für Bevölkerung und Umwelt solle die »optimale

Bevölkerungsgröße« für die USA bestimmen und im Zuge dessen nicht nur in die Verhütungsforschung investieren, sondern auch die embryonale Geschlechtsbestimmung vorantreiben – um einen männlichen Erstgeborenen garantieren zu können. Denn Paare, die nur Töchter hätten, würden es sonst in der Hoffnung auf einen Sohn »weiter versuchen«, so Ehrlich.[74]

Die entstehende Umweltbewegung entdeckt das Thema Bevölkerung ebenfalls für sich. Zwar gibt sie sich anders als Ehrlich keinen menschenfeindlichen Gedankenspielen hin. Doch auch in ihren Augen scheint die wachsende Zahl von Menschen eine Gefahr für den Planeten zu sein. 1972 veröffentlichen Wissenschaftler:innen im Auftrag des Club of Rome die berühmt gewordene Studie *Die Grenzen des Wachstums*, in der es heißt: »Wenn die gegenwärtige Zunahme der Weltbevölkerung, der Industrialisierung, der Umweltverschmutzung, der Nahrungsmittelproduktion und der Ausbeutung von natürlichen Rohstoffen unverändert anhält, werden die absoluten Wachstumsgrenzen auf der Erde im Laufe der nächsten hundert Jahre erreicht«.[75] Das Werk löst eine der ersten internationalen umweltpolitischen Diskussionen aus. In den folgenden Jahren erstarkt die weltweite ökologische Bewegung, die neben dem stetig zunehmenden Ressourcenverbrauch teilweise auch die wachsende Bevölkerung problematisiert.

Was ist, fragen sich manche Umweltaktivist:innen, wenn die Menschen in den sogenannten Entwicklungsländern ihren Lebensstandard auf das Niveau des globalen Nordens anheben, wenn im wachsenden Nigeria bald »nicht nur 61 Kraftfahrzeuge pro 1000 Menschen vorhanden sind, sondern 910 wie in den USA«?[76] Den Kern des Problems blenden sie aus: Hauptverursacher der Klima- und Ressourcenkrise war und ist der globale Norden. Die reichsten zehn Prozent der Weltbevölkerung verursachen zwischen 1990 und 2015 mehr als die Hälfte der weltweiten CO_2-Emissionen – die ärmsten fünfzig Prozent der Menschen hingegen im gleichen Zeitraum gerade einmal sieben Prozent.[77] Ein übermäßiger Konsum steht in einer sehr viel engeren Verbindung zum Klimawandel als das Wachstum armer Bevölkerungen: »Die rund 20 Prozent der Eliten und Mittelklassen auf der Welt können gut leben, konsumieren und produzieren, weil sie es auf Kosten der Natur und der Armen und Ärmsten tun«,[78] schreiben die Klima-Expert:innen Thomas Fatheuer, Lili Fuhr und Barbara Unmüßig.

Wer bei dieser Ausgangslage als Lösung sieht, das Bevölkerungswachstum zu begrenzen, lagert das Problem aus. In der Konsequenz wird globale Ungleichheit zementiert. Die meisten Protagonist:innen der heutigen Umweltbewegung adressieren deshalb die Akteur:innen des globalen Nordens, Fridays for Future fordert globale »Klimagerechtigkeit«: Der Klimawandel treffe vor allem die Staaten des globalen Südens, obwohl diese historisch und aktuell am wenigsten dazu beitrügen. Um die Folgen der Klimakrise zumindest abzumildern, müssten die CO_2-Emissionen »vor allem im globalen Norden schnell und effektiv« eingespart werden.[79]

Auch wer argumentiert, weniger Menschen bedeuteten weniger Armut, lässt die Bedeutung globaler Ungerechtigkeit außen vor. Das ist keine revolutionär neue Erkenntnis: Der indische Ökonom Amartya Sen bekam den Nobelpreis für Ökonomie 1998 unter anderem für seine Arbeit darüber, dass Hunger nicht das Resultat fehlender Ressourcen oder einer zu geringen Nahrungsmittelproduktion ist, sondern falscher Verteilung. Und der Präsident des Deutschen Instituts für Wirtschaftsforschung, Marcel Fratzscher, schrieb 2016, die Welt könne »heute bereits mehr als zehn Milliarden Menschen ernähren, wenn sie es wollte und müsste«.[80]

Doch Geburtenkontrolle wird in der zweiten Hälfte des 20. Jahrhunderts zu einem zentralen Bestandteil internationaler Entwicklungspolitik. Zunächst verschreiben sich verschiedene Politiker:innen, Unternehmer:innen und Wissenschaftler:innen aus Staaten des globalen Nordens der Praxis, das Wachstum der Bevölkerung primär im globalen Süden zu kontrollieren. Bald investieren private und vermögende Stiftungen wie Rockefeller und die Ford Foundation viel Geld in Forschung und Lobbyarbeit. Als sich Ende der 1960er Jahre die US-Regierung anschließt, wird das Thema mit der Gründung transnationaler Organisationen wie dem Weltbevölkerungsfonds der Vereinten Nationen (UNFPA) auf die Ebene internationaler Politik gehoben.[81]

Finanziell steigen die Weltbank, der Internationale Währungsfonds und die US-amerikanische Behörde für Entwicklungszusammenarbeit (USAID) ein. Innerhalb von nur zwanzig Jahren entsteht ein eigener Sektor der internationalen Politik. Um 1970 arbeiten weltweit mehr als 1,7 Millionen Menschen in Geburtenkontrollprogrammen.[82]

»Es war wie eine Sterilisationsfabrik«

Umgesetzt werden diese Programme von den Regierungen der Staaten des globalen Südens zwar selbst, die Industrienationen aber üben massiven Druck aus. Zwischen 1950 und 1994 werden entwicklungspolitische Projekte und finanzielle Zahlungen zumeist an die Etablierung bevölkerungspolitischer Programme geknüpft. Es gilt eine Art »demografischer Imperativ«.[83] Die Weltbank koppelt die Vergabe von Krediten an die Existenz und Durchführung von Programmen zur Geburtenkontrolle, ebenso handhaben es die USA.[84] Besonders hoch im Kurs stehen dabei Sterilisationen.

Vielerorts werden in Folge dessen die Rechte unzähliger Frauen massiv verletzt. In Indien startet die Regierung 1950 ein Familienplanungsprogramm, um das Bevölkerungswachstum zu bremsen. Was zunächst mit der Bereitstellung von Verhütungsmitteln auf freiwilliger Basis beginnt, ändert sich mit dem Einstieg internationaler Geldgeber:innen wie der Weltbank, dem UN-Bevölkerungsfonds oder der US-amerikanischen Behörde für Entwicklungszusammenarbeit, die das Vorhaben mit Millionen von Dollar unterstützen.[85] Es sei vor allem der Druck der Weltbank gewesen, der aus dem Werben für freiwillige Familienplanung ein Programm mit Zielen und Anreizen gemacht habe, sagt die aus Indien stammende und heute in Südafrika lehrende Soziologin Amrita Pande.[86]

In den 1970er Jahren startet eine breite Sterilisationskampagne in Indien. 1975 werden in nur einem Jahr 6,2 Millionen Männer sterilisiert, etwa 2000 von ihnen sterben.[87] Nach lautstarken Protesten nimmt die indische Regierung vermehrt Frauen ins Visier. Bei beiden Kampagnen stehen arme und weniger privilegierte Menschen im Fokus.

Die Regierung setzt konkrete numerische Ziele für die Reduzierung der Geburten ebenso wie für die Anzahl durchgeführter Sterilisationen. Frauen und Männer bekommen für Sterilisationen teilweise durch die Weltbank finanzierte Zahlungen,[88] aber auch Geschenke wie Radios und Fernseher, oder sie können an Gewinnspielen teilnehmen. Eltern hingegen, die sich nicht sterilisieren lassen, wird mit dem Entzug von Lebensmittelkarten oder gar Inhaftierung gedroht.[89] Noch zwischen 2013 und 2014 werden vier Millionen Menschen sterilisiert, fast alle davon Frauen. In den Jahren 2003 bis 2012 sterben 1434 von ihnen an den Folgen der Eingriffe.[90]

Im November 2014 warten 83 Frauen in der indischen Stadt Bilaspur im Bundesstaat Chhattisgarh in einem ansonsten verlassenen Krankenhaus auf ihre Sterilisation. Wenige Tage später sind 13 von ihnen tot und viele weitere auf der Intensivstation – der Arzt soll sie alle mit dem gleichen Instrument operiert haben. Im Schnitt wandte er drei Minuten pro Frau auf, womöglich wechselte er zwischen den Eingriffen nicht einmal die Handschuhe.[91] Der Fall führt zu landesweiten Debatten. Die letzten dieser Sterilisationscamps in Indien werden zwei Jahre später geschlossen.

Was damals in Indien geschieht, ist global gesehen eher die Regel als die Ausnahme. Im April 2016 gehen im peruanischen Lima 30 000 Menschen auf die Straße. Sie protestieren gegen die Präsidentschaftskandidatin Keiko Fujimori und ihren Vater, den früheren Präsidenten Alberto Fujimori. »Wir sind die Töchter der Dorfbewohnerinnen, die du nicht sterilisieren konntest«, rufen Menschen auf der Demonstration.[92] Es ist eine Variante des feministischen Demoslogans »Wir sind die Enkelinnen der Hexen, die ihr nicht verbrennen konntet«. Die Demonstrierenden verlangen Gerechtigkeit für Tausende vor allem arme und indigene Frauen, die zwischen 1996 und 2000 unter Zwang sterilisiert wurden.

Mehr als 20000 Männer und zwischen 200000 und 300000 Frauen werden in diesen Jahren im Rahmen des »Nationalen Programms für reproduktive Gesundheit und Familienplanung« in Peru sterilisiert. Das offizielle Ziel ist die Bekämpfung von Armut, indem Familien mit niedrigem Einkommen Zugang zu Verhütung verschafft wird. »Peruanische Frauen sollten ihr Schicksal selbst in der Hand haben«, erklärt Präsident Fujimori 1995 vollmundig in einer Rede vor dem Kongress. Es ist ein grausam heuchlerischer Satz, denn bis September 2019 berichten mehr als 7500 Menschen – 96 Prozent davon Frauen –, gegen ihren Willen sterilisiert worden zu sein. Ärzt:innen sprechen von Quoten, die sie zu erfüllen hatten. Ein ehemaliger Kongressabgeordneter und Arzt nennt Vorgaben von 250 Sterilisationen in vier Tagen. Dafür habe sämtliches Personal der medizinischen Einrichtung inklusive der Reinigungskräfte den Auftrag gehabt, Patient:innen aufzutreiben. »Es war wirklich wie eine Sterilisationsfabrik.«[93]

Druck wird ausgeübt, Frauen werden überredet, ihre Einwilligung wird erschlichen – oder die Sterilisation wird gewaltsam durchgeführt. Eine Betroffene beschreibt in der *Los Angeles Times*, dass sie, als sie am Tag der Operation ihre Meinung geändert habe, an Armen und Beinen festgeschnürt und mit verbundenen Augen sterilisiert worden sei. Manche Betroffenen berichten, der Eingriff sei während eines unter Narkose stattfindenden Kaiserschnitts geschehen. Anderen wird gesagt, ihr Mann müsse ins Gefängnis, wenn sie nicht zustimmten. Wieder andere unterschreiben Einwilligungen, die sie nicht verstehen – weil sie auf Spanisch verfasst sind, die Frauen aber Quechua sprechen. Die Eingriffe, durchgeführt unter dem massiven Zeitdruck der kaum zu erfüllenden Quoten, kosten mindestens 18 Frauen das Leben.[94]

All jene, die die Geburtenkontrollprogramme finanzierten, bestreiten, an Zwangsmaßnahmen beteiligt gewesen zu sein – selbst wenn ihre Gelder in die betreffenden Länder flossen.[95] Die US-amerikanische Entwicklungsbehörde USAID erklärt, man habe »ernsthafte Bedenken« kommuniziert, als man von den Zwangsmaßnahmen in Peru gehört habe, und der Kongress habe daraufhin Freiwilligkeit und ausreichende Information als Bedingung für finanzielle Förderung festgeschrieben, etwa durch den Ausschluss von Erfolgsquoten.[96]

Doch das passiert erst 1999 – nachdem Peru schon mehrere Jahre lang Frauen gegen ihren Willen unfruchtbar macht, und Jahrzehnte nachdem diese Praxis in Indien angewandt wurde. Internationale Organisationen und verschiedene Regierungen haben diese und viele weitere Programme durch ihre Finanzierung erst ermöglicht und konkrete Erwartungshaltungen mit den Zahlungen verbunden. Damit sind sie mitverantwortlich für jede im Rahmen dieser Kampagnen geschehene unfreiwillige Sterilisation.

Ob Kinder oder keine, entscheiden wir alleine

Verhütung im Sinne neomalthusianischer Politik zu instrumentalisieren bedeutet, Frauen- und Menschenrechte zu missachten. Mit der Möglichkeit, Sexualität selbstbestimmt zu leben und über eine Schwangerschaft eigenständig zu entscheiden, hat dies nichts zu tun. Genau das wird aber heute unter dem Begriff reproduktive Rechte verstanden: das grundlegende Recht aller Paare und Individuen, frei und ohne Diskriminierung, Druck und Gewalt zu entscheiden, ob sie Kinder haben wollen und, wenn ja, wie viele und wann.[97]

Dass reproduktive Rechte heute den Rang von Menschenrechten haben, ist der Erfolg feministischer Kämpfe. Erst nachdem die Erste Welle der Frauenbewegung ab dem späten 18. Jahrhundert grundsätzlich die Rechte von Frauen in den Fokus einer organisierten Bewegung gerückt hat, können in der Zweiten Welle ab den 1960er Jahren reproduktive Rechte als eigene menschenrechtsbasierte Forderung formuliert werden. Jahrhundertelang wurde über Frauen und Minderheiten verfügt und Gebärfähigkeit instrumentalisiert, um Kirche, Staat und Patriarchat mit Untergebenen zu versorgen. Nun fordern Feminist:innen ein Recht auf den eigenen Körper.

In den 1960er Jahren entsteht in den USA die Pro-Choice-Bewegung: eine feministische Bürgerrechtsbewegung, die sich für Selbstbestimmungsrecht und Entscheidungsfreiheit in Bezug auf Schwangerschaftsabbrüche einsetzt (siehe Kapitel 3). Auch in Westeuropa gewinnt das Thema für die Frauenbewegung an Relevanz. In den 1970er Jahren wenden sich Frauen gegen politische und gesellschaftliche Eingriffe in ihre Fortpflanzung und gründen Frauengesundheitsprojekte, die eine andere Praxis von Gesundheits-, Sozial-, Verhütungs- und Schwangerschaftsberatung fordern und selbst durchführen.[98]

Ab Mitte der 1970er Jahre schließlich entwickeln autonome Frauenbewegungen das Konzept reproduktiver Rechte, »das sich nicht nur gegen antinatalistische Politiken, sondern ebenso gegen pronatalistische Argumente«[99] religiösen oder nationalistischen Ursprungs richtet. Viele dieser Rechte sind heute in internationalen Verträgen festgeschrieben. 1968 wird im Abschlussdokument der Internationalen Menschenrechtskonferenz der Vereinten Nationen in Teheran der Satz verankert: »Paare haben ein grundlegendes Menschenrecht, frei und verantwortungsbewusst über die Anzahl ihrer Kinder und den Abstand der Geburten zu entscheiden, und ein Recht auf angemessene Aufklärung und Information in dieser Hinsicht«.[100] Was in Teheran festgeschrieben wird, ist eine scheinbar kleine, aber fundamentale Veränderung: Erstmals wird reproduktive Selbstbestimmung nicht unter bevölkerungspolitischen Gesichtspunkten, sondern als Menschenrecht verhandelt.

1979 ratifiziert die UN-Generalversammlung das »Übereinkommen zur Beseitigung jeder Form von Diskriminierung der Frau«. Mit der CEDAW genannten Konvention wird neben vielen anderen Frauenrechten das, was in Teheran formuliert wurde, völkerrechtlich verbindlich. 189 Staaten haben die Konvention bis heute anerkannt und sich zur Umsetzung verpflichtet. Unter den weltweit nur sechs Ländern, die das nicht getan haben, sind der Iran und die USA.[101]

Doch Rechte auf dem Papier bedeuten nicht immer Rechte in der Realität. So bleiben die Kontrolle und Steuerung von

Bevölkerung über Geburtenraten für internationale Politik bis 1994 prägend. Als Meilenstein und »eigentlicher Gründungsmoment«[102] einer in internationale Verträge gegossenen menschen- und frauenrechtsbasierten Perspektive auf Reproduktion gilt die Internationale Konferenz über Bevölkerung und Entwicklung 1994 im ägyptischen Kairo. Zum ersten Mal ist in einem Dokument der Vereinten Nationen explizit die Rede von reproduktiven Rechten und reproduktiver Gesundheit.[103]

Zwar toben heftige Debatten auf dem Gipfel, ob reproduktive Rechte Einzelnen oder nur Paaren zugestanden werden sollen. Geht es nach vielen konservativen Staaten, ist die Ehe der einzige Rahmen, in dem Reproduktion eine Rolle spielen sollte. Manche islamisch geprägte Staaten äußern Bedenken im Hinblick auf die Vereinbarkeit mit der Scharia. Der Vatikan und einige katholisch geprägte Staaten melden Zweifel an, ob Verhütung moralisch vertretbar sei.[104] Während feministische Aktivist:innen zudem fordern, sexuelle Rechte im Abschlussdokument zu verankern, leisten konservative und kirchliche Vertreter:innen Widerstand.[105]

Doch schließlich setzt sich eine Allianz aus Feminist:innen, Gesundheitsaktivist:innen und Beteiligten internationaler Institutionen durch. 179 Staaten erkennen reproduktive Gesundheit als Teil des Menschenrechts auf Gesundheit an, darunter auch konservative und fundamentalistische. Es ist ein Paradigmenwechsel: Statt Bevölkerungspolitik als Mittel zu betrachten, die Geburtenraten im globalen Süden zu senken, rückt Gesundheitspolitik in den Fokus und mit ihr die Anerkennung individueller Rechte.[106] Die Staaten erkennen an, dass reproduktive Gesundheit und die Ermächtigung von Frauen untrennbar verbunden sind und beides für den Fortschritt einer Gesellschaft notwendig ist.[107]

Worauf sich die teilnehmenden Staaten in Kairo nicht einigen können, ist der garantierte und legale Zugang zu Schwangerschaftsabbrüchen. Statt eines Rechts auf Schwangerschaftsabbruch, das Zehntausende Frauen jährlich vor dem Tod bewahren würde, wird nur die Formel beschlossen: »Unter Verhältnissen, unter denen Schwangerschaftsabbrüche nicht gegen das Gesetz verstoßen, sollten diese Abbrüche sicher sein.«[108]

Dennoch: Die Konferenz geht unter dem Stichwort »Kairo« in die Geschichte ein. Vorbei ist der Kampf damit allerdings noch lange nicht. Der Widerstand gegen reproduktive Rechte und die damaligen Errungenschaften bleibt stark – und ist in den vergangenen Jahren sogar wieder deutlich gewachsen. Religiöse Bewegungen und Selbstbestimmungsgegner:innen, Rechte und Rechtsextreme, fundamentalistische Regierungen und Terrorregime: Gegen all diese Kräfte gilt es, Kairo zu verteidigen.

Es mag vor diesem Hintergrund überraschend klingen, doch von feministischer Seite gibt es ebenso Kritik an den Beschlüssen von Kairo. So sehen etwa die Wissenschaftler:innen Susanne Schultz und Daniel Bendix in ihnen keinen Bruch mit der alten Bevölkerungspolitik – sondern eine »Reform, die die neuen individuellen Konzepte ›reproduktive Gesundheit‹ und ›reproduktive Rechte‹ kompatibel mit antinatalistischen Zielen machte.«[109] Mit anderen Worten: Der Gesundheitsdiskurs seit Kairo sei vorgeschoben. Internationale Organisationen und Nationalstaaten hätten rhetorisch die Ziele der Frauenbewegung vereinnahmt, um die Instrumentalisierung von Frauenrechten als Hilfe zu tarnen.

Tatsächlich gehören problematische bevölkerungspolitische Ziele noch immer nicht der Vergangenheit an. Viele NGOs betonen zwar inzwischen verstärkt die Rolle reproduktiver Rechte, warnen jedoch weiter vor einem scheinbar unaufhaltsamen und dramatischen Anstieg der Weltbevölkerung im und durch den globalen Süden. Auf der Webseite der Deutschen Stiftung Weltbevölkerung aktualisiert eine Uhr sekündlich die Anzahl der Menschen auf der Erde. »Was muss passieren, damit die Bevölkerung nicht weiter wächst?«, fragt die Stiftung.[110] Auch die Vereinten Nationen argumentieren teilweise noch bevölkerungspolitisch. 2019 schreibt deren Hauptabteilung »Wirtschaftliche und soziale Angelegenheiten«, das schnelle Bevölkerungswachstum stehe den 2016 erklärten Zielen für nachhaltige Entwicklung in Bezug auf Armut, Gleichheit und Hunger im Weg.[111]

Wenn Frauen im globalen Süden Rechte sowie Zugang zu Bildung und Verhütungsmitteln hätten, wollten sie automatisch weniger Kinder bekommen, so der Grundgedanke. Leitprinzip der nun vorherrschenden internationalen Bevölkerungspolitiken ist die Idee, »dass Selbstbestimmung – insbesondere für Frauen – der beste Weg ist, um Entwicklungsfortschritte zu erreichen, Armut zu bekämpfen und so schließlich auch das Bevölkerungswachstum zu verlangsamen«.[112] Frauen werden reproduktive Rechte also durchaus zugestanden – teilweise jedoch nur als Mittel zum Zweck. Dabei sind reproduktive Rechte, Zugang zu Verhütungsmitteln und Bildung Menschenrechte, die um ihrer selbst willen garantiert werden müssen.

Heute, schreiben Susanne Schultz und Daniel Bendix, bestehe eine Tendenz, »globale kapitalistische Ungleichheitsverhältnisse systematisch zu de-thematisieren«.[113] Zwar werden viele Milliarden Euro für Verhütungsmittel ausgegeben, aber an der ungerechten Verteilung von Reichtum, Ressourcen und Wohlstand ändert sich kaum etwas.[114] Weniger Kinder heißt keineswegs automatisch bessere Jobs mit höherem Gehalt oder bessere Schulen. Wer die Armut von Menschen bekämpfen will, muss da ansetzen, wo die Gesellschaften im globalen Norden nach wie vor auf Kosten des globalen Südens produzieren und konsumieren.

Gleichzeitig ist es Realität, dass Frauen und Mädchen auch im globalen Süden Schwangerschaften vermeiden, abbrechen und überleben wollen und das nicht können, weil ihnen der Zugang zu Verhütungsmitteln, sicheren Abbrüchen oder einer funktionierenden Geburtshilfe fehlt. Laut internationalen Organisationen haben je nach Quelle jedes Jahr zwischen 190 und 270 Millionen Frauen keinen Zugang zu Verhütungsmitteln, obwohl sie gern verhüten würden.[115] Besonders groß ist der ungedeckte Bedarf – der »unmet need« – in afrikanischen Ländern südlich der Sahara* und in

* Wir verwenden die Begriffe »Subsahara-Afrika« und »Afrika südlich der Sahara«, weil wir uns auf verschiedene Statistiken beziehen, die mit dieser Einteilung des afrikanischen Kontinents arbeiten. Diese Einteilung ist

Südostasien. Die Folgen sind unsichere Schwangerschaftsabbrüche, ungewollte Geburten und eine hohe Müttersterblichkeit.

Wer verhüten will, sollte Zugang zu Verhütungsmitteln haben. Doch diese verfügbar zu machen löst das Problem allein nicht. Postkoloniale Wissenschaftler:innen wie Gayatri Spivak betonen, dass soziale Praktiken und kulturelle Kontexte berücksichtigt werden müssen.[116] Tatsächlich werden kulturell und individuell divergierende Vorstellungen von Mutterschaft häufig vernachlässigt.

Frauen im globalen Süden den Wunsch nach einer Kleinfamilie im nordeuropäischen Stil nahezulegen ist zweifellos paternalistisch. Doch die Kritik, die den Konsens von Kairo als »erfolgreiches hegemoniales Projekt« bezeichnet, das dazu geführt habe, »die bisher kritische internationale Bewegung der Frauengesundheitsorganisationen in das Dispositiv der Bevölkerungspolitik einzubinden«,[117] läuft in ihrer Absolutheit Gefahr, mit der Ablehnung problematischer Praktiken gleichzeitig die Erfolge infrage zu stellen.

Bei aller berechtigten Kritik (siehe auch Kapitel 2): Von internationalen Geldgeber:innen unterstützte Programme retten im Hier und Jetzt Leben. Das lässt sich an einer einzigen Zahl ablesen: Die Gesundheitsversorgung für Schwangere und Mütter hat sich seit Kairo deutlich verbessert, die weltweite Müttersterblichkeit ist von 1990 bis 2015 um rund vierzig Prozent gesunken (siehe Kapitel 5).[118] Familienplanungsprogramme kritisch zu begleiten ist wichtige feministische Arbeit; sie grundsätzlich zu verdammen hingegen zu einfach.

---

kolonialen Ursprungs: Die kolonisierenden Europäer:innen teilten den Kontinent in einen vermeintlich unzivilisierten Süden, der bis heute auch mit dem aus dem Kolonialismus stammenden rassistischen Begriff »Schwarzafrika« bezeichnet wird, und einen aus ihrer Sicht kultivierteren, arabisch geprägten Norden. Vgl. dazu Frantz Fanon: *Die Verdammten dieser Erde*, Frankfurt a. M. 1981 (Original französisch 1961).

Dass es gilt, auch auf die Verbündeten im Kampf um reproduktive Rechte einen kritischen Blick zu werfen, lehrt die Geschichte. Wenn heute Organisationen über Geburtenkontrolle Armut bekämpfen wollen und sich dabei auf Frauenrechte berufen, stehen sie damit in einer Tradition, die lange vor Kairo begann.

Es ist kein Zufall, dass der internationale feministische Dachverband International Planned Parenthood Federation (IPPF), zu dem auch die deutsche Pro Familia gehört, 1952 im indischen Mumbai gegründet wird – zu einer Zeit, als das Land seine antinatalistische Politik vorantreibt. Die IPPF und verschiedene ihrer Mitgliedsorganisationen engagieren sich ab den 1950er Jahren für Geburtenkontrolle, auch im globalen Süden. Bis heute klären sie in vielen Staaten weltweit über Sexualität auf, werben für größere Abstände zwischen Geburten und kleinere Familien und verteilen Verhütungsmittel.

IPPFs wichtigste Gründungsfigur ist die US-amerikanische Krankenschwester und Frauenrechtlerin Margaret Sanger. Verhütung, so finden Sanger und ihre Mitstreiterinnen, müsse legal und verfügbar sein. Doch wie viele andere Akteur:innen ihrer Zeit unterscheidet Sanger zwischen Menschen, die verhüten sollen, und solchen, die sich fortpflanzen dürfen.

Ihre Haltung speist sich aus den elenden Zuständen, unter denen sie selbst aufgewachsen ist. Sanger wird 1879 geboren. Sie ist eines von elf Kindern, die ihre Mutter lebend auf die Welt bringt – insgesamt ist Sangers Mutter achtzehnmal schwanger. Das ist damals keineswegs ungewöhnlich.[119] Anfang des 20. Jahrhunderts haben Frauen kaum Rechte, körperliche schon gar nicht. Verhütungsmittel sind verboten oder schwer zugänglich (siehe Kapitel 2), Schwangerschaftsabbrüche kriminalisiert (siehe Kapitel 3). All das gefährdet Frauen oder kostet sie das Leben. Sanger bricht ihre Ausbildung als Krankenschwester auf Druck ihres Ehemanns ab, leistet ab 1912 aber Geburtshilfe in den damaligen Slums des

New Yorker Stadtteils Manhattan und wird Mitglied der Sozialist:innen. In einer Kolumne für die Zeitschrift *New York Call* informiert sie über Schwangerschaftsabbrüche, in einem Rundbrief setzt sie sich für Verhütung und das Recht auf den eigenen Körper ein, obwohl das gesetzlich verboten ist.

In ihrer Autobiografie beschreibt Sanger, wie sie die Arbeiterfrau Mrs. Sachs und ihren Ehemann behandelt. Sachs hat eigenhändig abgetrieben und leidet an einer schweren Blutvergiftung. Als sie die gesundheitliche Krise überstanden hat, fragt sie in Sangers Beisein den Arzt, wie sie ungewollte Schwangerschaften künftig verhindern könne. Der antwortet bloß: »Sagen Sie Jake, er soll auf dem Dach schlafen.« »Wir sahen uns nur an und sagten kein Wort, bis die Tür sich hinter dem Arzt geschlossen hatte«, schreibt Sanger. »Bitte verraten Sie mir das Geheimnis«, fleht Sachs. Drei Monate später stirbt die 28-Jährige an einer weiteren Abtreibung. In dieser Nacht beschließt Sanger, etwas zu tun, »um das Schicksal von Müttern zu ändern, deren Elend so groß war wie der Himmel«.[120] 1916 eröffnet Sanger in Brooklyn das erste Krankenhaus für Familienplanung und Geburtenkontrolle der USA. Fünf Jahre später gründet sie die American Birth Control League, aus der später die International Planned Parenthood Federation entsteht.

In den Kämpfen von Frauen – auch bevor sie organisiert waren – geht es jahrhundertelang schlicht darum, den Zugriff von Männern auf weibliche Körper abzuwehren: staatlich, religiös, patriarchal. Die erste Welle der Frauenbewegung nimmt erstmals Frauen als Individuen, ihr Elend und ihre Rechte in den Blick und setzt sich dafür ein, dass sie Sexualität leben können, ohne Gefahr zu laufen, schwanger zu werden. Der frühe Einsatz von Frauenrechtlerinnen wie Sanger für Aufklärung, Verhütung und die Legalisierung von Schwangerschaftsabbrüchen ist ein bahnbrechendes Verdienst.

Doch schon in den 1920er Jahren schwenkt ein erheblicher Teil der damaligen Frauenbewegung auf den zu dieser Zeit populären eugenischen Diskurs ein. Sanger selbst befürwortet Sterilisationen von Menschen mit psychischen

Erkrankungen und tritt, um die Geburtenkontrollbewegung voranzubringen, sogar beim Ku-Klux-Klan auf.[121] Das »drängendste Problem« ist in ihren Augen die Frage, »wie die Überfruchtbarkeit der mental und physisch Defizitären zu begrenzen und zu verhindern ist«.[122]

In Europa ist Marie Stopes Anhängerin der Eugenik. 1880 in Schottland geboren, informiert sie im Magazin *Birth Control News* über Verhütungsmittel und eröffnet in London die erste britische Klinik für Geburtenkontrolle. Auch sie spricht sich für die Sterilisation sogenannter Erbkranker aus, also von Menschen mit genetischen Beeinträchtigungen. Stopes schreibt von einem »ständig wachsenden Bestand an Entarteten, Schwachsinnigen und Unausgeglichenen«, die sich schnell vermehrten und wie »der Parasit auf dem gesunden Baum [sind], der dessen Vitalität verzehrt«.[123]

In Deutschland gehört der Mitgründer sowie spätere Präsident und Ehrenpräsident der Deutschen Gesellschaft für Familienplanung, Sexualpädagogik und Sexualberatung Pro Familia zu den führenden Eugeniker:innen. 1931 fragt Hans Harmsen auf einer Konferenz: »Dem Staat geben wir das Recht, Menschenleben zu vernichten – Verbrecher und im Kriege. Weshalb verwehren wir ihm das Recht zur Vernichtung der lästigen Existenzen?«[124] Während der Zeit des Nationalsozialismus ist Harmsen an den Beratungen über das »Gesetz zur Verhütung erbkranken Nachwuchses« beteiligt. Auch die Vertreterin des Bundes für Mutterschutz in Deutschland, Helene Stöcker, ist Anfang des 20. Jahrhunderts der Ansicht, dass »unüberlegte Zeugungen, wenn der körperlich-geistige Zustand des Paares nicht ›auf der Höhe‹« sei, als »›Akte der Gewissenlosigkeit‹« einzustufen seien.[125]

Geburtenkontrolle wird rassistisch und behindertenfeindlich aufgeladen. Außerdem geraten arme Menschen besonders in den Fokus. Die Feministinnen der Geburtenkontrollbewegung in den USA vertreten die Haltung, arme Menschen hätten »eine moralische Verpflichtung«, die Größe ihrer Familien zu beschränken, »weil große Familien die Steuern und Wohltätigkeitsausgaben der Reichen belasteten und weil arme Kinder weniger wahrscheinlich ›überlegen‹ sein würden«.[126]

In ihren Ursprüngen zielt die Forderung der Frauenbewegung nach dem Zugang zu Verhütungsmitteln darauf, Frauen in Not zu helfen. Bald entwickelt sich daraus eine Erwartungshaltung an bestimmte Gruppen. »Was als Recht der Privilegierten gefordert wurde«, schreibt die Schwarze Bürgerrechtlerin Angela Davis, »wurde eine Pflicht der Armen«.[127]

Wer Frauenrechte nicht allen Frauen, sondern nur ausgewählten zugesteht, kann nicht unhinterfragt Vorbild heutiger feministischer Bewegungen sein. Das gilt gerade, weil Frauenrechte auch heute im Namen von Rassismus vereinnahmt werden – durch die AfD etwa, wenn sie »Frauenmärsche« veranstaltet, die sich angeblich gegen sexualisierte Gewalt wenden, auf denen aber vor allem gegen Migrant:innen gehetzt wird.[128] Feminismus sollte frei sein von Diskriminierung und Sanktionierung von Körpern.

Das stellt frauenpolitische Organisationen vor die Aufgabe, sich offen mit der eigenen Vergangenheit auseinanderzusetzen, bundesweit wie international. Viele sind diesen Weg inzwischen gegangen, allerdings spät. So bleibt der Eugeniker Harmsen bis 1984 Ehrenvorsitzender von Pro Familia und legt das Amt erst nieder, als seine Veröffentlichungen aus der Zeit vor 1945 kritische Reaktionen hervorrufen. Pro Familia erklärt, Harmsen habe zwischen 1920 und 1945 Positionen vertreten, »die heute im Verband verurteilt werden«. Man lehne »jeden staatlichen Eingriff – etwa aus bevölkerungspolitischen oder rassistischen Gründen – in das Recht der und des Einzelnen auf Familienplanung ab«. Gleichzeitig gesteht der Verband ein, dass er »erst von außen« zu der Auseinandersetzung veranlasst wurde und es »bisher versäumt« habe, sich gründlicher mit der eigenen Geschichte zu befassen.[129]

Andere Organisationen brauchen bis zu diesem Eingeständnis noch länger. Erst im November 2020 ändert Marie Stopes International ihren Namen in MSI Reproductive Choices. »Das Vermächtnis von Marie Stopes […] ist heute tief verwoben mit ihrer Perspektive auf Eugenik«, begründet die Organisation ihre Entscheidung. Ihre Ansichten stünden »in direktem Widerspruch zu unseren zentralen Prinzipien der Wahlfreiheit und der Autonomie.«[130] Planned

Parenthood New York kündigt 2020 an, Sangers Namen von ihrer Klinik in Manhattan zu entfernen. Man erkenne die eigene Schuld am Schaden an, den die Organisation in Bezug auf reproduktive Rechte historisch in Communities of Color verursacht habe, heißt es in einem Statement.[131] Auf der Webseite der Dachorganisation aber ist bislang keine dokumentierte Auseinandersetzung mit der eigenen Vergangenheit zu finden.

Sich mit den Verfehlungen der eigenen Gründungsfiguren auseinanderzusetzen mag unangenehm und schmerzhaft sein. Notwendig ist es trotzdem, denn diese Aufarbeitung ist mehr als nur Vergangenheitsbewältigung. Für *weiße* Aktivist:innen einer intersektionalen feministischen Bewegung ist sie Bedingung für Glaubwürdigkeit und Handlungsfähigkeit.

Reproduktive Gerechtigkeit: »Pro Choice« ist nicht genug

In den 1970er Jahren klagt die afroamerikanische Familie Relf gegen die ohne Zustimmung der Eltern vorgenommene Sterilisation ihrer Töchter. Minnie Lee und Mary Alice Relf sind 12 und 14 Jahre alt, als ihnen die Möglichkeit genommen wird, sich jemals selbst für oder gegen Kinder zu entscheiden. Die Familie ist arm. Beide Schwestern haben eine sogenannte geistige Behinderung und bekommen über ein staatliches Programm die Verhütungsspritze Depo-Provera. Als Studien nahelegen, Depo-Provera steigere das Krebsrisiko, ordnet das zuständige Komitee eine Sterilisation der Mädchen an. Die Mutter ist Analphabetin und unterschreibt die Einwilligungserklärung mit einem »X« im Glauben, sie willige nur in weitere Injektionen für ihre Töchter ein. Die Sozialarbeiter:innen, die ihr das Dokument vorlegen, erklären den Inhalt nicht.[132]

Erst die Klage der Familie offenbart, wie weit verbreitet missbräuchliche Sterilisationen seit Jahrzehnten sind. Das Gericht kommt zu dem Schluss, dass 100 000 bis 150 000 Menschen jährlich durch von der US-Regierung finanzierte

Programme sterilisiert werden. Zahlreiche Menschen seien zur Zustimmung gezwungen worden, wenn etwa Ärzt:innen gedroht hätten, ihnen würde andernfalls die Sozialhilfe gestrichen.[133]

Die afroamerikanische Bürgerrechtlerin Angela Davis beschreibt den Lawineneffekt, den das Gerichtsverfahren der Relf-Schwestern hat: Ein Fall nach dem anderen kommt ans Licht. Schwarze Frauen sind überproportional häufig betroffen. In North Carolina zum Beispiel werden 65 Prozent aller Sterilisationen an Afroamerikanerinnen vorgenommen – obwohl damals nur 25 Prozent der weiblichen Bevölkerung Schwarz sind.[134] Manche Betroffene werden bereits mit neun Jahren sterilisiert. Auch andere Minderheiten sind massiv im Fokus: 1976 sind in den USA 24 Prozent der indigenen Frauen im gebärfähigen Alter sterilisiert. »Unsere Blutlinien sind gestoppt«, sagt die indigene Ärztin Connie Uri in einer Anhörung: »Unsere Ungeborenen werden nicht geboren.«[135] Die US-Autorin Lisa Ko schreibt, dass Schätzungen zufolge bis zu fünfzig Prozent der Native American Women in den USA zwischen 1970 und 1976 sterilisiert werden.[136]

Es ist nicht die einzige Art, auf die indigenen Frauen auf dem nordamerikanischen Kontinent das Elternsein verwehrt wird. Vielen werden ihre Kinder weggenommen. In Umerziehungsheimen in den USA und Kanada soll ihnen ihre Sprache und Kultur ausgetrieben werden. Tausende überleben das nicht. In Kanada werden 2021 in vier ehemaligen, von der Kirche betriebenen Internaten die sterblichen Überreste von rund 1000 indigenen Kindern gefunden.[137]

Hätten die *weißen* Feminist:innen der Zweiten Welle sich selbstkritischer mit ihren historischen Vorläufer:innen, den Fehlern der eigenen Bewegung und Gründungsfiguren auseinandergesetzt, schreibt Angela Davis, »hätten sie vielleicht verstanden, warum so vielen ihrer Schwarzen Schwestern ihre Sache eher verdächtig schien«.[138] Denn während *weiße* Feminist:innen seit den 1960er Jahren innerhalb der Pro-Choice-Bewegung vor allem für das Recht auf Schwangerschaftsabbrüche streiten, kämpfen Schwarze, migrantische und Frauen of Color um das Recht, Kinder zu haben und mit ihnen zu leben.[139] Ihre Probleme unterscheiden sich von denen *weißer* Frauen, weil sie oft auf mehreren Ebenen diskriminiert werden: als Frauen, als Schwarze Menschen, als Migrantinnen, Musliminnen, Arbeiterinnen. Die Schwarze Feministin Kimberlé Crenshaw prägt 1989 für diese Art von Verschränkung und Überkreuzung verschiedener Diskriminierungsformen den Begriff der Intersektionalität und verdeutlicht damit, wie häufig die Diskriminierung Schwarzer Frauen verharmlost, abgestritten und negiert wird – aber Realität ist.[140]

»Während Frauen of Color auf Schritt und Tritt aufgefordert werden, dauerhaft unfruchtbar zu werden, drängen die gleichen Kräfte wohlhabende weiße Frauen, sich fortzupflanzen«, schreibt Davis.[141] Schwarze Feminist:innen fordern deswegen in den 1990er Jahren, den Blick zu weiten. Die Beschlüsse von Kairo drehten sich zu sehr um individuelle Rechte, kritisieren sie – und zu wenig um soziale Gerechtigkeit. Die aber brauche es, um diese Rechte überhaupt in Anspruch nehmen zu können.[142] Statt bloß reproduktiver Rechte fordern sie deswegen »reproduktive Gerechtigkeit«, die sie als »reproduktive Gesundheit eingebettet in soziale Gerechtigkeit« definieren.[143]

Für die afroamerikanische Feministin Loretta Ross, Gründerin des SisterSong Women of Color Reproductive Justice Collective, bedeutet das neue Konzept erstens das Recht, ein Kind zu haben, zweitens das Recht, kein Kind zu haben, und drittens das Recht, Kinder aufzuziehen und die Umstände der Geburt zu bestimmen, zum Beispiel mit dem Recht auf die Betreuung durch eine Hebamme.[144]

Auch heute noch leidet die feministische Bewegung unter diesen Brüchen. Dass Frauen das Recht haben, eine Schwangerschaft nicht austragen zu müssen, ist ein elementarer Aspekt körperlicher Selbstbestimmung. Doch den Begriff Wahlfreiheit wie im Slogan »Pro Choice« nur darauf zu beschränken greift zu kurz, denn viele Frauen, gerade Women of Color, müssen weiterhin darum kämpfen, Mutter sein zu dürfen. Sich *gegen* eine Schwangerschaft entscheiden zu können, aber auch *dafür*: Diese Rechte gehören untrennbar zusammen.

Bevölkerungspolitik, ob als Anreiz oder als Zwang, bedeutet immer den Zugriff auf gebärfähige Körper. Welchen Frauen zugestanden wird, Kinder zu bekommen, und welchen nicht, hängt in diesem Kontext nicht von ihren eigenen Bedürfnissen ab, sondern von politischer Ideologie. Statt also bevölkerungspolitische Ideen zu proklamieren, sollten reproduktive Rechte, die seit mehr als 25 Jahren international vereinbart sind, endlich umgesetzt werden. Politik und Gesellschaft müssen die Entscheidung sowohl gegen als auch für Kinder von äußeren Zwängen befreien. Denn die Entscheidung jeder Person ist legitim – ob nun für ein Kind, für sieben oder für keines.

Verhütung

Europa, Frühe Neuzeit: »Auf den fadenscheinigsten Verdacht hin, meistens nicht mehr als eine Denunziation, wurden Tausende festgenommen, nackt ausgezogen, kahl rasiert und in jeden Teil ihres Körpers mit langen Nadeln gestochen, auf der Suche nach dem ›Teufelsmal‹. Dabei waren oft Männer anwesend, vom Henker bis zu den Dorfhonoratioren und Priestern«.[145] Die hier von der politischen Philosophin Silvia Federici beschriebene Szene ist noch nicht der Höhepunkt der Folter, der die als Hexen Verfolgten in Europa ausgesetzt sind. Hunderttausenden werden über die Dauer von drei Jahrhunderten Brüste abgerissen, sie werden gewürgt, gestreckt, ertränkt, gehenkt und auf andere Art und Weise gefoltert und ermordet.

Überwiegend sind es Frauen, die der Hexerei bezichtigt werden, häufig diejenigen, die sich nicht in die herrschende Ordnung fügen, sexuell freizügig sind oder ohne Mann leben. Frauen, die heilen, sich mit Sexualität und ihren Folgen auskennen, Schwangere entbinden können – oder Schwangerschaften unterbinden. Dieses Wissen über den eigenen Körper bringt Frauen in Gefahr, denn Verhütung schafft die Möglichkeit, das Risiko zu minimieren, beim Sex schwanger zu werden. Es gibt Frauen Macht.

Das gilt besonders in einer Zeit, in der Ehefrauen gezwungen sind, ihrem Mann sexuell zur Verfügung zu stehen. Bis ins 20. Jahrhundert hinein sind Frauen in Europa im Durchschnitt zehnmal oder öfter schwanger. »Bei einer Lebenserwartung von 52 Jahren (in Deutschland noch um 1900) befanden sie sich also den Großteil ihres Erwachsenenlebens ›in anderen Umständen‹«, schreibt die Politologin Antje Schrupp – eine enorme körperliche Belastung.[146] Mütter- und Säuglingssterblichkeit sind hoch: Trotz der vielen

Schwangerschaften haben Frauen damals im Schnitt nur vier bis sechs Kinder.

Für unverheiratete Frauen bedeutet das Fehlen oder Scheitern von Verhütung jahrhundertelang die Gefahr, aus der Gesellschaft ausgestoßen zu werden. Auch ihre Kinder haben wenig Chancen: Unehelichen Kindern droht oft lebenslange Armut, bis ins 19. Jahrhundert hinein werden sie etwa von Handwerksberufen ausgeschlossen.[147] Fehlende Verhütung heißt nicht nur, keine Wahl darüber zu haben, was mit dem eigenen Körper passiert – sondern bedeutet für Frauen und Kinder grundlegende materielle Not sowie den sozialen und ökonomischen Tod.

Weil gerade Frauen, darunter Hebammen und Prostituierte, Wissen über Verhütung untereinander weitergeben, spricht die Wissenschaft bisweilen von einer »female sexual culture«, einer weiblichen Sexualkultur.[148] Die sogenannte Hexenverfolgung bereitet dieser eine Ende: Mit den Frauen verbrennt ihr Wissen darüber, wie sich Schwangerschaften verhindern lassen. Folter und Mord sind laut Federici zumindest teilweise auch der Versuch, »die Geburtenkontrolle zu kriminalisieren und den weiblichen Körper […] in den Dienst des Bevölkerungswachstums sowie der Produktion und Akkumulation von Arbeitskraft zu stellen«.[149] Die öffentlichen Qualen und Hinrichtungen sind ein »Angriff […] auf jede Anwandlung von weiblicher Unabhängigkeit«, so die Autorin Mona Chollet.[150] Sie sind ein Weg, Frauen dazu anzuhalten, »unauffällig, gefügig, unterwürfig zu sein und keine Wellen zu schlagen«.[151] Es ist, sagt Federici, ein »Krieg gegen die Frauen«.[152]

Hunderte Jahre später – im Jahr 2001 – fordert der Kölner Kardinal Joachim Meisner die Katholik:innen zum strikten Verzicht auf Verhütung auf. 2013 verweigern zwei katholische Krankenhäuser in Köln einer Frau, die vergewaltigt worden ist, eine Notfalluntersuchung und die Pille danach.[153] 2017 nimmt die rechte Regierung im katholisch geprägten Polen die Rezeptfreiheit für die Pille danach entgegen einer EU-Regelung zurück. Und 2021 setzt eine Klinik im Westerwaldkreis Patient:innen keine Spirale mehr ein – aus religiösen Gründen.[154]

Der Katholizismus ist, wenn es um Verhütung geht, die rigideste und dogmatischste der monotheistischen Religionen, sie ist ihm seit jeher ein Dorn im Auge. Auch wenn Folter und Mord der »Hexen« überwiegend von laizistischen Institutionen ausgeführt wurden, war es die katholische Kirche, die dieser mörderischen Misogynie den Boden bereitet hat.[155] Und noch heute tut sich die katholische Kirche äußerst schwer damit, Verhütung zu akzeptieren.

In der christlichen Lehre ist Sex zu anderen Zwecken als der Fortpflanzung innerhalb der Ehe keine Option. »Seid fruchtbar und mehret euch«,[156] so das Credo: Es geht nicht um Lust, sondern darum, Kinder in die Welt zu setzen. Folglich braucht es keine Verhütung, was mehr oder minder harsch propagiert wird. Im 6. Jahrhundert etwa schreibt Caesarius, Bischof von Arles in Südfrankreich: »So oft sie hätte empfangen oder gebären können, so vieler Morde wird sie für schuldig gehalten werden.«[157] Im 15. Jahrhundert bringt Innozenz VIII. Verhütung und Hexerei miteinander in Verbindung: »[Hexen] hindern Männer an der Zeugung und Frauen an der Empfängnis.«[158]

Als Mitte des 20. Jahrhunderts die Pille entwickelt wird, veröffentlicht der damalige Papst Paul VI. eine Enzyklika mit dem Titel *Humanae Vitae*,[159] die Verhütung verdammt und als »Pillen-Enzyklika« in die Geschichte eingeht. Zwar erlaubt der Papst dem Mann – nicht etwa der Frau –, die unfruchtbaren Tage zum Verhüten zu nutzen. Jede andere Form von Verhütung sei jedoch ein Eingriff in die »von Gott gesetzte Ordnung«, ebne den Weg zur »ehelichen Untreue« und zur »allgemeinen Aufweichung der sittlichen Zucht«.[160] Der Vatikan revidiert die Enzyklika *Humanae Vitae* nie. Die Lehre der katholischen Kirche dringt tief in weltliche Gesellschaften und Rechtsordnungen ein – und prägt diese bis heute.

Magische Mittel und Kondome

Beim Sex den Atem anhalten, direkt danach aufstehen, sich wieder hinhocken, heftig niesen und die Vagina auswaschen:

Das empfiehlt Soranos, Verfasser der wohl bedeutendsten gynäkologischen Schrift der Antike, Frauen, um nicht schwanger zu werden.[161] Schon früh zirkuliert Wissen über Methoden, die Schwangerschaften verhindern können oder zumindest in dieser Hoffnung angewendet werden.

Praktiziert wird bereits in der Antike der Coitus Interruptus, also das Herausziehen des Penis aus der Vagina vor dem Samenerguss. Ebenfalls diskutiert werden die unfruchtbaren Tage der Frau, über die allerdings noch bis ins 20. Jahrhundert hinein vor allem vage und irreführende Vermutungen kursieren. Es gibt Vorläufer von Pessaren aus Naturmaterialien wie Tang, um den Muttermund zu verstopfen, Tränke und Spermizide. Einige Mittel setzen auf Magie, andere enthalten zumindest potenziell wirksame Komponenten.[162]

Zuverlässige Verhütung kommt erst nach und nach auf, vor allem im Lauf des 19. Jahrhunderts. Bei fast allen einigermaßen wirksamen Methoden können Frauen nicht autonom entscheiden, ob sie sie anwenden. Der Coitus Interruptus etwa, zu unterschiedlichen Zeiten und in vielen Gesellschaften Mittel der Wahl, setzt auf das Handeln des Mannes. Scheidenspülungen und Pessare sind kaum unbemerkt anzuwenden – was immer dann ein Problem ist, wenn Frauen nicht selbst über ihre Körper bestimmen. Von einer Situation, in der Verhütung Konsens ist, sobald eine beteiligte Person nicht schwanger werden möchte, ist nicht nur die Frühe Neuzeit weit entfernt.*

Scheidenspülungen per Bidet sind beliebt, teils mit ätzenden oder auf andere Art gesundheitsschädlichen Zusätzen. Bis 1883 gibt es Präservative nur aus Tierdärmen oder Ähnlichem. Die Vulkanisierung von Kautschuk, die die Herstellung von Gummi ermöglicht, bringt den Durchbruch für Latexkondome. 1914 entwickelt der Unternehmer Julius Fromm einen Weg, Kondome ohne Nähte industriell herzustellen, was die Grundlage dafür ist, sie bezahlbar zu machen.[163]

---

* Wir konzentrieren uns in diesem Kapitel auf Verhütung von Schwangerschaften, weil diese konkret mit reproduktiven Rechten zu tun haben, weniger auf die Verhütung sexuell übertragbarer Krankheiten.

Bis dahin sind die meisten Verhütungsmittel teuer – zu teuer für viele. Der aus Holland stammende Arzt Wilhelm Mensinga entwickelt Ende des 19. Jahrhunderts das »Okklusiv-Pessar«, eine Gummikappe mit federndem Rand und einem Ring, der durch eine Uhrfeder in Spannung gehalten wird und den Gebärmutterhals abdeckt. Zweimal wöchentlich behandelt er kostenfrei Frauen aus ärmeren Verhältnissen, weil diese nicht die Mittel haben, ihre großen Familien zu versorgen, und an den zahlreichen Schwangerschaften körperlich zugrunde gehen.

Erst im 19. Jahrhundert geht es in der Debatte um Geburtenkontrolle nicht mehr ausschließlich um Sitte und Moral. In Deutschland und Frankreich verschicken neomalthusianische Vereine Aufklärungsbroschüren an Braut- und Ehepaare.[164] Doch viele Staaten haben andere Interessen und versuchen, das aufkommende Wissen zu unterdrücken. Die USA verbieten ab 1873 das Verbreiten von unmoralischem Material, worunter sowohl Verhütungswerbung als auch Verhütungsmittel fallen.[165] Das Gesetz bleibt bis zu einer Entscheidung des Supreme Court 1965 in Kraft, und erst 1972 erhalten Unverheiratete den gleichen legalen Zugang zu Verhütungsmitteln wie Verheiratete. Auch das Reichsstrafgesetzbuch in Deutschland verbietet ab 1900 das Verbreiten »unsittlicher« Schriften, darunter Werbung für Verhütungsmittel.[166]

Gleichzeitig wird endlich Frauengesundheit zum Thema. Trotz der Verbote gehen die Auflagen von Ehe- und Gesundheitsratgebern Mitte des 19. Jahrhunderts in den USA und England in die Hunderttausende. Der Gesundheitsratgeber *Bilz* hat im Kaiserreich um 1900 sogar eine Auflage um eine Million Exemplare und spricht Verhütung im Kapitel »Frauenkrankheiten« offen an. Die Ärztin Anna Fischer-Dückelmann nennt in ihrem Buch *Die Frau als Hausärztin* Geschlechtsverkehr, der »vom natürlichen Wege« abweicht, zwar »gesundheitsschädlich und unsittlich«, empfiehlt aber trotzdem detailliert und mit zahlreichen Illustrationen versehen verschiedene Verhütungsmethoden.[167]

Neben der Politik verurteilt auch die weit überwiegend männliche Ärzteschaft in den westlichen Staaten Verhütung –

ihr geht es dabei vor allem um die eigene Machtposition.[168] Anfang der 1930er Jahre, als in Deutschland mehr und mehr Sexualberatungsstellen eröffnen, erklärt ein Vertreter der Gesellschaft für Gynäkologie: »Als Ramschleistung gleichsam wie im Warenhausbetrieb werden [...] auf bloßen Wunsch hin unentgeltlich [...] Schutzmittel an Frauen und Mädchen, ja Virgines verabfolgt. Ist das noch als ärztliche Tätigkeit zu bezeichnen?«[169]

Obwohl Verhütung ein Weg ist, der prekären gesundheitlichen Lage vieler Frauen zu begegnen, ist sie in der Frauenbewegung des späten 19. und frühen 20. Jahrhunderts nur am Rande Thema. Zwar wird der Geburtenrückgang dieser Jahre teils als »subversiver Frauenwiderstand«[170] interpretiert. Und der Medizinhistoriker Robert Jütte sieht in der Anwendung von Verhütung »die Artikulation eigener weiblicher Interessen«[171] als Protest gegen Normen vor dem Hintergrund des Geschlechterkampfs. Viele Frauen verhüten schon, doch öffentlich darüber gesprochen wird kaum.

In der Frauenbewegung ist es längst nicht Konsens, Möglichkeiten zur Geburtenkontrolle zu fordern. Einige Französ:innen etwa weisen den Vorwurf zurück, die Bewegung sei am Geburtenrückgang schuld.[172] Ihre Sorge: Eine zu breite öffentliche Auseinandersetzung mit dem Thema könnte ihre Forderung nach gleichen Rechten gefährden. Ausnahmen finden sich vor allem im linken Flügel der bürgerlichen Frauenbewegung, in dem bessergestellte Frauen aktiv sind, die die Kapazitäten haben, über das Überleben hinauszudenken. In Deutschland greift etwa Helene Stöcker, Mitbegründerin des Bundes für Mutterschutz und Sexualreform, Tabuthemen wie Schwangerschaftsabbrüche, Verhütung und die rechtliche Stellung unehelicher Kinder auf.[173] Auch Stöcker ist den damals populären eugenischen Ideen zugetan.[174] Als eine der Ersten aber fordert sie für Frauen das Recht auf Lust und auf Selbstbestimmung über ihre eigenen Körper.

Unabhängig davon, ob die Kontrolle der eigenen Fruchtbarkeit schweigend praktiziert oder lautstark politisch eingefordert wird: Der Zugang zu freiwilliger Verhütung ist ein

Weg, Macht über den eigenen Körper und das eigene Leben zu bekommen. Und obwohl diese Macht von Kirche, Staat und Patriarchat bekämpft wird, haben Frauen das Wissen, wie sie zu erlangen ist, kontinuierlich vergrößert.

Der Papst, die Pille und die deutsche Sexualmoral

Der Nationalsozialismus, der Frauenkörper mit beispielloser Systematik und Grausamkeit zu seinen Zwecken ausnutzt (siehe Kapitel 1), wirft die Debatte um körperliche Selbstbestimmung drastisch zurück. Im reaktionären Klima der BRD der 1950er Jahre bleibt Verhütung ein Tabu, Sex gehört in die Ehe, Familienminister Franz-Josef Wuermeling (CDU) plädiert für vier Kinder pro Familie.[175] In manchen Bundesländern bleiben Verhütungsmittel bis 1969 verboten.[176]

Schon ein Jahr nach Kriegsende allerdings verkauft Beate Uhse das Aufklärungsheft *Schrift X*, das über natürliche Verhütung informiert. Es geht um die »Knaus-Ogino-Methode«, benannt nach dem Japaner Kyūsaku Ogino und dem Österreicher Hermann Knaus, die Ende der 1920er Jahre unabhängig voneinander feststellen, dass der Eisprung meist 12 bis 16 Tage vor Einsetzen der Monatsblutung stattfindet. Uhse teilt damit ein Körperwissen, das vielen Frauen bis dahin unzugänglich war und nach dem sie händeringend suchen. Eine zweite Auflage geht schnell in Druck.

Der reaktionäre Schleier über der bundesdeutschen Sexualmoral lüftet sich jedoch erst, als die 68er gegen ihre Elterngeneration rebellieren und sich die Zweite Welle der Frauenbewegung Wissen über den weiblichen Körper aneignet. Ein zentraler Moment ist dabei ein Novemberabend 1973: Das Frauenzentrum in Berlin-Kreuzberg ist bis auf den letzten Platz gefüllt. Zwei Aktivistinnen aus einem feministischen Frauengesundheitszentrum in Kalifornien erklären, wie Frauen mithilfe eines Spekulums in die eigene Vagina schauen können. Das Treffen ist entscheidend für die Entstehung der deutschen Frauengesundheitsbewegung.

Innerhalb kurzer Zeit gründen sich rund 150 Frauengruppen im ganzen Land, euphorisiert von der Erkenntnis: »Ich bin mein Körper, und das Wissen darüber ist nicht mehr Frauenärzten vorbehalten«.[177]

Im August 1960 kommt in den USA die Pille auf den Markt. Ein Jahr später folgt die Zulassung in der Bundesrepublik, fünf Jahre später in der DDR. Die Haltung der beiden deutschen Staaten gegenüber dieser neuen Form der hormonellen Verhütung könnte unterschiedlicher nicht sein. In der DDR wird sie als »Wunschkindpille« beworben. Man hofft, die Zahl der Abbrüche zu reduzieren und zudem die Arbeitskraft der Frauen durch weniger Schwangerschaften verfügbar zu halten. Ab Anfang der 1970er Jahre ist die Pille in der DDR kostenfrei. In der BRD hingegen darf sie in den ersten Jahren nur an verheiratete Mütter abgegeben werden.[178] Die Kirche ist trotzdem empört. Papst Paul VI. reagiert wenige Jahre nach der Markteinführung mit der schon erwähnten »Pillen-Enzyklika«, die als Positionierung der Kirche gegen die sexuelle Befreiung und Emanzipation verstanden wird. Auch die weiter überwiegend männliche Ärzteschaft reagiert oft ablehnend. 1965 warnen 140 Ärzte und 45 Professoren in der *Ulmer Denkschrift* vor der »staatlich geförderten Hemmungslosigkeit«. Deutschland, prophezeien sie, verwandele sich in ein »sterbendes Volk«.[179]

Konsequent ist diese Ärzteschaft in ihrer Ablehnung der Pille allerdings nicht – zumindest nicht in Bezug auf bestimmte Gruppen. So heißt es Mitte der 1970er Jahre in österreichischen Medien: »In Mitteleuropa stehen Frauen aus sozial benachteiligten Schichten der Pille häufig ablehnend gegenüber«. Und: »Die Tatsache wurde von den Gynäkologen sehr bedauert, weil diese Frauen besonders viele Kinder bekommen, ohne über die notwendigen Mittel für deren Ausbildung zu verfügen.«[180] Kritisiert wird hier nicht etwa die Verteilungsungerechtigkeit, sondern die Tatsache, dass Frauen sich trotz Armut anmaßen, die Pille nicht nehmen zu wollen.

Eingeführt wird die Pille in der BRD durch den Konzern Schering. Die dafür grundlegende Forschung über das Geschlechtshormon Gestagen erledigte im Auftrag des Unternehmens in den 1920er und 30er Jahren jener Arzt, der in den NS-Konzentrationslagern später grausame Sterilisationsexperimente an Frauen durchführte: Carl Clauberg. Nach dem Krieg verteidigt ihn der Konzern: Er habe sich »mit dem Thema Sterilisierung nach den damaligen ethisch-medizinischen Richtlinien« befasst und keine »verbrecherischen Handlungen« begangen.[181]

Wegen des noch immer restriktiven gesellschaftlichen Klimas in den 1960er Jahren zögert Schering, mit der »Anovlar« überhaupt auf den deutschen Markt zu gehen. Beworben wird die Pille schließlich zunächst nicht als Verhütungsmittel, sondern als Medikament gegen Menstruationsbeschwerden. Ganz beiläufig heißt es in der Beschreibung: »Während der künstlichen anovulatorischen Zyklen tritt keine Konzeption ein.«[182]

Die westdeutsche Frauenbewegung reagiert gespalten auf die Pille. Einerseits bietet sie die Möglichkeit, sich sexuell auszuleben, ohne eine Schwangerschaft zu riskieren und ohne auf das Einverständnis oder die Kooperation von Männern setzen zu müssen. Andererseits ist sie eine Hormonbombe. Die frühen Produkte erhöhen das Krebsrisiko, auch die bis heute bekannten Nebenwirkungen Gewichtszunahme, Depression und Lustlosigkeit treten schon damals auf.

Zudem hat die Frauenbewegung gerade erst begonnen, sich den weiblichen Körper anzueignen, ihn kennen und verstehen zu lernen. Für die Verhütung mit der Pille ist all das nicht nur unnötig, sie ist auch ein massiver Eingriff in den Zyklus. Schon früh hätten die medizinkritischen Selbstuntersuchungsgruppen die Pille »als patriarchale Veranstaltung kritisiert«, so die Soziologin Susanne Schultz: »Das Recht auf den eigenen Körper, auf Gesundheitswissen und selbstbestimmte Gesundheitspraktiken war ein enorm wichtiges feministisches Thema.«[183]

Heute ist die Pille noch immer das in Deutschland am häufigsten genutzte Verhütungsmittel. 2018 befragt die Bundeszentrale für gesundheitliche Aufklärung sexuell aktive Personen zwischen 18 und 49 Jahren nach ihrer Verhütungspraxis.

Obwohl sie gegenüber 2011 um sechs Prozentpunkte gesunken ist, setzen immer noch 47 Prozent zur Verhütung auf die Pille. 46 Prozent nutzen das Kondom für den Mann, 10 Prozent die Spirale.[184] Gerade jüngere Frauen stehen der Pille allerdings zusehends ablehnender gegenüber. Das erhöhte Thromboserisiko von Pillen jüngerer Generation hat in den vergangenen Jahren medial Wellen geschlagen. 2011 verklagt Felicitas Rohrer den Konzern Bayer, weil sie im Alter von 25 Jahren eine beidseitige Lungenembolie und einen vorübergehenden Herzstillstand erlitt, was sie auf Nebenwirkungen der Pille »Yasminelle« zurückführt. Die Klage wird nach zehnjährigem Rechtsstreit im Juni 2021 abgewiesen, weil das Gericht die Kausalität nicht als bewiesen ansieht.

Der »Pillenreport« der Techniker Krankenkasse (TK) und der Universität Bremen problematisiert die Strategien der Pharmaindustrie, die gesundheitlichen Risiken der Pille »geringfügig erscheinen zu lassen«: Für junge Mädchen werde sie über Beautytipps für schöne Haut oder Haare und über eigene Webseiten oder Plattformen wie YouTube wie ein »Lifestyleprodukt« vermarktet.[185] Offizielle Zahlen zu Thrombosen und Lungenembolien im Zusammenhang mit der Pille gibt es in Deutschland nicht. In Frankreich allerdings wurde den Pillen der dritten und vierten Generation schon 2013 die Erstattungsfähigkeit durch das öffentliche Gesundheitswesen entzogen, was zu einem Verordnungsrückgang um 45 Prozent führte. Parallel dazu, heißt es im Bericht der TK, sank die Zahl der Klinikaufnahmen aufgrund von Lungenembolien bei 15- bis 19-jährigen Frauen um fast dreißig Prozent.[186] In den USA wiederum zahlte die Bayer AG bereits mehr als zwei Milliarden Dollar Entschädigung an rund 10000 Klägerinnen, die durch Thrombosen und Lungenembolien zum Teil schwer geschädigt worden waren. Die dortigen Sammelverfahren spielen für deutsche Gerichte aber keine Rolle.

Viele jüngere Frauen auch hierzulande steigen mittlerweile auf hormonfreie Alternativen um. In der Altersgruppe von 18 bis 29 Jahren ist der Anteil, der mit der Pille verhütet, seit 2011 um 16 Prozent gesunken. Frauen äußern sich in der Befragung sehr viel kritischer zur Pille als Männer – wenig überraschend, da die Nebenwirkungen Letztere nicht selbst betreffen. Doch sogar von jenen Frauen, die die Pille nutzen, stimmen 38 Prozent kritischen Aussagen gegenüber dieser Verhütungsform zu.

Verhütung bleibt Frauensache

2019 haben den Vereinten Nationen zufolge weltweit rund 190 Millionen Frauen im gebärfähigen Alter keinen Zugang zu Verhütungsmitteln.[187] Die Weltgesundheitsorganisation (WHO) spricht für 2017 sogar von 214 Millionen Frauen im gebärfähigen Alter allein in den sogenannten Entwicklungsländern.[188] Das hat Folgen: von ungewollt ausgetragenen Schwangerschaften zu schweren gesundheitlichen Folgen durch unsicher durchgeführte Abbrüche bis hin zum Tod von Frauen und Neugeborenen.

Dabei ist das Recht auf Sexualaufklärung und Verhütung seit 1968 Teil des Menschenrechts auf Gesundheit. Bis 2014, so ein erklärtes Ziel der Kairoer Weltbevölkerungskonferenz, sollen alle Menschen Zugang dazu haben. 2014 ist nun schon einige Jahre her – erreicht ist dieses Ziel offensichtlich nicht. Neue Bekräftigungen aber gibt es: In den Zielen für nachhaltige Entwicklung der Vereinten Nationen von 2015 ist »Familienplanung« sowohl unter dem Stichwort Gesundheit als auch unter Geschlechtergerechtigkeit enthalten.[189]

Zwar gibt es immer mehr Daten zu Verhütung weltweit, noch 2019 aber erklären die Vereinten Nationen, dass diese in vielen Ländern nur für verheiratete Frauen oder solche in Partnerschaften vorliegen. Sexualität wird nach wie vor nicht allen Menschen zugestanden – und Verhütung bleibt Frauensache. Den vorliegenden Daten zufolge wollen von 1,9 Milliarden Frauen weltweit im gebärfähigen Alter 1,1 Milliarden verhüten, indem entweder sie selbst oder ihre Partner:innen Verhütungsmittel anwenden. 190 Millionen Frauen davon jedoch nutzen keine, weil sie oft keinen Zugang dazu haben. Zahlen der WHO zufolge sind es sogar noch mehr.[190]

Diese Lücke tut sich keineswegs nur im globalen Süden auf, es gibt sie auch in Europa. »Leider ist es in vielen europäischen Ländern keine Priorität, sicherzustellen, dass Menschen durch Zugang zu moderner, effektiver Verhütung ihrer Wahl auch die Wahl über ihre reproduktiven Leben haben«, so das Europäische Forum für sexuelle und reproduktive Rechte (EPF). Auch im 21. Jahrhundert sei der Zugang zu moderner, effektiver und erschwinglicher Verhütung eine »europäische Herausforderung« – mit der Folge, dass 43 Prozent der Schwangerschaften in Europa ungeplant sind.[191] Um die Lage zu verbessern, brauche es vor allem zugängliche und seriöse Information und Kostenerstattung. Gerade einmal drei europäische Länder haben dem EPF zufolge »exzellente« Programme: Frankreich, Belgien und das Vereinigte Königreich. Deutschland fällt gegenüber der Spitze des Rankings zwar deutlich zurück, bewegt sich aber noch im oberen Bereich. Acht Ländern stellt das EPF ein miserables Zeugnis aus, darunter Ungarn, Russland und Polen.[192]

Trotz des verhältnismäßig guten Rankings: In Deutschland gibt es viel Nachholbedarf. Verhütung wird nicht als Gesundheitsleistung betrachtet, für die eine Krankenkasse aufkommen sollte, vielmehr gilt sie als Privatvergnügen. Mit Ausnahme von Kondomen und Vasektomie werden fast alle Mittel allein von Frauen angewendet, weshalb sie meist auch die Kosten tragen. Was Verhütung betrifft, herrscht geschlechtliche Diskriminierung, mit der Folge, dass Frauen mit geringem oder keinem eigenen Einkommen aus Kostengründen unsicherer verhüten als solche mit mehr Geld.[193] Damit sind sie auch einem höheren Risiko ausgesetzt, ungeplant schwanger zu werden.

Im Hartz-IV-Regelsatz sind Ausgaben für Verhütungsmittel seit 2005 nicht mehr vorgesehen. Für Gesundheitspflege, die auch für Kopfschmerztabletten, Tampons oder Pflaster reichen muss, stehen einer Hartz-IV-Bezieherin 2021 monatlich nur 17,02 Euro zu.[194] Die Pille oder die Spirale, die bis zu 400 Euro kosten kann, sind damit außer Reichweite. »Der Zugang zu sicheren Verhütungsmethoden ist in Deutschland nicht gewährleistet«, sagt die Vorsitzende von Pro Familia,

Dörte Frank-Bögner.[195] Die Pille wird in Deutschland derzeit bundesweit nur Frauen bis 22 Jahre bezahlt. Manche Kommunen haben darüber hinaus Programme für Bezieher:innen von Sozialleistungen oder Menschen mit geringem Einkommen. Ein solcher Flickenteppich ist jedoch keine Lösung. Zudem werden die wenigen Angebote oft kaum beworben, so dass viele sie nicht in Anspruch nehmen, weil sie schlicht nichts davon wissen.

2017 fordert der Bundesrat eine einheitliche Regelung zur Kostenübernahme für Frauen mit geringem Einkommen,[196] für die bis 2021 regierende Große Koalition hat das Thema jedoch keine Priorität. Die Nachfolgeregierung aus SPD, Grünen und FDP schreibt im Koalitionsvertrag zumindest die Erstattung von Verhütungsmitteln für Geringverdienende fest.[197] Doch auch hier gilt: Obwohl die fehlende Finanzierung von Verhütung vor allem für Menschen mit geringem Einkommen problematisch ist, sollte sie nicht nur für sie gefördert werden. Die Signale, die von einer solchen Einschränkung ausgingen, wären die falschen. Alle Menschen, die verhüten wollen, sollten es können – aber niemand sollte dazu gedrängt werden.

Was bedeutet »freiwillig«?

Alle Menschen weltweit hätten »das Recht, frei zu bestimmen, ob, wann und mit wem sie Kinder haben wollen«, heißt es auf der Webseite des deutschen Entwicklungsministeriums. »Voraussetzung dafür ist der Zugang zu Beratung und die Verfügbarkeit von modernen Verhütungsmethoden«. 100 Millionen Euro gibt das Ministerium nach eigenen Angaben jährlich in bilateralen Partnerschaften über die Initiative »Selbstbestimmte Familienplanung und Müttergesundheit« aus. »Das deutsche Engagement trug [...] dazu bei, dass zwischen 2011 und 2018 rund 24 Millionen Paare durch moderne Verhütungsmittel dabei unterstützt wurden, ungewollte Schwangerschaften zu verhindern«, erklärt das Ministerium.[198]

Den weltweiten »unmet need« zu beseitigen würde jährlich schätzungsweise 76 000 Frauen das Leben retten.[199] Fehlende Verhütung führt zu unsicheren Abbrüchen, und auch dicht aufeinanderfolgende Schwangerschaften bedeuten ein hohes Risiko für Frau und Kind. In armen Ländern ist für Babys, die weniger als zwei Jahre nach einem älteren Geschwisterkind geboren werden, die Wahrscheinlichkeit doppelt so hoch, im ersten Jahr zu sterben, als wenn drei Jahre zwischen den Geburten liegen.[200] Der freie Zugang zu Verhütungsmitteln kann diese Not lindern. Zudem kann er Mädchen und Frauen dabei helfen, ihre Ausbildung und Lohnarbeit fortzusetzen, ihr eigenes Geld zu verdienen sowie am gesellschaftlichen Leben teilzuhaben.

Weltweit ist das mit Abstand gebräuchlichste Verhütungsmittel die Sterilisation der Frau. Fast ein Viertel aller verhütenden Frauen ist sterilisiert, in manchen Ländern wie der Dominikanischen Republik und Indien bis zu einem Drittel.[201] Direkt dahinter kommt mit 21 Prozent das Kondom, gefolgt von der Spirale und erst danach der Pille.[202] Dass sich die Ausprägungen unterscheiden – in Afrika südlich der Sahara etwa machen hormonelle Injektionen den größten Anteil aus –, liegt an unterschiedlichen Präferenzen, am Stand der Sexualaufklärung und an finanziellen Mitteln, zum Teil auch an der Verfügbarkeit der Methode. Oft haben Frauen nur die Wahl zwischen einer Methode oder gar keiner – ein Umstand, der für einen feministischen Blick auf Verhütung entscheidend ist.

Besonders wenn es um Familienplanung in Ländern des globalen Südens geht, glauben internationale Organisationen vorab genau zu wissen, was die individuellen Bedürfnisse sind. Zwar gibt es in der Tat sehr viele Frauen, die mehr Kinder bekommen, als sie es sich wünschen. Trotzdem ist kaum zu übersehen, dass der UN-Bevölkerungsfonds und andere Organisationen, die sich für reproduktive Rechte einsetzen, die Möglichkeit kaum in Betracht ziehen, dass eine Frau im globalen Süden tatsächlich viele Kinder bekommen will – oder dass sie zwar gerade kein Kind will, aber vielleicht in einem Jahr. Deutlich zeigt sich das an der Initiative »Family

Planning 2020«. Mehr als 100 Regierungen, Organisationen wie die Weltbank und Unternehmen schließen sich 2012 zusammen, um armen Frauen Zugang zu Verhütung zu verschaffen – die derzeit größte und wirkmächtigste Kampagne zur globalen Familienplanung.

Die Initiative angestoßen haben Bill und Melinda Gates, das reichste Ex-Paar der Welt, dessen Stiftung im Zuge massiver staatlicher Sparmaßnahmen heute die größte Sponsorin der WHO ist. Allein das ist Anlass genug für Verschwörungsmythen, wonach eine elitäre Gruppe die Welt beherrsche. Deutlich wurde diese strukturell antisemitische Erzählung zuletzt in der Coronapandemie, als Gates die Entwicklung der ersten Impfstoffe mit viel Geld unterstützte und Verschwörungsideolog:innen weltweit behaupteten, er wolle der Menschheit heimlich Mikrochips injizieren. Kommt zum Thema Impfungen das der Verhütung hinzu, facht das solche Mythen zusätzlich an. So sehen sich Organisationen wie Unicef und WHO seit Jahren mit dem Vorwurf konfrontiert, Frauen in Kenia heimlich sterilisiert und das als Tetanus-Impfung getarnt zu haben – eine Falschinformation, die auch von katholischen Akteur:innen verbreitet wurde.[203]

Jenseits von Verschwörungsideologien gibt es berechtigte Kritik am Engagement der Stiftung von Bill und Melinda Gates. Bedenklich etwa ist der Maßstab des Erfolgs, den die Initiative anlegt. Dabei wird nicht nur gezählt, wie vielen Menschen Zugang zu Verhütungsmitteln verschafft wird, sondern auch, wie viele Jahre ein Paar verhütet. Je länger, desto erfolgreicher erscheint das Programm.[204] Das kann schwerwiegende Folgen haben. Die beiden niederländischen Reporterinnen Lisa Peters und Marlies Pilon beschreiben 2020, wie Ärzt:innen konkrete Vorgaben von Geldgeber:innen bekommen. »Wir müssen in den kommenden zwei Jahren eine Million Verhütungsjahre erreichen«, sagt der Direktor von Reproductive Health Uganda über die Anforderungen des britischen Department for International Development.[205] Das führt mit dazu, dass Frauen nicht die Wahl haben, wie und wie lange sie verhüten wollen. Denn unabhängig von ihren individuellen Bedürfnissen stellt das Programm den meisten lang wirkende Methoden wie Hormonimplantate zur Verfügung, die für mehrere Jahre Schwangerschaften verhindern und teils starke Nebenwirkungen haben.

Die Reporterinnen begleiten einen Arzt in Uganda, der für die Organisation MSI Reproductive Choices unterwegs ist. Diese hat sich im Rahmen von Family Planning 2020 verpflichtet, 20 Millionen Frauen weltweit bis 2020 den Zugang zu Verhütungsmitteln zu ermöglichen.[206] Viele Frauen kommen mit dem Wunsch nach einer Dreimonatsspritze und gehen mit einem Hormonimplantat für drei Jahre im Oberarm. Wer eine Spritze wolle, könne dafür ins Krankenhaus gehen, sagen die Krankenschwestern. Dort müssen die Frauen aber bezahlen, und Geld haben die meisten keines. In den 69 Ländern, auf die Family Planning 2020 sich fokussiert, nimmt die Verbreitung von Implantaten entsprechend deutlich stärker zu als die jeder anderen Verhütungsmethode.[207]

Noch bedrückender wird die Reportage, als die beiden Autorinnen von Frauen berichten, die ihr Implantat wieder loswerden möchten – wegen Schmerzen, Blutungen oder weil sie sich ein Kind wünschen. Die meisten werden mehrmals weggeschickt oder müssen in einer Klinik schließlich selbst für die Entfernung bezahlen. Eine Studie in Kenia zeigt, dass jede fünfte Frau ihr Implantat schon im ersten Jahr wieder entfernen lassen will, wenn es die Möglichkeit dazu gibt.[208] Doch die Infrastruktur zur Herausnahme von Implantaten oder Spiralen ist völlig unzureichend. Die Programme sind auf das Verteilen von Verhütungsmitteln ausgerichtet, nicht auf deren Entfernung. Das sollte noch aus einem anderen Grund aufhorchen lassen: Langfristige Verhütungsmittel haben ein hohes Risiko nicht nur für Nebenwirkungen, sondern auch für ernsthafte Komplikationen. Eine eingewachsene und entzündete Spirale kann lebensbedrohlich sein. Wenn schon Kapazitäten fehlen, um Verhütungsmittel vorzeitig zu entfernen – wie steht es dann um die medizinische Versorgung bei Komplikationen?

Mit Empowerment von Frauen hat all das wenig zu tun. »Eine Frau wird nicht automatisch ermächtigt, wenn Sie ihr Verhütungsmittel geben«, bringt es in der Reportage die ostafrikanische Frauenrechtlerin Lillian Mworeko auf den Punkt. »Eine Frau ermächtigt man, wenn sie selbst entscheiden kann, auch darüber, welche Art von Verhütung sie haben möchte.«[209] Eine solche Selbstbestimmung wäre mit mehr Aufwand, Zeit und Geld verbunden. Es bräuchte mehr Personal, mehr Betreuung – und auch die Verhütungsmittel würden für die Geldgeber teurer. Bislang nämlich hat Family Planning 2020 lukrative Deals abgeschlossen. Bayer etwa gewährt über sechs Jahre hohen Rabatt auf das Implantat Jadelle, dafür wird dem Konzern die Abnahme von 27 Millionen Stäbchen garantiert.[210] Für die Geldgeber:innen ist das günstig, für Bayer bedeutet es den Zugang zu einem neuen Markt, PR und ein sehr gutes Geschäft.

Die Kampagne wurde ohne viel Beteiligung derjenigen Länder konzipiert, in denen sie durchgeführt wird – und ohne Einbeziehung der 120 Millionen Frauen, an die sie sich richtet.[211] Männer werden fast völlig aus der Verantwortung entlassen. Ein struktureller und politischer Wandel ist so weder möglich noch vorgesehen. Solange privates Geld fließt, gibt es Verhütung – sollten sich die Prioritäten der Geber:innen ändern oder sollte das Geld ausgehen, ist es damit von einem auf den anderen Tag vorbei. Was hier passiert, ist Symptom- statt Ursachenbekämpfung. Gegen Armut, so das Credo, hilft es, weniger Kinder zu bekommen.

Diese an koloniale Strukturen anknüpfende Paternalisierung ist für Feminist:innen aus dem globalen Norden derzeit allerdings kaum ein Thema – anders als noch in den 1980er Jahren. Damals protestiert eine international vernetzte Frauenbewegung gegen das Implantat Norplant I. Sie kritisiert das Medikament »wegen der extrem langen Wirksamkeit von fünf Jahren und wegen der Unmöglichkeit für die Nutzerinnen, das Hormonimplantat selbstständig wieder entfernen zu können«. Die Nebenwirkungen, argumentieren die Feminist:innen, würden zugunsten der hohen Effizienz in Kauf genommen – dies verletze Frauenrechte.[212] In den USA, wo das Implantat jahrelang vor allem armen und Schwarzen Frauen gegeben wurde, werden Ende der 1990er Jahre 36 000 Klägerinnen mit mehr als fünfzig Millionen US-Dollar entschädigt, weil sie vor dem Einsetzen nicht ausreichend über die Nebenwirkungen informiert wurden.[213] Anfang der 2000er Jahre gilt Norplant I als gescheitert.

Das Nachfolgeprodukt Jadelle enthält im Kern denselben Wirkstoff – und die Probleme, an denen die damalige Frauenbewegung Kritik übte, sind nicht behoben. Einmal eingesetzt, liegt die Kontrolle über die Verhütungswirkung nicht mehr in der Hand der Verhütenden. Die Nebenwirkungen sind gravierend, es geht um Masse statt Qualität und um »ökonomische Effizienzüberlegungen«.[214]

Die Politik um Verhütungsmittel sei heute »entpolitisiert«, kritisieren die Forscher:innen Daniel Bendix und Susanne Schultz. »Feministische Kämpfe für umfassende Gesundheitsversorgung und für Gleichberechtigung scheinen vergessen«. Aber Kriterium für Verhütung dürften nicht »die Effektivität des Produkts im Sinne von Bevölkerungskontrolle oder der Profit multinationaler Unternehmen sein«,[215] sondern allein die Frage, welche die sicherste und passendste Methode für die Nutzerin ist.

Von Implantaten und Experimenten

Zwischen keiner Verhütung oder einer solchen wählen zu müssen, die nicht den eigenen Wünschen und Bedürfnissen entspricht, ist ein Eingriff in die körperliche Selbstbestimmung. Das gilt für Implantate und noch mehr für eine Methode, die ein Leben lang wirkt: die Sterilisation der Frau, die weltweite Nummer eins unter den Verhütungsmethoden, obwohl die dafür nötige Bauch-OP zum Durchtrennen der Eileiter in puncto Aufwand, Risiko und Heilungsdauer in keinem Verhältnis zur Sterilisation des Mannes steht. Bei Letzterer werden die Samenleiter durch zwei kleine Schnitte am Hoden erreicht, ein Pflaster genügt zur Wundheilung. Doch im Patriarchat zählt männliche Potenz mehr als die körperliche Integrität von Menschen mit Eileitern.

Um abwägen und entscheiden zu können, ob und inwiefern Implantate oder Sterilisationen freiwillig und unter

Berücksichtigung der körperlichen Selbstbestimmung erfolgen, ist ein Begriff unabkömmlich: der der informierten Zustimmung, im Englischen »informed consent«. Eingeführt wurde das Prinzip erstmals 1947 im Nürnberger Kodex, einer ethischen Richtlinie für medizinische Experimente am Menschen in Folge der Prozesse gegen NS-ÄrztInnen. Seither wurde das Konzept weiterentwickelt. Es beinhaltet »die Forderung der Aufklärung vor jeder diagnostischen und therapeutischen Maßnahme und die Berücksichtigung der Wünsche, Ziele und Wertvorstellungen der Patient:innen im Entscheidungsprozess. Die Wahrung der Autonomie des Patienten setzt zudem Vertraulichkeit und Aufrichtigkeit aufseiten desjenigen, der über einen Wissensvorsprung verfügt, voraus«.[216]

Jede Form medizinischer Behandlung sollte auf diesem Prinzip beruhen, das heißt: auch jede Verhütung, die einer Frau verabreicht wird, sei es die Pille, ein Hormonimplantat oder eine Operation, die dauerhaft unfruchtbar macht. Ohne »informed consent« gibt es keine freie Entscheidung – und Verhütung ohne »informed consent« verletzt das Recht auf körperliche Selbstbestimmung. Das ist nicht nur die Position von Aktivist:innen oder NGOs, auch die UN-Frauenrechtskonvention CEDAW hält das für grundlegend.[217] Jede Verhütungsmethode, vor allem dauerhafte oder gar irreversible, sollte nur angewandt werden, wenn gilt: Die verhütungswillige Person wird über die Vorteile und Risiken der Methode aufgeklärt und entscheidet frei. Sie wird nicht getäuscht, nicht gedrängt und nicht beeinflusst.

Für Menschen, die wissen, dass sie keine Kinder (mehr) wollen, kann ein Implantat oder eine Sterilisation die beste Wahl sein, sofern die medizinischen Voraussetzungen gegeben sind. Das aber muss es sein: eine Wahl. Die Frage, was freiwillig passiert, stellt sich dabei nicht nur mit Blick auf Länder des globalen Südens, die im Fokus von Geldgeber:innen aus dem globalen Norden mit bevölkerungspolitischer Agenda stehen. Auch am Beispiel USA wird deutlich: Nicht alles, was auf den ersten Blick freiwillig erscheint, ist es tatsächlich.

Puerto Rico, ein Außengebiet der USA, wird in den 1950er Jahren Testlabor für bevölkerungspolitische Maßnahmen: Die beiden Forscher John Rock und Gregory Pincus experimentieren großflächig mit der frühen Pille an Menschen. Hochdosiert testen sie das Hormonpräparat an Frauen of Color, Fabrikarbeiterinnen, die zu Hause engmaschig kontrolliert werden.[218] Nach einem Jahr berichtet eine Ärztin, 17 Prozent der Probandinnen hätten über Schwindel, Übelkeit, Kopfweh, Magenschmerzen und Übergeben geklagt und die Dosis habe »zu viele Nebenwirkungen [...], um generell akzeptiert zu werden«[219] – ein Argument, das Rock und Pincus wenig beeindruckt.

Die Frauen wissen nicht, dass sie Teil einer klinischen Studie sind, und sie werden auch nicht über mögliche Nebenwirkungen aufgeklärt. Als »Forschungslabor« ist die Insel aus Sicht der US-Forscher perfekt: dicht bevölkert wird Geburtenkontrolle hier staatlicherseits befürwortet.[220] Statt des Kolonialismus wird Fruchtbarkeit als Grund der Armut ausgemacht. Und so, schreibt die Forscherin Antonia Darder, dienen »die Gebärmütter puerto-ricanischer Frauen [...] als willkommene Objekte für die Projektion politischer und ökonomischer Interessen«.[221]

Unfruchtbar wider Willen

»Keine Angst, das Kind wird nicht so wie Sie.« Diesen Satz twittert die Autorin und Moderatorin Ninia LaGrande im September 2020 unter dem Hashtag #AbleismTellsMe.[222] Sie hört diese Worte von einem Arzt, als sie schwanger ist. Der Grund: Ninia LaGrande ist kleinwüchsig.

Menschen mit Behinderung sollten keine Kinder bekommen: Diese Auffassung ist heute noch weit verbreitet, besonders dann, wenn es um eine sogenannte geistige Behinderung geht. Die Annahme kommt als Sorge daher – um die künftigen Eltern, die sich womöglich nicht ausreichend um ihr Kind kümmern können, oder um das Kind, dem Vernachlässigung drohe oder das dieselbe Beeinträchtigung haben könnte wie seine Eltern. Tatsächlich ist die Haltung in ihrer Absolutheit vor allem behindertenfeindlich.

Auch Menschen mit Behinderung haben das Recht, frei und verantwortungsbewusst darüber zu entscheiden, ob sie Kinder bekommen wollen und, wenn ja, wie viele und in welchem Abstand. Sie haben das Recht, eine Ehe zu schließen und eine Familie zu gründen – das Recht, »gleichberechtigt mit anderen ihre Fruchtbarkeit« zu behalten. So steht es in der UN-Behindertenrechtskonvention von 2006, die seit 2009 in Deutschland in Kraft ist.[223] Doch die Gesellschaft gesteht ihnen dieses Recht oft nicht zu.

Quer durch die Geschichte und über den Globus verteilt sind marginalisierte Menschen von Zwangseingriffen in ihre reproduktiven Rechte betroffen, in extremem Maß Menschen mit Behinderung. Aus eugenischer Perspektive schädigen sie die Gesellschaft, im Nationalsozialismus werden sie systematisch ermordet. In vielen anderen Fällen wird ihnen die Möglichkeit genommen, selbst zu entscheiden, ob sie Kinder haben wollen, bis heute – auch in Deutschland.

Einer Befragung von 2013 zufolge sind hierzulande 9 bis 18 Prozent der Frauen mit Behinderung sterilisiert.[224] Zum Vergleich: Im Bevölkerungsdurchschnitt sind es je nach Quelle 5 bis 8 Prozent.[225] Jungen Frauen ohne Behinderung, die keine Kinder haben, wird der Eingriff selbst auf ausdrücklichen Wunsch sogar oft verwehrt. So heißt es noch 2020 auf der Webseite der Techniker Krankenkasse: »Bei kinderlosen Frauen unter dreißig Jahren wird die Sterilisation in der Regel nicht durchgeführt.« Danach passt die Kasse den Satz leicht an und führt medizinische Gründe als Bedingung für die Sterilisation junger Frauen an.[226]

Viele Frauen mit Behinderung hätten dem Eingriff zwar formal zugestimmt, sagt die Juristin Julia Zinsmeister. »Das wäre auch in Ordnung, wenn sich die Frauen der Tragweite dieser Entscheidung bewusst gewesen wären.«[227] In vielen Fällen seien die Frauen jedoch entweder nicht hinreichend oder sogar falsch informiert worden.[228] Bei fast der Hälfte der Frauen aus der Befragung von 2013 habe der Zustimmung zur Sterilisation »Überzeugungsarbeit durch Ärzte und Ärztinnen, Fachkräfte oder Eltern, mangelndes Wissen über Verhütung oder die Perspektivlosigkeit für ein Leben mit einem Kind« zugrunde gelegen, so Zinsmeister.[229]

Darüber hinaus haben deutsche Betreuungsgerichte im vergangenen Jahrzehnt jährlich zwischen 23 und 91 Genehmigungen für Sterilisationen erteilt, bei denen die Betroffenen selbst nicht zugestimmt haben.[230] In Deutschland ist die Sterilisation Minderjähriger zwar seit 1992 verboten. Bei Erwachsenen aber ist sie unter strengen Bedingungen auch ohne deren explizite Einwilligung erlaubt, wenn diese Erwachsenen als dauerhaft einwilligungsunfähig gelten und eine betreuende Person für sie einwilligen kann.[231] »Die Annahme einer dauerhaften Unfähigkeit zur Einwilligung ist ein problematisches Konzept, weil Menschen mit Behinderung damit ihr rechtlicher Wille abgesprochen wird«,[232] sagt Zinsmeister. Der UN-Fachausschuss für die Rechte von Menschen mit Behinderung erachtet dieses Konzept ebenfalls als Diskriminierung.

»Ich habe schon mehrfach erlebt, dass Frauen mit Behinderung zusammenbrachen, wenn sie später erfuhren, dass auch sie eine Familie gründen und Kinder haben dürfen«, sagt Zinsmeister.[233] Frauen mit Behinderung würden oft einseitig beraten. »Von ihnen wird nicht erwartet, Kinder zu bekommen, eher im Gegenteil, es wird ihnen nicht zugetraut.«[234] Dieser Zustand ist nicht tragbar. Laut der UN-Frauenrechtskonvention ist die Sterilisation von Frauen mit Behinderung ohne »informed consent« ein Akt geschlechtsspezifischer Gewalt.[235] Gesellschaftlich problematisiert wird das kaum. Selbst in der feministischen Debatte bleiben Frauen mit Behinderung und die verschränkten Diskriminierungen, die sie erleben, oft unsichtbar.

»In weiten Teilen der Gesellschaft [...] dominiert noch immer die Überzeugung, die Selbstbestimmung von Frauen mit einer geistigen Behinderung ende bei der Entscheidung für und nicht – wie bei Frauen ohne Behinderungen – gegen ein Kind«, sagt Pro Familia.[236] Im Fall einer Schwangerschaft werde diesen Frauen auffallend häufig zur Abtreibung geraten – in einem Land, das seit 150 Jahren darauf beharrt, Schwangerschaftsabbrüche als Straftat zu behandeln.

Die Zahl der Sterilisationen sei rückläufig, vermuten Expert:innen.[237] Mittlerweile, heißt es, sei an die Stelle der Operationen »vielfach die Drei-Monatsspritze getreten, die Frauen mit Behinderungen von Ärztinnen und Ärzten häufig prophylaktisch (ungeachtet eines konkreten Schwangerschaftsrisikos) verordnet wird«[238] – also unabhängig davon, ob sie überhaupt Sex haben.[239] Fast die Hälfte aller Frauen mit Behinderung, die in Einrichtungen leben, bekommt diese Spritze. Diese Verhütungsmethode wird in Deutschland grundsätzlich sehr selten verwendet, unter anderem wegen der starken Nebenwirkungen wie einem deutlich erhöhten Osteoporoserisiko. Aber sie erfordert keine korrekte Anwendung der Frau selbst, muss seltener verabreicht werden als andere Verhütungsmittel und wirkt sich hemmend auf die Monatsblutung aus – bedeutet also eine Arbeitserleichterung für das Betreuungspersonal.

»Keine Angst, das Kind wird nicht so wie Sie« – dieser Satz verdeutlicht nicht nur die Befürchtung der Mehrheitsgesellschaft, dass Menschen mit Behinderung womöglich behinderte Kinder bekommen. Er beinhaltet darüber hinaus eine Schuldzuweisung. Als sie schwanger wurde, sei sie Mitte dreißig und zehn Jahre mit ihrem Mann zusammen gewesen, erzählt Ninia LaGrande in ihrem Podcast »All Inclusive«. Und eigentlich sei für Frauen über dreißig gesellschaftlicher Druck da, »jetzt endlich mal Mutter zu werden.«[240] Ein Kind auf die Gefahr hin zu bekommen, dass auch dieses eine Behinderung haben könnte, wird jedoch als verantwortungslos betrachtet. »Ich möchte auch Mutter werden«, sagt die Aktivistin Natalie Dedreux, die das Downsyndrom hat. Sie wünsche sich ein Kind mit Downsyndrom, das sei wie sie – eines ohne würde sie aber auch zur Welt bringen. Diese Aussage habe »heftigste Reaktionen« und Ablehnung ausgelöst, berichtet die Journalistin Mareice Kaiser, die mit Dedreux gesprochen hat.[241]

Wer von der Norm abweicht, soll sich nicht fortpflanzen – erleben müssen das auch trans Personen. 2019 bestätigt das oberste japanische Gericht, es sei verfassungskonform, Sterilisationen von trans Personen einzufordern, die eine legale Anerkennung ihrer Geschlechtsidentität wollen. Es diene dazu,

»Verwirrung in der Familie und der Gesellschaft zu reduzieren«.[242] Human Rights Watch beschreibt im selben Jahr ähnliche Zustände in Tschechien.[243] Auch in Deutschland mussten sich trans Personen bis 2011 sterilisieren lassen, um ihren Geschlechtseintrag korrigieren zu lassen. Die »dauerhafte Fortpflanzungsunfähigkeit« war zudem Bedingung für die operative Geschlechtsangleichung. »Nach der Operation habe ich den pathologischen Bericht gelesen«, berichtet ein Betroffener namens Tsepo, der Anfang der 1990er Jahre die geschlechtsangleichende Operation durchführen ließ. »Darin waren all die Organe gelistet, die im Mülleimer gelandet sind.«[244]

Rund 10000 Menschen gingen diesen Weg. Eine Wahl hatten sie nicht, wenn sie das ihnen bei der Geburt fälschlicherweise zugeschriebene Geschlecht hinter sich lassen wollten. Dass unfreiwillige Sterilisationen von trans Personen in Deutschland nicht mehr praktiziert werden, hat die Community erkämpft: 2011 erklärte das Bundesverfassungsgericht nach der Beschwerde einer trans Frau, die Praxis verstoße gegen das Recht auf körperliche Unversehrtheit. »Einem Menschen die Fortpflanzungsfähigkeit zu nehmen, ist ein menschenrechtsverletzender und zutiefst erniedrigender Akt«,[245] sagt der Grünen-Politiker Sven Lehmann. Die Ampel-Koalition plant, das Transsexuellengesetz abzuschaffen und durch ein Selbstbestimmungsgesetz zu ersetzen.[246]

Es ist ein lange überfälliger, erster Schritt. Wer Kinder bekommen soll und wer nicht, ist bis heute eng gekoppelt an Normvorstellungen und Hierarchien, entlang derer Gesellschaften organisiert sind. In den meisten Fällen gilt: Die Norm ist *weiß*, nicht behindert, heterosexuell und cis-gender. Wer aus der Norm fällt, muss ums Existenzrecht kämpfen – um das eigene und das seiner oder ihrer Kinder.

Wo bleibt die Pille für den Mann?

Eine letzte Frage zur Verhütung: Wo bleibt die Verhütung für den Mann? Dass es die jenseits des Kondoms kaum gibt, liegt keineswegs an fehlenden Möglichkeiten. Was Sterilisationen angeht, ist der Eingriff bei Männern wie oben beschrieben weit weniger invasiv und zudem effektiv: Die Sterilisation einer Frau verhindert eine bis allerhöchstens zwei Schwangerschaften im Jahr; eine Vasektomie hingegen kann theoretisch jeden Tag mehrere ungewollte Schwangerschaften verhindern. Im Vergleich zu sterilisierten Menschen mit Uterus ist die Zahl sterilisierter Menschen mit durchtrennten Samenleitern jedoch weltweit verschwindend gering.

Weniger endgültigen Verhütungsmitteln für den Mann stehen vor allem zwei Hindernisse im Weg: zum einen finanzielle Interessen der Pharmaindustrie, zum anderen Bilder von Männlichkeit, die noch immer eng mit Potenz verknüpft sind. Seit Jahrzehnten gibt es Versuche, die »Pille für den Mann« zu entwickeln oder dessen Samenleiter mittels eines temporär wirksamen Gels zu verschließen. Bislang allerdings existieren keine marktreifen Ergebnisse – vor allem wegen der zu erwartenden Nebenwirkungen. Die WHO bricht 2011 ein Projekt für hormonelle Verhütung beim Mann vorzeitig ab, weil rund zehn Prozent der Probanden über Nebenwirkungen wie Stimmungsschwankungen, Libidoverlust, Kopfschmerzen oder Akne klagen.[247]

Jede Frau, die in ihrem Leben hormonell verhütet oder auch nur den Beipackzettel einer Pille gelesen hat, kennt diese Nebenwirkungen. Männern aber sind sie offenbar nicht zuzumuten. »Nicht unterschätzt werden sollten die psychischen Barrieren, über die auch der verständnisvolle Mann nur schwer hinwegkommen dürfte«[248], äußert der Medizinhistoriker Robert Jütte jovial Nachsicht für das männliche Nervenkostüm. Die Soziologin Susanne Schultz hingegen meint: »Ich sage nicht, dass Männer das durchmachen sollten. Aber es ist schon eine Frage, warum davon ausgegangen wird, dass Frauen die gesundheitlichen Risiken der Pille mitmachen müssen.«[249]

Dass schon der nur vorübergehende Verlust der Fähigkeit, Kinder zu zeugen, derart stark »männliche Potenzängste« schüre, sagt der Geschlechterforscher Fabian Hennig, führe dazu, dass in der Debatte um männliche Verhütung fast nie über Familienplanung gesprochen werde – obwohl genau diese doch das »zentrale Anliegen eines Verhütungsmittels« sei. Es ist, »als ob Männlichkeit davon losgekoppelt wäre«.[250]

Die Pharmaindustrie ist mit dem Ist-Zustand offenbar zufrieden. Sie habe sich auch deshalb aus der Forschung zurückgezogen, weil jeder Erfolg eines Verhütungsmittels für den Mann gleichzeitig die Marktanteile der Pille eindämmen würde, sagt der Endokrinologe Michael Zitzmann.[251] Umfragen zufolge wünschen sich zwar 70 Prozent der Männer in Deutschland neue Verhütungsmittel, ähnliche Tendenzen gibt es international.[252] Die Befragten machen eine Anwendung aber abhängig davon, dass das Verhütungsmittel frei von Nebenwirkungen, kostengünstig und sicher ist und keine dauerhaften Auswirkungen auf die Virilität hat[253] – ein Anspruch, den kein Medikament je erfüllen wird und der bei Verhütungsmitteln für die Frau nicht erhoben wird.

Einige feministisch orientierte Männergruppen arbeiten seit Jahrzehnten an thermalen Methoden. Erwähnt seien hier die »Zürcher Hodenbader«: Sperma ist hitzeempfindlich, weshalb Hoden außerhalb des Körpers und nicht in seinem Inneren hängen. Die Männer der Gruppe hielten in den 1980er Jahren ihre Hoden täglich 45 Minuten in ein warmes Wasserbad. Ähnlich funktionieren Verhütungsunterhosen, bei denen die Hoden durch den eigenen Körper gewärmt werden. Beides bleibt jedoch ein Nischenphänomen.

Ende der 1990er Jahre und 2018 appellieren Wissenschaftler:innen in einem Manifest an Politik und Industrie, männliche Verhütung auf den Weg zu bringen.[254] Eine Bewegung dafür aber formiert sich nicht. »Kein Mann«, sagt der Geschlechterforscher Hennig, »geht für seine Pille demonstrieren«.[255] Schön wäre es.

Schwangerschaftsabbruch

Sie beten, sie rangeln. Im August 2020 versuchen KatholikInnen, Evangelikale und Rechtsextreme, eine Klinik in Brasilien zu stürmen. Der Grund: Ein zehnjähriges Mädchen ist gerade dabei, sie zu betreten. Das Kind wurde seit seinem sechsten Lebensjahr immer wieder von seinem Onkel vergewaltigt. Doch nicht dieses Verbrechen ist Grund für die Erregtheit der Masse, sondern die Tatsache, dass die Zehnjährige deshalb einen Schwangerschaftsabbruch braucht. »Als das Mädchen in die Klinik kam, hatte sie ihren Teddybär in der Hand. Die FundamentalistInnen beschimpften sie als Mörderin«, berichtet eine Feministin, die vor Ort ist, um die Betroffene zu unterstützen.[256]

Weltweit sind Schwangerschaftsabbrüche so heftig umkämpft wie nur wenig anderes. Sie sind Austragungsort von Kämpfen um Körper, Religion und Macht. Am Umgang mit ihnen zeigt sich, wie emanzipatorisch, progressiv, geschlechtergerecht und gesundheitsbewusst Regierungen handeln – letztlich, wie demokratisch sie sind. Schwangerschaftsabbrüche betreffen rund die Hälfte der Menschheit potenziell persönlich. Müßig zu erwähnen, dass die entsprechenden Gesetze in der Mehrheit aus der Feder derjenigen stammen, die zur anderen Hälfte gehören.

Gesetze, die Schwangeren die Entscheidung über ihren eigenen Körper verwehren, sind weltweit verbreitet. In Brasilien, wo FundamentalistInnen das Mädchen vor der Klinik bedrängten, sind Abbrüche nach einer Vergewaltigung nicht strafbar, ebenso, wenn das Leben der Schwangeren in Gefahr ist – was bei einem zehnjährigen Mädchen durchaus der Fall ist. Doch selbst wer im Recht ist, hat nicht unbedingt Zugang zu einem legalen und sicheren Abbruch. Das Stigma ist groß, genau wie die Angst vor Strafverfolgung. Es gibt zu wenig Krankenhäuser, die den Eingriff durchführen, und selbst dort wird ungewollt Schwangeren die Hilfe oft verwehrt.[257]

Das Beispiel der Zehnjährigen macht diese Probleme deutlich. Das Krankenhaus ihrer Heimatstadt verweigert den Eingriff und fordert eine angeblich notwendige richterliche Erlaubnis. Das Mädchen wird in Gewahrsam genommen. Das Gericht gibt ihr letztlich Recht, doch sie muss fast 1500 Kilometer weit in die Millionenstadt Recife reisen. AbtreibungsgegnerInnen veröffentlichen im Netz ihren Namen und den des Krankenhauses, das ihr hilft – und belagern es dann.[258]

Evangelikale, katholische und rechte Kräfte sind stark in diesem Land. Seit der rechtsextreme Jair Bolsonaro 2019 Präsident ist, sitzen sie in der Regierung. Frauenministerin Damares Alves bedauert öffentlich, dass das Gericht dem zehn Jahre alten Vergewaltigungsopfer den Abbruch erlaubt hat. Kurz danach erlässt das Gesundheitsministerium Vorschriften, die das ohnehin restriktive Gesetz weiter einschränken. Diese sind perfide: Eine vergewaltigte Person ist den Ärzt:innen gegenüber zu einer »ausführlichen Schilderung« der Gewalttat verpflichtet. Sie muss darauf hingewiesen werden, dass ihr strafrechtliche Verfolgung drohe, sofern sie die Vergewaltigung nicht beweisen könne. Ärzt:innen müssen die ungewollt Schwangere zudem auffordern, sich den Embryo im Ultraschall anzusehen.[259]

Nirgendwo auf der Welt führen restriktive Gesetze dazu, dass es keine Schwangerschaftsabbrüche gibt. Sie verhindern lediglich sichere Abbrüche. Eine von fünf Frauen in Brasilien hat im Alter von vierzig Jahren bereits eine Schwangerschaft abgebrochen.[260] Schätzungen zufolge finden jährlich bis zu eine Million Abtreibungen im Land statt, die meisten davon illegal und unter unsicheren Bedingungen. Laut offiziellen Zahlen müssen jedes Jahr mehr als 250 000 Frauen in Brasilien wegen Komplikationen im Krankenhaus behandelt werden und 200 sterben an den Folgen unsicherer Abbrüche. Die Dunkelziffern sind höher.[261]

Es sind 200 von weltweit 47 000 Frauen, die jedes Jahr ihr Leben verlieren, weil sie gezwungen sind, einen Abbruch unter unhygienischen und unprofessionellen Bedingungen machen zu lassen.[262] Nicht zufällig ist der Kleiderbügel zu einem Symbol der globalen Pro-Choice-Bewegung geworden: Zu viele ungewollt Schwangere haben über die Jahrhunderte hinweg verzweifelt versucht, einen Embryo mithilfe eines aufgebogenen Drahtbügels, mit rostigen Instrumenten oder Gift aus ihrem Körper zu entfernen.

In mehr als zwanzig Ländern weltweit sind Schwangerschaftsabbrüche unter allen Umständen verboten – selbst dann, wenn die Schwangerschaft Resultat einer Vergewaltigung ist oder das Leben der Schwangeren in Gefahr ist. Zu diesen Ländern gehören die Philippinen, Nicaragua, El Salvador, Andorra und das EU-Land Malta.[263] In El Salvador finden Schätzungen zufolge jedes Jahr rund 5000 illegale Abbrüche statt.[264] Das Totalverbot bedeutet nicht nur ein großes Gesundheitsrisiko für die Betroffenen, sondern auch eine massive Kriminalisierung von Frauen – selbst jener, die nicht abgetrieben haben. Mehr als zehn Jahre verbringt etwa Teodora del Carmen Vásquez in El Salvador hinter Gittern, nachdem sie eine Totgeburt im neunten Monat erleidet. Sie wird der Abtreibung bezichtigt und wegen Mordes zu dreißig Jahren Haft verurteilt. Erst nach internationalen Protesten kommt sie 2018 frei.[265] Lokalen Menschenrechtsorganisationen zufolge werden allein zwischen 2000 und 2014 fast 150 Frauen zu mehrere Jahrzehnte umfassenden Haftstrafen verurteilt.[266]

In Lateinamerika und der Karibik leben 97 Prozent der Frauen im gebärfähigen Alter in Ländern mit restriktiven Gesetzen.[267] Auch in der sogenannten Mena-Region – also im Nahen Osten und Nordafrika – haben die meisten Länder strenge Gesetze.[268] Komplettverbote gibt es dort zwar keine. Doch die Regelungen beschneiden die Rechte von Frauen und buchstäblich ihre Freiheit. Im August 2019 werden in Marokko die regierungskritische Journalistin Hajar Raissouni und ihr Verlobter beim Verlassen einer Klinik festgenommen, die sie laut eigener Aussage wegen Blutungen aufgesucht hat. Der Vorwurf lautet außerehelicher Sex und illegaler Schwangerschaftsabbruch. In Marokko sind

Schwangerschaftsabbrüche eine »Straftat gegen die Moral« und nur erlaubt, wenn Leben oder Gesundheit der Schwangeren in Gefahr sind und der Ehemann einverstanden ist. Raissouni muss sich gegen ihren Willen einer vaginalen Untersuchung unterziehen. Sie und ihr Verlobter werden zu einem Jahr Gefängnis verurteilt, ihr Gynäkologe zu zwei. Nach internationalen Protesten begnadigt sie König Mohammed VI. – damit das Paar »in Vereinbarkeit mit Religion und Gesetz eine Familie gründen« kann, wie es aus dem Justizministerium heißt.[269]

Brasilien, El Salvador, Marokko: Diese Beispiele stehen stellvertretend für ein bedrückendes Ganzes. Schwangerschaftsabbrüche sind Alltag, unabhängig davon, wie die Gesetzeslage ist, weil sich ungewollte Schwangerschaften nie gänzlich verhindern lassen. Jährlich werden weltweit mehr als 73 Millionen Schwangerschaften abgebrochen. Mehr als die Hälfte der Abtreibungen zwischen 2010 und 2014 fand der WHO zufolge unter unsicheren Bedingungen statt[270] – von den tödlich verlaufenden ganz zu schweigen. Am höchsten ist das Risiko, einen Schwangerschaftsabbruch nicht zu überleben, auf dem afrikanischen Kontinent.[271] Doch auch mitten in Europa leiden und sterben noch im 21. Jahrhundert Frauen, weil Staat und Religion ihnen das Recht am eigenen Körper verwehren. 2021 stirbt in Polen eine dreißigjährige Frau in der 22. Schwangerschaftswoche an einer Sepsis. Die Ärzt:innen hatten den nicht lebensfähigen Fötus trotz Gefahr für die Schwangere nicht aus ihrem Körper entfernt. Sie warteten darauf, dass er sterben würde – aus Sorge, sich strafbar zu machen, erklärt später die Anwältin der Familie.[272] Nur wenige Wochen darauf beschließt die polnische Regierung, dass ab 2022 Schwangerschaften, Geburten und Fehlgeburten in einem nationalen Register erfasst und diese Daten auch der Staatsanwaltschaft zugänglich gemacht werden sollen.

Ein ähnlicher Fall spielt eine entscheidende Rolle dabei, dass Irland 2018 in einem spektakulären Referendum für eine weitgehende Legalisierung von Abbrüchen stimmt. Bis dahin hatte das katholische Land eines der international strengsten Abtreibungsgesetze. Das »Ungeborene« – also der Embryo ab dem Moment der Verschmelzung von Ei- und Samenzelle – hatte laut Verfassung das gleiche Recht auf Leben wie die Schwangere.[273] Die 31 Jahre alte Savita Halappanavar stirbt 2012 an einem septischen Schock und multiplem Organversagen in der 17. Schwangerschaftswoche, weil die Ärzt:innen ihr einen Abbruch verweigern, obwohl eine Fehlgeburt unausweichlich ist und ihr Gesundheitszustand sich zunehmend verschlechtert.[274]

Während Irland und viele andere Länder in den vergangenen Jahren ihre Gesetze liberalisiert haben, bedeutet der internationale Rechtsruck für Menschen mit Uterus andernorts gravierende Einschnitte. So hatte das rechts regierte und erzkatholische Polen sein ohnehin schon extrem restriktives Abtreibungsrecht wenige Monate vor dem Tod der Dreißigjährigen weiter verschärft: Schwangere sind nun gezwungen, auch nicht lebensfähige Embryonen auszutragen und zu gebären. Und im christlich dominierten US-Bundesstaat Texas tritt 2021 die sogenannte »Heartbeat Bill« in Kraft, wonach ein Abbruch ab dem Moment eine Straftat ist, in dem im Ultraschall rhythmische Kontraktionen des fötalen Herzens darstellbar sind.[275] Das ist in der Regel etwa vier Wochen nach der Befruchtung der Fall. Viele Schwangere wissen zu diesem Zeitpunkt noch nicht einmal, dass sie einen Embryo im Körper tragen. Kritiker:innen verweisen darauf, dass schon der Name des Gesetzes irreführend sei: Zu diesem Zeitpunkt sei das Herz keineswegs ausgebildet. Was als Herzschlag bezeichnet werde, sei vielmehr eine Reihe elektrischer Impulse.[276]

Eine Schwangere ist verpflichtet, die Schwangerschaft auszutragen – ob sie will oder nicht. Das gilt auch in Deutschland. Für manche mag das erstaunlich klingen, weil es möglich ist, diese Austragungspflicht zu umgehen. Doch Schwangerschaftsabbrüche sind hierzulande eine »Straftat gegen das Leben«, geregelt in den Paragrafen 218 und 219 des Strafgesetzbuchs kurz hinter Mord und Totschlag. Ärzt:innen, die sie durchführen, werden »mit Freiheitsstrafe bis zu drei Jahren oder Geldstrafe bestraft«.[277] Vor rund dreißig

Jahren, im Mai 1993, stellt das Bundesverfassungsgericht in einer berühmt-berüchtigten Entscheidung fest: Das Grundgesetz gebe den »Schutz des ungeborenen Lebens« vor.[278] Dieser Schutz gelte auch gegenüber der ungewollt Schwangeren und sei »nur möglich, wenn der Gesetzgeber ihr einen Schwangerschaftsabbruch grundsätzlich verbietet und ihr damit die grundsätzliche Rechtspflicht auferlegt, das Kind auszutragen«.[279]

Die staatliche Bevormundung und potenzielle Kriminalisierung von Schwangeren und Ärzt:innen ist ein Umstand, über den in Deutschland lange kaum gesprochen wurde. Denn vor einem Vierteljahrhundert beschließt der Bundestag einen juristischen Kompromiss: Seit 1995 sind Abbrüche zwar verboten, in den ersten zwölf Wochen nach Befruchtung aber straffrei, sofern die Schwangere sich einer verpflichtenden Beratung unterzieht und danach eine dreitägige Wartefrist verstreichen lässt. Dass Schwangere sich eigenverantwortlich die Zeit nehmen, die sie brauchen, um eine Entscheidung zu treffen – seien es nun vier Minuten oder vier Tage –, diese Vorstellung scheint in Deutschland äußerst radikal zu sein.

Die Doppelmoral der AbtreibungsgegnerInnen

Auch wenn es heute in den allermeisten europäischen Ländern keine Komplettverbote mehr gibt, sind die entsprechenden Gesetze nicht zu trennen von den harschen Regelungen in Lateinamerika, Teilen Afrikas und dem Nahen Osten. Denn viele der dortigen Gesetze sind Exporte des Kolonialismus und der christlichen Kirche. Mit der Conquista kommt ab dem 16. Jahrhundert das spanische Abtreibungsverbot nach Lateinamerika. Bis in die 1980er Jahre haben die verschiedenen lateinamerikanischen Diktaturen wenig Interesse an Liberalisierungen, schließlich sind sie auf die Unterstützung der bis heute einflussreichen katholischen Kirche angewiesen.[280] Im Nahen Osten und in Nordafrika tragen die britischen und französischen Kolonialmächte die entsprechenden Gesetze in die kolonisierten Länder.[281] In der zweiten Hälfte des 19. Jahrhunderts verbreiten sich »Restriktion oder Kriminalisierung von Abtreibungen durch die westlichen Mächte [...] nach Afrika, Asien und darüber hinaus«.[282]

Um das weltweite Elend, vor allem aber die Doppelmoral hinter dem Verbot von Schwangerschaftsabbrüchen zu verstehen, lohnt ein Blick in die europäische Vergangenheit – zu den Ursprüngen der Abtreibungsverbote.

Diejenigen, die Schwangeren die Selbstbestimmung über ihren Körper verwehren, verweisen häufig auf den »Schutz des ungeborenen Lebens«,[283] oft aus einer christlichen Argumentation heraus. Doch die Ursprünge des Verbots von Schwangerschaftsabbrüchen im europäischen Raum haben nichts mit der Annahme zu tun, bereits ein Embryo habe das Recht auf Leben. Stattdessen geht es um etwas ganz anderes: um die Macht von Männern, über weibliche Körper zu verfügen. Daran hat sich allen vorgebrachten Gründen zum Trotz bis heute wenig geändert.

Im frühen römischen Recht herrscht das männliche Familienoberhaupt uneingeschränkt über Leben und Tod seiner Nachkommen. Der Hausherr entscheidet, ob seine Frau eine Schwangerschaft austrägt oder nicht. Beendet sie selbstgewählt ihre Schwangerschaft, verletzt sie nicht etwa die Rechte des Fötus – sondern die ihres Mannes.[284]

Im Christentum ist der Herr über Leben und Tod Gott. Und obwohl schon im 4. Jahrhundert von »Tötung« die Rede ist, geht es in erster Linie um Herrschaft und Besitz: Zu schützen ist nicht der Fötus um seiner selbst willen, sondern der »eigentumsrechtliche Anspruch Gottes an seinem Geschöpf«.[285] Wann genau dieses Geschöpf zum Menschen wird, legt die Kirche erst im Spätmittelalter fest. Sie macht dabei klar, welches der binären Geschlechter sie als wertvoller erachtet: »Menschqualität« haben männliche Föten ab dem 40., weibliche hingegen erst ab dem 80. Tag nach der Befruchtung.[286] Dass schon die befruchtete Eizelle der katholischen Kirche als Mensch gilt, ist noch nicht allzu lange her. Erst ab dem späten 19. Jahrhundert betrachtet sie den frühen Embryo nicht mehr als Bestandteil der mütterlichen Eingeweide,[287] sondern von Anfang an als »beseelt«.

Seit dem 18. Jahrhundert zeigt nicht mehr nur die Kirche Interesse am Fötus, sondern auch der Staat. Zwar wird einerseits Malthus' Erzählung populär, zumindest die arme Bevölkerung solle sich weniger vermehren. Grundsätzlich aber wird die Maximierung der eigenen Bevölkerung zu einem »zentralen Dogma« der Regierungen im heutigen europäischen Raum. Entsprechend erscheint Abtreibung als »existenzielle Gefährdung dieses Staatszwecks«:[288] Jede nicht ausgetragene Schwangerschaft bedeutet weniger Arbeiter:innen und Soldaten.

Schwangerschaftsabbrüche und Verhütung werden verboten. Auch dem Staat geht es nicht um vermeintliche Rechte des Fötus: Vielmehr erhebt er selbst Anspruch auf die künftigen Bürger:innen, zu deren Schutz er »nicht verpflichtet, aber berechtigt« sei.[289] Damit verkündet er gleichzeitig seinen Anspruch auf den Körper der Schwangeren.

Gebärzwang in Deutschland

Diese Entwicklung legt den Grundstein für jene Gesetze, deren Ziffern bis heute für die Unrechtmäßigkeit von Schwangerschaftsabbrüchen in Deutschland stehen. Die Paragrafen 218 und folgende finden 1871 ihren Weg ins Strafgesetzbuch, als mit der Gründung des Deutschen Reichs verschiedene regionale Regelungen zusammengeführt werden: »Eine Schwangere, welche ihre Frucht vorsätzlich abtreibt oder im Mutterleibe tödtet, wird mit Zuchthaus bis zu fünf Jahren bestraft.«[290] Ab sofort herrscht Gebärzwang.

Zumindest offiziell: Die Not treibt viele Frauen, vor allem arme, zu Verzweiflungstaten. Nach dem Ersten Weltkrieg spitzt sich die Lage zu. Es herrschten Wohnungsnot und Lebensmittelknappheit, viele Familien kommen auch ohne ein weiteres Kind kaum über die Runden. Schätzungen zufolge finden in der Weimarer Republik jährlich bis zu eine Million illegale Schwangerschaftsabbrüche durch sogenannte

Kurpfuscher oder Engelmacherinnen statt – entwürdigende Prozeduren durch Gifte wie Arsen oder Zyankali oder mit scharfen Gegenständen, bei denen die Gebärmutter oft verletzt oder zerstört wird.[291] 125 000 Frauen werden damals Jahr für Jahr infolge unsicherer Schwangerschaftsabbrüche in Krankenhäuser eingeliefert, 40 000 tragen bleibende Schäden davon, 50 000 sterben.[292] Zwischen 1919 und 1933 werden 60 000 Frauen wegen illegaler Abtreibungen verurteilt.[293] Wen es trifft, ist klar: »Es hat noch nie eine reiche Frau wegen Paragraf 218 vor dem Kadi gestanden«, konstatiert der SPD-Politiker Gustav Radbruch, Justizminister der Weimarer Republik.[294] Mit Geld finden sich schließlich Möglichkeiten, eine Schwangerschaft nicht nur sicher, sondern auch diskret zu beenden. Der Abtreibungsparagraf ist ein Klassenparagraf.

Die katholische Kirche derweil propagiert den Lebensschutz – für den Fötus, nicht für die Frau. Er empfinde mit, »daß mancher Mutter aus der Erfüllung ihrer Mutterpflichten große Gefahren für das Leben entstehen«, erklärt Papst Pius XI. im Jahr 1930: »Aber was für ein Grund vermöchte jemals auszureichen, um die direkte Tötung eines Unschuldigen zu rechtfertigen?«[295]

Doch nun wehren sich die Frauen. Die erste Massenbewegung gegen den Paragrafen 218 entsteht: Proletarier:innen kämpfen mit radikalen Vertreter:innen der bürgerlichen Frauenbewegung, Ärzt:innen, Künstler:innen und Literat:innen. Die KPD füllt ganze Messehallen mit Kundgebungen gegen den Paragrafen. Romane, Theaterstücke und Filme greifen ihn auf. 1931 richten Hunderte Berliner Ärztinnen eine Petition an den Deutschen Reichstag: Der »staatliche Gebärzwang« sei unvereinbar mit der Würde der Frau, deren Gleichberechtigung die Weimarer Reichsverfassung doch gerade eingeführt habe.[296]

Um Selbstbestimmung geht es damals nur einer kleinen Minderheit. Im Fokus stehen Elend, Not und Tod der Frauen, vor allem der proletarischen. Ähnlich wie die Genoss:innen in der Sowjetunion, die als erstes europäisches Land 1920 Abtreibungen legalisiert, ist die deutsche KPD der

Überzeugung: Im vollendeten Sozialismus braucht es kein Recht auf Abtreibung mehr, denn im Arbeiterstaat ist für Mutter und Kind gesorgt.[297] Dazu kommt es nicht, ebenso wenig wie zur Abschaffung des Paragrafen 218. Vielmehr verschärfen die Nazis das Abtreibungsrecht in den kommenden Jahren weiter, zumindest für die von ihnen als »arisch« definierten Frauen – während andere, wie in Kapitel 1 beschrieben, mit systematischer Gewalt unfruchtbar gemacht und ermordet werden.

1946 setzt der Alliierte Kontrollrat das NS-Recht zu Schwangerschaftsabbrüchen außer Kraft. Doch Abbrüche bleiben strafbar, Verhütungsmittel verboten, wobei es regional Ausnahmen gibt.[298] SPD und KPD fordern, die soziale Notlage als Indikation für Straffreiheit einzuführen. Konservative Kräfte wie die katholische Kirche wollen ein absolutes Verbot.[299] Schließlich trennen sich die Wege von BRD und DDR auch in Sachen Abbrüche. Es ist geradezu revolutionär, was die DDR 1972 im »Gesetz über die Unterbrechung der Schwangerschaft« ausformuliert: »Die Gleichberechtigung der Frau in Ausbildung und Beruf, Ehe und Familie erfordert, daß die Frau über die Schwangerschaft und deren Austragung selbst entscheiden kann«.[300]

In den ersten zwölf Wochen kann eine ungewollt Schwangere auf dem Gebiet der heutigen Bundesrepublik nun zum ersten Mal eine Schwangerschaft abbrechen lassen, ohne dass sie sich dafür rechtfertigen und ihre individuellen Gründe an gesetzliche vorformulierte Ausnahmen anpassen muss. Neben Verhütungsmitteln soll der Zugang zu Abbrüchen Frauen eine Möglichkeit zur »Bestimmung der Anzahl, des Zeitpunktes und der zeitlichen Aufeinanderfolge von Geburten« geben.[301] Was die DDR als Gesetzesbegründung anführt, ist im Kern identisch mit dem, was die Vereinten Nationen wenige Jahre zuvor auf der Konferenz in Teheran als Menschenrecht festgehalten haben.

Doch was rechtlich garantiert ist, führt in der Realität noch lange nicht dazu, dass Schwangere sich tatsächlich in jedem Fall frei für oder gegen eine Schwangerschaft entscheiden können. Manche sind sogar gezwungen, abzubrechen.

»In Berlin-Kaulsdorf haben Frauen am Fließband abgetrieben«,[302] berichtet eine ehemalige Wohnheimbetreuerin über Vertragsarbeiterinnen aus Vietnam. Eine Wahl haben diese Schwangeren kaum. Sie sind im Land, um die Produktivität zu steigern. Die einzige Alternative zum Abbruch lautet: Rückführung ins Heimatland.

Im Westen hingegen idealisiert die reaktionär geprägte Ordnung der frühen Bundesrepublik die Rolle der Frau als Hausfrau und Mutter.[303] Erwerbstätigkeit ist nur mit Erlaubnis des Mannes möglich, Geschlechtsverkehr ist eheliche Pflicht der Frau – und gefallen soll er ihr gefälligst auch. 1966 urteilt der Bundesgerichtshof: Die Ehe verbiete, »Gleichgültigkeit und Widerwillen« beim Sex zu zeigen. »Die Beiwohnung teilnahmslos geschehen« zu lassen reiche nicht, es brauche »Opferbereitschaft«, sonst werde der Partner auf Dauer nicht befriedigt.[304] Vor diesem Hintergrund verwundert es kaum, dass juristisch noch jahrzehntelang nicht anerkannt wird, dass auch Ehemänner vergewaltigen. Weiterhin landen Frauen nach versuchten Selbstabtreibungen oder verpfuschten illegalen Abbrüchen im Krankenhaus. »Man schaute unter die Bettdecken«, so ein Arzt in der Rückschau: »Wo es am meisten blutete, musste zuerst operiert werden.«[305]

Widerstand formiert sich. Die Studierendenrevolte und die Zweite Welle der Frauenbewegung greifen ab den späten 1960er Jahren das verstaubte Familienbild an. Mit wachsendem Druck und Öffentlichkeit fordert die Frauenbewegung die Legalisierung von Abbrüchen. Erstmals geht es nicht primär um wirtschaftliche Not: Die Frauen fordern explizit ihr Recht auf körperliche Selbstbestimmung. In dieser Zeit wird der bis heute populäre Spruch »Mein Bauch gehört mir« geprägt. 1971 machen 374 teils prominente Frauen, darunter Alice Schwarzer, Romy Schneider und Senta Berger, im Magazin *Stern* publik: »Wir haben abgetrieben.«[306]

In Schüler:innen- und Studierendengruppen kursieren handgeschriebene Zettel mit Adressen für illegale Abbrüche. Wer Geld hat, fährt ins Ausland, wo die Rechtslage zum Teil liberaler ist. Schätzungen zufolge reisen in den 1970er Jahren jährlich zwischen 50 000 und 60 000 Frauen aus der

BRD zum Abbruch in die Niederlande; auch England oder Jugoslawien sind Optionen.[307] Feminist:innen organisieren Busfahrten zu Abtreibungskliniken in Holland. Angehende Ärzt:innen fahren ins Ausland, um dort zu lernen, wie man sichere Abbrüche durchführt – um das dann in Deutschland selbst zu machen, illegal.[308] Doch solche klandestinen Gruppen stehen nur einem kleinen Kreis offen. Der Zugang zu sicheren Abbrüchen ist weiterhin abhängig von sozialem, kulturellem und ökonomischem Kapital. Diejenigen, die sich die Reise ins Ausland nicht leisten können oder keine Kontakte zu feministischen Ärzt:innen haben, suchen jemanden, »der das auf dem Küchentisch« macht.[309]

Der Papst urteilt 1968 unbeirrt, Schwangerschaftsabbrüche seien, »auch wenn zu Heilzwecken vorgenommen [...] absolut zu verwerfen«.[310] Anders der deutsche Bundeskanzler: »Es gab viele dunkle Wege in die Illegalität, es gab viel Krankheit und Tod, die hätten vermieden werden können«, so der SPD-Politiker Willy Brandt 1974 im Bundestag, als die sozialliberale Koalition mit knapper Mehrheit und nach mehrtägiger Diskussion eine Fristenlösung mit Straffreiheit nach Beratung in den ersten zwölf Wochen beschließt.[311] Doch in Kraft tritt die neue Regelung nicht. Fast 200 Unionsabgeordnete und mehrere konservative Landesregierungen rufen das Bundesverfassungsgericht an, und das höchste Gericht erklärt unumwunden: »Der Lebensschutz der Leibesfrucht genießt grundsätzlich [...] Vorrang vor dem Selbstbestimmungsrecht der Schwangeren.«[312] Lediglich eine Indikationslösung wird 1976 eingeführt: Ärzt:innen können eine »besondere Bedrängnis« im medizinischen, kriminologischen, sozialen und sogenannten eugenischen Bereich attestieren.[313] In der Praxis verweigern sich viele selbst in solchen Fällen.[314] Ungewollt Schwangeren bleibt wie zuvor oft nur die Illegalität.

Welches Risiko das nicht nur gesundheitlich, sondern auch gesellschaftlich bedeutet, wird 1988 auf brutale Weise deutlich. Damals steht im bayerischen Memmingen der Gynäkologe Horst Theissen wegen des Vorwurfs illegaler Abbrüche in 156 Fällen vor Gericht. Viele Frauen seien zu ihm gekommen, »nachdem sie meistens schon woanders alleine gelassen worden waren; demoralisiert und enttäuscht«, sagt der Arzt.[315] Die Staatsanwaltschaft ermittelt nicht nur gegen Theissen, sondern auch gegen rund 300 Patientinnen. Die Namen und Adressen von 156 als Zeuginnen geführten Betroffenen werden öffentlich vor Gericht verlesen. 79 Frauen müssen persönlich erscheinen und aussagen.

Nicht umsonst wird der Prozess als »Memminger Hexenprozess« bezeichnet: Die Richter führen die Frauen vor und befragen sie zu intimsten Details. Für die Betroffenen ist dieser Schauprozess eine Tortur. Sie sind gesellschaftlich gebrandmarkt, Ehen gehen zugrunde, Existenzen werden zerstört. Die Notlage, auf die Theissen sich beruft, will das Gericht bei kaum einer Betroffenen erkennen – unverheiratet, geschieden, verschuldet zählt nicht,[316] sie hätten das Kind ja zur Adoption freigeben können.[317] Vor dem Gericht protestieren Feminist:innen gegen diese offensive Misogynie. Doch die Deutungshoheit haben andere: Edmund Stoiber, damals Staatskanzleiminister des CSU-Ministerpräsidenten Franz Josef Strauß, skandalisiert »Morde an ungeborenen Kindern« und stimmt dem Fuldaer Bischof Johannes Dyba zu, der von einem »Kinder-Holocaust« spricht.[318] Theissen muss sein Haus verkaufen, um gegen Kaution auf freien Fuß zu kommen. Er wird zu zweieinhalb Jahren Haft und einem dreijährigen Berufsverbot verurteilt. Der Bundesgerichtshof revidiert später auf eineinhalb Jahre ohne Verbot. Doch Theissen muss seine Praxis aufgeben und umziehen.

Erst Anfang der 1990er Jahre kommt es zu einer Reform des Paragrafen 218, getrieben von einer formalen Notwendigkeit: Im wiedervereinigten Deutschland treffen die restriktive Indikationslösung der BRD und die liberale Fristenlösung der DDR aufeinander. Die Einheit muss auch im Abtreibungsrecht her. Der Bundestag beschließt 1992 abermals eine Fristenlösung. Doch das Bundesverfassungsgericht geriert sich als patriarchaler Hüter des Wohles des Embryos: Um der Schutzpflicht für das ungeborene Leben nachzukommen, müssten Abbrüche verboten und der Schwangeren »damit die grundsätzliche Rechtspflicht auferlegt [werden], das Kind auszutragen«.[319]

So gilt bis heute fast unverändert, was der Bundestag 1995 beschließt: Ein Schwangerschaftsabbruch ist in Deutschland grundsätzlich und für alle Beteiligten illegal. Nur in eng definierten Ausnahmen ist er in den ersten zwölf Wochen nach Befruchtung nicht strafbar. Die Schwangere muss sich zuvor in einer staatlich anerkannten Beratungsstelle beraten lassen. Diese Beratung soll laut Gesetz »ergebnisoffen«[320] sein. Gleichzeitig allerdings soll sie »die Frau zur Fortsetzung der Schwangerschaft [...] ermutigen«[321] und »dem Schutz des ungeborenen Lebens«[322] dienen. Wie diese zwei gegensätzlichen Ziele in ein und derselben Beratung vereinbar sein sollen, dazu schweigt der Gesetzgeber. Sind Gesundheit oder Leben der Frau in Gefahr oder ist die Schwangerschaft das Ergebnis einer Vergewaltigung, ist ein Abbruch nicht rechtswidrig.[323]

Schwangere haben höchstrichterlich besiegelt in Deutschland nicht das Recht, über ihren eigenen Körper zu entscheiden. Der Staat gibt ihnen dies vor, er macht ihren Körper zur Hülle. Von ihnen werde verlangt, ihren Körper dem Embryo auch gegen ihren Willen zur Verfügung zu stellen, sagt die Verfassungsrechtlerin Ulrike Lembke – eine Pflicht, die in anderen Zusammenhängen große Empörung auslösen würde. Im deutschen Recht könne man »nicht einmal zu Blutspenden gezwungen werden, auch nicht, wenn direkt nebenan jemand stirbt«.[324]

Was für westdeutsche Frauen zumindest eine gewisse Liberalisierung ist, ist für Frauen aus der ehemaligen DDR eine enorme Verschlechterung. Trotzdem wird der »Rechtsfrieden« seither immer wieder als Grund angeführt, das Gesetz nicht mehr zu reformieren.[325] Außerhalb feministischer Kämpfe gerät Paragraf 218 Strafgesetzbuch, der eine Gesundheitsleistung verbietet, die in Deutschland jedes Jahr rund 100 000 Schwangere benötigen,[326] jahrzehntelang in Vergessenheit.

Mehr als zwanzig Jahre später verurteilt im November 2017 das Amtsgericht Gießen die Allgemeinärztin Kristina Hänel zu einer Geldstrafe von 6000 Euro, weil auf ihrer Webseite steht, dass sie Schwangerschaftsabbrüche vornimmt. Zu diesem Zeitpunkt gilt bereits diese schlichte Mitteilung nach

Paragraf 219a als strafbare »Werbung für den Abbruch der Schwangerschaft«.[327] Das Urteil ist der Beginn einer neuen Debatte über Schwangerschaftsabbrüche in Deutschland. In der geht es nicht etwa um die Frage, ob Abbrüche legal sein sollten – diese Frage ist offenbar hinreichend verneint. Es geht einzig und allein darum, ob Ärzt:innen öffentlich über diese medizinische Leistung informieren dürfen wie über jede andere auch.

Tausende gehen auf die Straße. Frauen kleben sich den Mund zu, um zu zeigen, wogegen sich ihr Protest richtet: gegen die Unterdrückung von Information, die das Recht auf den eigenen Körper betrifft, und gegen die Stigmatisierung von Frauen als Wesen, die vor sich selbst geschützt werden müssen. Die Ärztin Kristina Hänel wird zur Galionsfigur der Bewegung. Mehr als 150 000 Menschen unterzeichnen 2017 ihre Petition und fordern die Abschaffung des Gesetzesrelikts, das seit 1933 in Kraft ist.[328] Doch der Versuch scheitert an CDU und CSU. Das verwundert nicht, schließlich haben ihre Verfassungsbeschwerden eine Liberalisierung der Abtreibungsverbote jahrzehntelang verhindert. Es kommt zu einem faulen Kompromiss zwischen Union und SPD: Ärzt:innen dürfen seit Februar 2019 zwar öffentlich machen, dass sie Abbrüche durchführen. Jedes weitere Detail preiszugeben bleibt jedoch strafbar.

Die Folge: Hänel wird erneut verurteilt, weil sie auf ihrer Webseite auch über die angewandten Methoden informiert. Genau so ergeht es der Berliner Ärztin Bettina Gaber. Auf deren Webseite hieß es schlicht: »Auch ein medikamentöser, narkosefreier Schwangerschaftsabbruch in geschützter Atmosphäre gehört zu unseren Leistungen.«[329] Diese Information muss Frauen in Deutschland vorenthalten werden, so will es das Gesetz. Auch daran wird deutlich, dass die Reform gescheitert ist. Gaber, Hänel und ein weiterer verurteilter Arzt haben Verfassungsbeschwerde eingelegt, um den Paragrafen 219a zu kippen. Mit dem Regierungswechsel im Herbst 2021 könnte der Paragraf auch ohne Karlsruhe bald Geschichte sein, denn die Koalition aus SPD, Grünen und FDP will ihn ersatzlos streichen.[330] Hänel kündigt an, auf ihrer Webseite »sofort« über Vor- und Nachteile der verschiedenen Methoden, über Risiken und mögliche Komplikationen aufzuklären, »wenn es so weit ist«.[331]

In der Grauzone

Doch die Paragrafen 218 folgende stehen weiter in einer Reihe mit Mord und Totschlag. Dass sie Abbrüche grundsätzlich, bewusst und die Entscheidung der Frau missbilligend als Unrecht deklarieren, das nur ausnahmsweise nicht bestraft wird, hat konkrete und schwerwiegende Folgen.

Ärzt:innen und Schwangere bewegen sich konstant im juristischen Graubereich. Organisierten AbtreibungsgegnerInnen spielt das in die Hände: Sie durchforsten systematisch das Internet und stellen Strafanzeige, wenn sie auf eine Seite mit verbotenen Informationen stoßen. Auch wegen Zumutungen wie dieser sind immer weniger Mediziner:innen bereit, Abbrüche anzubieten. Nur 1128 Ärzt:innen bundesweit nehmen die jährlich rund 100 000 Eingriffe vor,[332] obwohl die Länder laut Schwangerschaftskonfliktgesetz eigentlich »ein ausreichendes Angebot« an Einrichtungen sicherstellen müssten.[333] Im medizinischen Zentrum von Pro Familia in Bremen kommen 2018 drei der vier Ärzt:innen, die Abbrüche durchführen, aus den Niederlanden, weil sich vor Ort niemand für die Stelle findet.[334] In manchen Regionen müssen ungewollt Schwangere Fahrten von bis zu 150 Kilometern für einen Abbruch auf sich nehmen.[335]

Und selbst diejenigen Ärzt:innen, die Abbrüche vornehmen, informieren aus Sorge vor Anfeindungen oft nicht darüber. Zwar gibt es seit der Reform des Paragrafen 219a eine Art Zentralverzeichnis unter Hoheit und Kontrolle der Bundesärztekammer, in das sich Ärzt:innen eintragen lassen können. Doch im August 2021 finden sich dort nur 359 Einträge – nicht einmal ein Drittel der wenigen Ärzt:innen, die die Leistung anbieten.[336]

Auch die Qualität der Versorgung ist nicht auf dem Niveau, auf dem sie sein könnte. In der breiten Ärzt:innenschaft dominiert weiterhin die Meinung, Abbrüche hätten etwas »Schmuddeliges«.[337] Im Medizinstudium werden sie kaum thematisiert. Auch in der praktischen Ausbildung erlernen Studierende sie oft nicht, weil viele Krankenhäuser gar keine Abbrüche vornehmen.[338] Einige angehende Mediziner:innen üben sie deswegen in ihrer Freizeit angeleitet von niedergelassenen Ärzt:innen an Papayas, die in Form und Konsistenz einer menschlichen Gebärmutter ähneln.[339] Noch 2019 werden rund 14 Prozent der Abbrüche in Deutschland als Ausschabung vorgenommen,[340] obwohl die WHO seit Jahren empfiehlt, diese operative Methode durch das deutlich sanftere Absaugen zu ersetzen.[341] Jahrzehntelang gibt es in Deutschland keine medizinische Leitlinie für sichere Schwangerschaftsabbrüche. Erst die öffentliche Debatte um Paragraf 219a führt dazu, dass die zuständigen Fachgesellschaften eine solche nun erarbeiten. Sie soll bis 2023 fertig sein.[342]

Schwangerschaftsabbrüche gehören in Deutschland nicht zur medizinischen Grundversorgung und sind nicht für alle ungewollt schwangeren Menschen komplikationslos zugänglich. Selbst bezahlen müssen Schwangere den Eingriff in der Regel sowieso, nur für Frauen mit geringem Einkommen gibt es Erstattungsmöglichkeiten. Wer noch dazu aus dem katholischen Bayern kommt oder aus ländlichen Regionen, muss unter Umständen mit Vorwürfen und Verurteilungen der Gynäkolog:in rechnen, mit Überredungsversuchen oder mit ungefragt gezeigten Ultraschallbildern.[343]

Für den Abbruch steht oft ein weiter Weg an, und diese Reisen kosten sowohl Geld, das nicht alle Betroffenen haben, als auch Zeit, zum Teil mehrere Tage. Das kann für Berufstätige ebenso ein Problem sein wie für Schwangere, die Kinder betreuen. Für Menschen, die aufenthaltsrechtlich der Residenzpflicht unterliegen, ist die Fahrt eine besonders hohe Hürde. Schwierig ist es auch für Frauen, deren Abbruch diskret passieren soll – aus Angst vor Stigmata oder weil ein womöglich gewalttätiger Partner nichts davon wissen darf. Gleich mehrere Hürden, die die Weltgesundheitsorganisation bei Zugängen zu sicheren Abbrüchen beschreibt, gibt es auch in Deutschland: restriktive Gesetze, verpflichtende Beratungen und Wartefristen, das Recht auf Verweigerung aus Gewissensgründen von Mediziner:innen, hohe Kosten, schlechte Verfügbarkeit und Stigmatisierung.[344]

Das Menschenrechtskommissariat der Vereinten Nationen hat Deutschland wegen seines Umgangs mit Abbrüchen mehrfach scharf kritisiert. Der für die Umsetzung der UN-Frauenrechtskonvention zuständige Ausschuss empfiehlt die Abschaffung der Pflichtberatung und Wartezeit.[345] Doch der deutsche Staat, schreibt die zuständige Berichterstatterin, sei »daran gescheitert«, mit dem Ausschuss zu kooperieren.[346] Paragraf 218, antwortet die damalige Bundesregierung stur auf die Kritik, spiegele einen »mühsam errungenen gesellschaftlichen Konsens«. Eine Änderung könne »nicht in Aussicht gestellt werden«.[347] Ob sich die rot-grün-gelbe Koalition kooperativer zeigen wird, ist völlig unklar. Zwar sollen Schwangerschaftsabbrüche künftig kostenfrei und Teil der ärztlichen Aus- und Weiterbildung sein. Doch die notwendige Abschaffung des Paragrafen 218 wird vertagt, eine Kommission soll sich damit befassen – der Ausgang ist offen.[348]

Anti-Choice: Christlicher Fundamentalismus

Dass das im europäischen Vergleich so restriktive deutsche Gesetz bis heute auf festem Sockel steht, liegt vor allem an den beiden erzkonservativen Urteilen des Bundesverfassungsgerichts. Ihnen zugrunde liegt dieselbe Ideologie, mit der auch das Totalverbot in El Salvador begründet wird: Der Fötus oder Embryo ist das »ungeborene Leben«, das ab dem Moment der Zeugung eigene Rechte hat. Ein Schwangerschaftsabbruch ist entsprechend die »Tötung« ungeborenen Lebens.[349] Ganz im Einklang mit dieser Vorstellung vergleicht der als liberal geltende Papst Franziskus 2019 Schwangerschaftsabbrüche mit Auftragsmord.[350] Die Ärzt:innen als Mörder:innen, die Schwangeren als Auftraggeber:innen – die katholische Kirche sieht keinen Grund, ihre Misogynie zu verbergen.

Vor allem ignorieren der Papst und Gleichgesinnte, worum es zentral geht: das Leben eines bereits geborenen Menschen. Dieses Leben gilt es zu schützen, statt es aufzuwiegen gegen die vermeintlichen Rechte eines Embryos, der erst noch zum Menschen wird. Es sollte klar sein, dass Gesundheit und Leben einer Schwangeren nicht für einen Fötus geopfert werden dürfen.

Auf die Frage, wann menschliches Leben beginnt, gibt es viele Antworten. Selbst die katholische Kirche hat im Lauf der Jahrhunderte den Beginn des Lebens mal auf den Zeitpunkt der Befruchtung, mal auf Wochen später festgelegt – und dabei sogar nach Geschlecht unterschieden. Die von christlichen AbtreibungsgegnerInnen postulierte Meinung ist vor allem ideologisch begründet. Die eine wissenschaftlich basierte Antwort auf die Frage nach dem Beginn des Lebens zu finden ist nicht möglich. Deswegen taugt diese Frage nicht dazu, damit den Eingriff in ein so fundamentales Recht wie das auf Selbstbestimmung zu legitimieren. Das hat schon 1973 der US-Supreme Court erkannt, als er in seinem Grundsatzurteil zu Schwangerschaftsabbrüchen erklärte: »Die schwierige Frage, wann das Leben beginnt, brauchen wir nicht zu lösen. Wenn diejenigen, die in den jeweiligen Disziplinen der Medizin, Philosophie und Theologie ausgebildet sind, keinen Konsens erzielen können, ist die Justiz an diesem Punkt der Entwicklung menschlichen Wissens nicht in der Position, über die Antwort zu spekulieren.«[351]

Doch rund um den Globus machen sogenannte LebensschützerInnen für den Erhalt oder die Ausweitung restriktiver Gesetze mobil – und greifen offensiv jene Rechte an, die Feminist:innen in den vergangenen Jahrzehnten erkämpft haben. Es ist eine international gut vernetzte »unheilige Allianz« aus christlichen FundamentalistInnen, radikalen AbtreibungsgegnerInnen und rechten Parteien,[352] die eines eint: ihr Antifeminismus.

Sei es unter dem Namen LebensschützerInnen, LebensrechtlerInnen oder Pro Life: Organisierte fundamentalistische

AbtreibungsgegnerInnen bemühen sich heute öffentlich meist um ein positives Framing. Sie sprechen von einer »Kultur des Lebens«[353]* für die sie sich einsetzen, von »Respekt«[354] vor dem Leben und davon, »Babys« zu »retten«.[355] Auf ihrem jährlichen »Marsch für das Leben«, bei dem AbtreibungsgegnerInnen mit weißen Holzkreuzen durch Berlin ziehen, inszenieren sie sich als vermeintliche FürsprecherInnen von Menschen, die etwa das Downsyndrom haben, und sprechen sich gegen »Euthanasie« aus.[356] Mit ihrem Engagement, so das Narrativ, würden sie ungewollt Schwangere unterstützen: »Wir wollen Hilfe für Frauen, denen das JA zum Kind schwerfällt«, verkündet vollmundig der deutsche Bundesverband Lebensrecht.[357]

Diese wohlklingenden Formulierungen sind vor allem eines: Strategie. Wer will schon der Aussage widersprechen, jedes Leben sei »gleich wertvoll«?[358] Wer will sich gegen Unterstützung für Schwangere stellen, deren Entscheidung für einen Abbruch nur auf ihrer finanziellen Bedrängnis beruht? Hinter den lebensbejahenden Worten steht jedoch das Programm einer Bewegung, die den Fötus als wichtiger erachtet als die Frau. Die Bewegung ist diffus und besteht aus einer »[großen] Bandbreite von kleinen katholisch-fundamentalistischen Ärztegruppen bis hin zu professionell arbeitenden Interessenvertretungen und gut vernetzten internationalen Lobbyvereinen, die juristische Auseinandersetzungen suchen«.[359] Manche AnhängerInnen stehen betend und mit Bildern von Föten vor Beratungsstellen und Praxen, um das Personal dort zu bedrängen und die Schwangeren moralisch unter Druck zu setzen. Andere eröffnen eigene, staatlich nicht anerkannte Beratungsstellen, in denen der für einen Abbruch nötige Schein nicht ausgestellt, sondern versucht wird, die Entscheidung der Frauen zu beeinflussen.[360]

* Dieser zunächst wenig radikal erscheinende Begriff der »Kultur des Lebens« steht dem der »Kultur des Todes« gegenüber und geht zurück auf die Papst-Enzyklika *Evangelium Vitae* von 1995, in der der Papst Abtreibungen als »verabscheuungswürdige Verbrechen« bezeichnet.

Nicht alle halten das positive Framing durch: Viele bezeichnen Abbrüche als »Tötungen im Mutterleib« und die medizinischen Zentren, in denen sie vorgenommen werden, als »Tötungszentren«.[361] Immer wieder werden Abbrüche mit dem Holocaust gleichgesetzt, etwa auf der Webseite »Babykaust«.[362] Dort listet der Abtreibungsgegner Klaus Günter Annen neben Fotos zerstückelter Embryonen die Namen von Ärzt:innen auf, die in Deutschland Abbrüche anbieten.

Der Kampf gegen Abbrüche ist zugleich »Ausgangspunkt für eine umfassende, generalisierende Kulturkritik an der heutigen postmodernen [...] Gesellschaft«.[363] Dass Familie heute mehr bedeutet als einzig die heterosexuelle Konstellation aus Vater, Mutter und Kindern, lehnen weite Teile dieser Szene ab. Propagiert wird das Ideal der Frau als Mutter und der Zweigeschlechtlichkeit als Norm, der schon erwähnten »Kultur des Todes« gegenüber, zu der neben Schwangerschaftsabbrüchen auch Scheidung, Feminismus und Homosexualität gehören.[364] Damit ist die Bewegung offen und anschlussfähig sowohl für die konservative gesellschaftliche Mitte als auch den extrem rechten Rand.

Zum »Marsch für das Leben« schicken AmtsträgerInnen der Kirchen genauso Grußworte wie Politiker:innen der Union, darunter der ehemalige Fraktionschef Volker Kauder[365] ebenso wie der ehemalige Vorsitzende der Werteunion, Alexander Mitsch.[366] 2020 schreibt der CDU-Politiker Philipp Amthor: »Das Grundgesetz ist keine Verfassung für das Sterben, sondern für das Leben.«[367] Der Initiative Christdemokraten für das Leben gehören viele Landes-, Kommunal- und Bundespolitiker:innen der Union an.[368]

Der frühere CDU-Gesundheitsminister Jens Spahn bedient den Mythos des sogenannten »Post Abortion Syndroms« – und »damit die Forderungen der Anti-Choice-Bewegung«,[369] wie die Grünen-Politikerin Ulle Schauws konstatiert. 2019 stellt sich heraus, dass er trotz heftiger Kritik für fünf Millionen Euro »seelische Folgen von Schwangerschaftsabbrüchen«[370] untersuchen lassen will. Diese Folgen sind ein zentrales Motiv der Bewegung und eine Erfindung US-amerikanischer »Pro-Life«-AnhängerInnen aus den 1980er Jahren.

Behauptet wird, »dass Frauen von Abtreibungen krank werden, beispielsweise schwere Depressionen bekommen«, sagt die Sozialwissenschaftlerin Kirsten Achtelik.[371]

Diese Behauptung ist falsch. Hinreichend belegen Studien, dass 95 Prozent der betreffenden Frauen die Entscheidung für einen Abbruch auch später noch für richtig halten.[372] Für negative Folgen sind vor allem Faktoren wie Stigmatisierung, die Notwendigkeit, den Abbruch geheim zu halten, oder vorangegangene psychische Probleme entscheidend.[373] Zum Glück bestimmt letztlich die Wissenschaft den genauen Zuschnitt der »Spahn-Studie«[374] und verkehrt das Forschungsdesign ins seriöse Gegenteil. Sich auf psychische Folgen zu konzentrieren sei »unsinnig«, sagt die Studienkoordinatorin.[375] Vielmehr wolle sie bis 2023 erforschen, welche Erfahrungen ungewollt Schwangere hierzulande machen und wie sich ihre medizinische und psychosoziale Versorgung weiterentwickeln lässt. Die Studie könnte ein Meilenstein der internationalen Forschung zum Thema werden, der die Perspektive von Frauen ins Zentrum rückt.

Seite an Seite mit Rechtsextremen

Auch die extreme Rechte dockt an die Narrative der sogenannten LebensschützerInnen an. Zwar ist der Duktus der meisten »Lebensschutz«-Gruppen kein rechtsextremer – bei vielen fänden sich keine »aggressiven rassistischen Töne«, analysieren Eike Sanders, Ulli Jentsch und Felix Hansen. Doch offen nationalistischen Parolen wie »Deutschland treibt sich ab« oder »Das Volk stirbt im Mutterleib«, die einige zentrale Organisationen der Szene propagieren, wird auch nicht widersprochen.[376] Für Teile des Spektrums gilt: Die zu schützenden potenziellen Kinder müssen »*weiß*, deutsch und christlich sein, um Deutschland zu retten«.[377]

Die AfD fordert in ihrem Grundsatzprogramm eine »Willkommenskultur für Neu- und Ungeborene«, beklagt die Abbrüche und bemängelt zugleich, dass es unter Migrant:innen eine höhere Geburtenrate gebe als unter »deutschstämmigen

Frauen«.[378] Die AfD-Politikerin Beatrix von Storch, die an Grenzen auf Geflüchtete schießen lassen würde, zieht auf dem »Marsch für das Leben« Seite an Seite mit CDUler:innen durch Berlin.[379] Auch die rechtsextreme NPD proklamiert: »Nein zur millionenfachen Tötung von ungeborenem Leben«.[380]

Der internationale Rechtsruck verschafft den »LebensschützerInnen« Auftrieb. Donald Trump ist 2020 der erste US-Präsident, der am »March for Life« in Washington teilnimmt. Die Bewegung sei »aus Liebe geboren«, schwärmt er.[381] Der Republikaner verdankt seinen Wahlsieg 2016 auch Evangelikalen, die enge Verbindungen in den extremen Flügel der Partei haben. Die Anti-Choice-Bewegung in den USA treibt die internationale Vernetzung von AbtreibungsgegnerInnen voran.

Das meist jährlich stattfindende Szeneereignis »World Congress of Families« ist das weltweit größte Treffen der AktivistInnen, seine Wurzeln hat es in der US-amerikanischen religiösen Rechten. In wechselnden Ländern kommen Evangelikale und KatholikInnen, Vertreter des Vatikans ebenso wie Abgeordnete rechter Parteien zusammen. Längst reichen die Netzwerke der Erzkonservativen nicht nur bis in den Vatikan, sondern auch bis zu russischen Oligarchen und ins EU-Parlament.[382] 2017 hält Ungarns Präsident Viktor Orbán die Eröffnungsrede in Budapest. 2019 spricht Italiens damaliger Innenminister Matteo Salvini von der extremrechten Lega auf dem Kongress in Verona. Seine Botschaft: Keine Migration, dafür mehr italienische Kinder.[383] Das Ziel der Teilnehmenden ist, den Weg »an die Macht« zu gehen, den »Krieg« zu gewinnen, wie Ignacio Arsuaga 2019 es ausdrückt.[384] Mit seiner finanzkräftigen Kampagnenplattform CitizenGo kämpft der spanische Aktivist gegen Abtreibung, die Gleichstellung von LGBTI und die Ehe für alle.

Das hat reale Folgen für ungewollt Schwangere. 2019 verkündet CitizenGo stolz, eine Polizeirazzia in einer Klinik der Organisation Marie Stopes International – heute MSI Reproductive Choices – im nigerianischen Lagos lanciert zu haben. Die Klinik hilft Frauen, ungewollte Schwangerschaften zu vermeiden und sich nach unsicheren Abbrüchen zu erholen. Selbst durchführen dürfen sie Abbrüche wegen der restriktiven Rechtslage nicht. CitizenGo beschuldigt MSI bei der Polizei, dies dennoch illegal zu tun. Diese Razzia erschwert die Arbeit der Organisation enorm. Die Polizei habe »das Gesundheitspersonal und die Patientinnen belästigt und vertrauliche Patienteninformationen mitgenommen«, berichten feministische Aktivist:innen.[385]

Es ist bezeichnend: Diejenigen, die sich vorgeblich dem Lebensschutz verschrieben haben, wollen eine Klinik schließen lassen, die Frauen nach stümperhaften Abbrüchen versorgt, also Leben rettet. Auch in Kenia, Malawi, Niger und Tansania fährt CitizenGo Kampagnen gegen Kliniken und verbreitet Falschinformationen wie die, dass Kindern »Verhütungsmittel injiziert werden«.[386]

In zahlreichen Ländern kooperiert auch die US-Organisation Heartbeat International, die enge Verbindungen zur Trump-Administration pflegte, mit AbtreibungsgegnerInnen. In einem Krankenhaus in Italien warnen AktivistInnen eine Investigativreporterin der britischen Plattform Open Democracy vor einer angeblich um fünfzig Prozent gesteigerten Gefahr für Brustkrebs, sollte sie sich für einen Abbruch entscheiden.[387] In dem katholischen Land sind Schwangerschaftsabbrüche seit mehr als vierzig Jahren legal, doch die große Mehrheit der Ärzt:innen weigert sich, sie durchzuführen.

Im Vorfeld des irischen Referendums machen internationale AbtreibungsgegnerInnen Stimmung gegen die Legalisierung.[388] 2013 und 2014 nehmen sie maßgeblich Einfluss auf Abgeordnete des EU-Parlaments, um die Annahme des sogenannten Estrela-Berichts zu verhindern. Die Berichterstatterin Edite Estrela hatte das Recht auf »sichere und legale Schwangerschaftsunterbrechungen« sowie obligatorischen Sexualkundeunterricht an Schulen gefordert.[389] Die Anti-Choice-Bewegung überschwemmt die Abgeordneten mit E-Mails und Rundbriefen, um die Annahme des Berichts zu verhindern – erfolgreich.[390] 2021 allerdings erleiden die Anti-ChoicelerInnen eine herbe Niederlage: Trotz massiver Hetze etwa durch CitizenGo nimmt das EU-Parlament den Matić-Report an.[391] Das Parlament fordert darin »die Mitgliedstaaten nachdrücklich auf, Abtreibungen zu entkriminalisieren und Hindernisse für legale Abtreibungen zu beseitigen«. Die jeweiligen Rechtslagen sollen »mit den internationalen Menschenrechtsstandards« in Einklang gebracht werden.[392] Der Report ist ein Meilenstein – zumindest symbolisch. Rechtlich bindend ist er nicht.

Gewehrkugeln und Bombenanschläge

2015 eröffnet ein Mann mit einem Sturmgewehr in einem Zentrum von Planned Parenthood in Colorado Springs das Feuer. Er erschießt drei Menschen und verletzt neun.[393] Mindestens elf Menschen wurden seit 1993 bei Angriffen auf Abtreibungskliniken in den USA getötet.[394] Der Dachverband der US-amerikanischen Einrichtungen, die Abbrüche anbieten, spricht für 2017 – das Jahr nach Trumps Wahl zum Präsidenten – von einer »Eskalation der Feindseligkeit«: Die Fälle von Hausfriedensbruch bei ihren Mitgliedsorganisationen hätten sich verdreifacht, Mord- und Gewaltdrohungen nahezu verdoppelt. Und es habe »den ersten versuchten Bombenangriff seit vielen Jahren« gegeben.[395]

Fundamentalistische AbtreibungsgegnerInnen fordern Gesetze, die das Leben ungewollt Schwangerer gefährden, und sind zugleich selbst eine Gefahr für das Leben anderer. Zwar ist seit 2021 mit Joe Biden wieder ein demokratischer Präsident an der Macht, der sich trotz seines katholischen Glaubens zum Recht auf Selbstbestimmung bekennt. Doch die vier Jahre der Trump-Administration haben nicht nur das gesellschaftliche Klima in den USA aufgeheizt, sondern auch den Kampf um reproduktive Rechte weit zurückgeworfen.

Während seiner Präsidentschaft ernennt Trump drei neue Verfassungsrichter:innen am neunköpfigen US-Supreme Court, darunter die strenggläubige Katholikin und Abtreibungsgegnerin Amy Coney Barrett. Damit wird der oberste Gerichtshof der USA auf lange Zeit konservativ geprägt sein.

Für das US-Abtreibungsrecht, das seit Jahrzehnten unter Beschuss steht, ist das eine offensichtliche Bedrohung. Dabei hat der Supreme Court 1973 die Grundlage für eben dieses Recht selbst gelegt. Zu dem Zeitpunkt sind Abtreibungen in den meisten Bundesstaaten nur bei Gefahr für das Leben der Schwangeren möglich. Eine ungewollt schwangere Texanerin hat nicht die Mittel, in einen liberaleren Bundesstaat zu reisen – sie klagt unter dem Aliasnamen »Jane Roe«. Nach dem unter dem Kürzel »Roe versus Wade« in die Geschichte eingehenden Urteil legalisieren die USA Schwangerschaftsabbrüche bis zum Zeitpunkt der eigenständigen Lebensfähigkeit des Fötus weitgehend – also bis etwa zur 22. Woche nach Befruchtung. Erst danach dürfen die Bundesstaaten Schwangerschaftsabbrüche komplett verbieten.[396]

Seit fast fünfzig Jahren ist dieses Urteil unzählige Male von Konservativen, Rechten und religiösen FundamentalistInnen angegriffen worden, bislang ohne Erfolg. Doch immer wieder schränken Bundesgesetze oder konservative Bundesstaaten den Zugang zu Abbrüchen erheblich ein. Allein 2017 erlassen US-Bundesstaaten insgesamt 63 neue Restriktionen in Zusammenhang mit Schwangerschaftsabbrüchen,[397] darunter hohe Hürden für Kliniken, weswegen es in vielen Bundesstaaten kaum noch Einrichtungen gibt, die Abbrüche vornehmen.[398] 2019 will Alabama Abbrüche selbst nach Vergewaltigung nicht mehr erlauben. Mehrere Staaten erlassen »Heartbeat Bills«, wie auch Texas 2021 eine verabschiedet.

Die Gesetze bedeuten de facto ein Komplettverbot von Abbrüchen und widersprechen damit »Roe versus Wade«. In der Vergangenheit hatten sie deshalb keine Chance. Das ist den AbtreibungsgegnerInnen durchaus bewusst: Ziel ist, mit diesen Gesetzen »durch die Instanzen zu gehen« und so letztlich das Grundsatzurteil zu kippen.[399] Seit Trumps Amtszeit sind diese Hoffnungen begründeter als zuvor: Zum ersten Mal stimmt im Fall von Texas der neu besetzte Supreme Court einem Eilantrag gegen ein solches Gesetz nicht zu. Es tritt in Kraft.

Seit Herbst 2021 verhandelt das Gericht ein Gesetz aus Mississippi, das Abbrüche ab der 13. Woche verbietet. Nun befasst sich das neu besetzte Gericht inhaltlich mit dem Urteil von 1973. Sollte es die Grundsatzentscheidung kippen, wären Schwangerschaftsabbrüche in den USA allein Sache der Bundesstaaten. Mehr als zwanzig von ihnen sind seit Jahren darauf vorbereitet, sofort Einschränkungen und Verbote zu erlassen.[400]

Abbrüche in eigener Hand – und jenseits der Kriminalisierung

Dass ungewollt Schwangere sich Verboten nicht beugen – nicht beugen können –, zeigen die hohen Zahlen illegaler Abbrüche. Nicht immer müssen diese unsicher sein. Feministische Netzwerke haben es sich zur Aufgabe gemacht, ungewollt Schwangeren zu ihrem Recht zu verhelfen. Manche Netzwerke stehen ihnen mit Rat zur Seite, andere mit Hilfe zur Tat. Frauen aus Polen etwa reisen für einen Abbruch nach Deutschland, Frauen aus Malta ins Vereinigte Königreich. Feministische Gruppen gewähren ihnen Unterkunft, begleiten sie in Praxen von Ärzt:innen, übersetzen, sammeln Spenden. Eine dieser Gruppen ist Ciocia Basia in Berlin, eine andere das länderübergreifende Abortion Support Network.

Nicht jede ungewollt Schwangere kann für einen Abbruch mehrere Tage im Ausland verbringen. Deshalb kommt die Unterstützung manchmal auch in Form eines Briefumschlags. Darin enthalten sind Tabletten für einen sicheren medikamentösen Schwangerschaftsabbruch. Die Organisation Women on Web berät Betroffene in 22 Sprachen online sowohl zu Verhütung als auch zum Abbruch. 2019 wurden den Aktivist:innen zufolge rund 13 000 Pakete mit Medikamenten verschickt. Zwei Länder stehen dabei an der Spitze der Zielorte: Polen mit rund 2 500 Paketen und Südkorea mit 4 000 Paketen.[401]

Auch aus Deutschland gibt es Anfragen. Rund 1200 Mal haben Betroffene zwischen Mai und Dezember 2019 um Hilfe gefragt, so die Aktivist:innen. Obwohl sie über die Möglichkeiten vor Ort aufgeklärt worden seien, seien monatlich rund zwanzig Pakete nach Deutschland verschickt worden. Nötig werden kann das aus verschiedenen Gründen: weil die Schwangerschaft aus Angst vor Stigmatisierung oder sogar Gewalt geheim bleiben soll, aus finanziellen Gründen oder aufgrund regional schlechter Versorgungslage. Für andere Betroffene geht es darum, den Abbruch selbstbestimmt durchführen zu können.[402]

Andere feministische Projekte zeigen, wie der Kampf um reproduktive Rechte von Frauen im globalen Süden aussehen kann, ohne sich dabei bevölkerungspolitischer Argumente zu bedienen. In Subsahara-Afrika vernetzt das Mama-Network 35 Organisationen unter anderem in Nigeria, Tansania, Ruanda, Benin, Togo oder Liberia rund um das Thema »self-managed abortion« – also Schwangerschaftsabbrüche außerhalb offizieller Kontexte, Kliniken und Arztpraxen. Diese Praxis erschüttere die Legitimität restriktiver Abtreibungsgesetze und trage dadurch zu deren Liberalisierung bei, so das Netzwerk. Abtreibungspillen, heißt es in dessen Manifest, »schaffen universale Möglichkeiten für einen sicheren Abbruch, unabhängig davon, wie Schwangerschaftsabbrüche durch nationale Gesetze geregelt sind«.[403]

Wie der Zugang zu Abbrüchen emanzipiert, rechtebasiert, würdevoll und empowernd geregelt werden kann, zeigt Kanada. Es ist das erste und bisher einzige Land weltweit, in dem es kein Bundesgesetz zu Schwangerschaftsabbrüchen gibt. Das heißt nicht, dass dort Anarchie in Sachen Abbruch herrschte: Es gibt genügend Wege, Abbrüche anders als in Strafgesetzbüchern zu regeln – auch wenn das für Konservative und Rechte schwer vorstellbar scheint.

1988 kippt das kanadische Verfassungsgericht die Kriminalisierung von Abbrüchen: Sie verletze das Recht der Frau auf Leben, Freiheit und Sicherheit. 1989 entscheidet das Oberste Gericht, ein Fötus sei kein Mensch, weshalb er auch keinen Rechtsanspruch darauf habe, wie einer behandelt zu werden. Seit 1991 gelten in Kanada Menschenrechte ab der Geburt.[404] Heute sind Schwangerschaftsabbrüche in Kanada eine Gesundheitsleistung, für deren Ausgestaltung die Provinzen zuständig sind. Die Regelungen sind also regional unterschiedlich. Überall aber sind Abbrüche als medizinisch notwendig anerkannt.[405]

Kanada macht vor, wie Abbrüche geregelt werden können, wenn Politik und Gesellschaft Frauen nicht stigmatisieren, sondern ihnen vertrauen. Die Zahl der Abbrüche liegt seit der Entkriminalisierung konstant bei etwa 100 000 pro Jahr.[406] 90 Prozent der Abbrüche werden im ersten Trimester gemacht. Nahezu alle Abbrüche nach der 20. Woche finden im Zusammenhang mit fötalen Anomalien statt. Auch diese Zahl ist seit der Entkriminalisierung stabil. Dies zeigt eindrücklich, dass das Horrorszenario, das Anti-Choice-AktivistInnen von verantwortungslosen Schwangeren zeichnen, die Föten im neunten Monat loswerden wollen, Propaganda ist.

Auch Neuseeland streicht unter Premierministerin Jacinda Ardern im Frühjahr 2020 Abbrüche aus dem Strafgesetzbuch. Im Dezember desselben Jahres beschließt Argentinien, sein striktes Abtreibungsverbot zu reformieren. Im September 2021 entscheidet das Oberste Gericht in Mexiko einstimmig, dass strafbewehrte Schwangerschaftsabbrüche gegen die Verfassung verstoßen. Seit 1994 haben mehr als fünfzig Länder ihre Gesetzgebung liberalisiert. Manchmal heißt das zunächst nur, dass statt eines Totalverbots nun immerhin Abbrüche möglich sind, wenn das Leben der Schwangeren in Gefahr ist.

Reproduktive Rechte sind Menschenrechte. Doch dass der legale und sichere Zugang zu Schwangerschaftsabbrüchen nicht als Teil dieser Rechte anerkannt wird, heißt auch, dass sie noch immer nicht ausreichend ernst genommen werden.

Glück, Dankbarkeit und Hoffnung

Obwohl Abtreibungen in Deutschland zu den häufigsten gynäkologischen Eingriffen gehören, spricht hierzulande kaum eine Frau offen über diese Erfahrung. »Ein ganz großes Problem ist das Schweigen«, sagt die Kulturwissenschaftlerin und Autorin Mithu Sanyal, als sie ihre Abbrüche als politischen Akt öffentlich macht.[407] Die Autorin und

Unternehmerin Heike-Melba Fendel berichtet, sie habe ihre Abbrüche unterschiedlich erlebt – je nach Lebenssituation und je nachdem, wie Ärzt:innen sie behandelten. Beide sprechen darüber, auch erleichtert gewesen zu sein.

Doch erleichterte Frauen nach Abbrüchen haben im öffentlichen Diskurs keinen Platz. Unsagbar, so die australische Autorin Erica Millar, seien im öffentlichen Sprechen über Abbrüche Glück, Dankbarkeit und Hoffnung.[408] Sogar progressive deutsche Politiker:innen bemühen in Parlamentsdebatten, in denen sie liberalere Gesetze fordern, häufig das Bild der Frau in Not, die nur nach schweren inneren Kämpfen und aufgrund einer extrem belastenden Situation die Entscheidung für einen Abbruch trifft: »Keine Frau macht es sich leicht«.[409]

Das mag taktisch durchaus sinnvoll sein. Denn gesellschaftlich ist jene Erzählung übermächtig, die Millar in ihrem Buch *Happy Abortions* beschreibt: »Diesem Skript zufolge ist die Entscheidung für eine Abtreibung unglaublich schwer und erfolgt aufgrund außergewöhnlicher Umstände, die außerhalb der Kontrolle der betroffenen Frau liegen.« Frauen dürften demnach überhaupt nur eine Schwangerschaft abbrechen, »solange sie sich deshalb ›richtig, richtig schlecht‹ fühlen.«[410] Doch dieses Skript ignoriert die vielfältigen Umstände und Persönlichkeiten derer, die ihre Schwangerschaft nicht austragen wollen oder können.

Manchen Schwangeren fällt die Entscheidung für einen Abbruch tatsächlich nicht leicht. Das bedeutet, dass jeder ungeplant Schwangeren professionelle Beratung zustehen muss, um herauszufinden, ob die Schwangerschaft auch ungewollt ist. Ein Recht auf Beratung aber ist etwas anderes als der Zwang dazu. Denn andere Schwangere wissen sofort, wieder andere nach einiger Überlegung, dass sie die Schwangerschaft nicht austragen werden – aus welchen Gründen auch immer.

Millar plädiert dafür, Abbrüche »als einen Akt zu feiern, der unfreiwillig Schwangeren ermöglicht, das zu bekommen, was sie wollen, und der garantiert, dass Hetero-Sex für alle Frauen im fortpflanzungsfähigen Alter von der

Reproduktion getrennt werden kann«.[411] Denn auch darum geht es: Wenn jede ungewollte Schwangerschaft lebenslange Konsequenzen hat, gibt es keine frei gelebte Sexualität, kein freies Leben. Eine geschlechtergerechte Gesellschaft wäre dann nicht möglich. Bis heute werden hierzulande alle gebärfähigen Menschen potenziell kriminalisiert. Doch Abbrüche sind Normalität, in Deutschland wie überall auf der Welt. Es wird Zeit, sie als solche zu behandeln.

Reproduktionstechnologien

In der ukrainischen Hauptstadt Kiew stehen im Saal eines Hotels dicht an dicht weiße Krippen aus Metall. In ihnen liegen Neugeborene. Zur Welt gebracht wurden die 46 Säuglinge von ukrainischen Leihmüttern.* Doch ihre Bestell-Eltern können sie nicht abholen: Wegen der Coronapandemie sind die Grenzen der Ukraine im April 2020 geschlossen. Es seien Babys »aus Amerika, Italien, Spanien, Großbritannien, China, Frankreich, Deutschland ebenso wie aus Bulgarien, Rumänien, Österreich, Mexiko und Portugal«, sagt eine Mitarbeiterin der Fruchtbarkeitsklinik BioTexCom in einem Video, das das Unternehmen ins Netz stellt. Der Film ist eine Form von Werbung: Krankenschwestern baden und schaukeln die Babys.[412] Zugleich aber ist er ein Hilferuf.

Sollten die Reisebeschränkungen noch länger bestehen, könne die Zahl der Babys, die in verschiedenen Kliniken ohne konkrete Perspektive darauf warten, abgeholt zu werden, leicht auf um die 1000 steigen, warnt die Menschenrechtsbeauftragte des ukrainischen Parlaments. Allein in Kiew gibt es sechs Kliniken, die Leihmutterschaft legal als Dienstleistung anbieten. Die Bestell-Eltern kommen größtenteils aus dem westlichen Ausland.[413]

Dass eine Frau stellvertretend für eine andere eine Schwangerschaft austrägt, ist möglich. Doch es wirft komplexe

* Wir verwenden in diesem Kapitel aus Gründen der Verständlichkeit zum Teil bereits etablierte Begriffe wie Samenspende, Eizellspende und Leihmutterschaft, obwohl wir der Ansicht sind, dass diese nicht im Detail zutreffen. Je nach Kontext nutzen wir zudem die Begriffe »Eizellabgabe«, »Leihgebärende« oder »Tragemutter« (vgl. Antje Schrupp: ›Babys ohne Eltern‹, in: *Die Zeit*, 24.06.2020). Für Menschen, die reproduktionstechnologische Dienstleistungen in Anspruch nehmen, nutzen wir die Begriffe »Bestell-« oder »Wunscheltern«.

Fragen im Kontext von Menschenrechten, psychischer und physischer Gesundheit und Ethik auf. Leihmutterschaft ist das wohl umstrittenste Verfahren aller älteren und neueren Reproduktionstechnologien, die sich global und zum Teil völlig dereguliert entwickeln. Zu diesen Technologien gehören die bereits seit Anfang des 20. Jahrhunderts praktizierte Samenspende, die seit den 1980er Jahren mögliche vaginale Entnahme von Eizellen aus dem weiblichen Körper, das Einfrieren von Spermien und Eizellen, die Befruchtung von Eizellen außerhalb des menschlichen Körpers und die Abgabe von Spermien, Eizellen und Embryonen.

Nachgefragt werden all diese Praktiken von Menschen in unterschiedlichen Konstellationen: Da ist die Frau, die sich ein Kind wünscht, aber keine:n Partner:in hat, das gleichgeschlechtliche Paar, das unter ungewollter Kinderlosigkeit leidet, oder das Heteropaar, bei dem eine:r unfruchtbar ist. Einige versuchen, dem mit Technologien zu begegnen, die eigenes Gewebe nutzen, beispielsweise durch sogenannte künstliche Befruchtung. Andere verwenden das Gewebe Dritter in Form von Samen- oder Eizellspenden. Im Fall von Leihmutterschaft wird der gesamte Körper einer anderen Frau in Anspruch genommen.

Deshalb sind bei der Anwendung dieser Technologien nicht nur die Belange derjenigen Menschen zu berücksichtigen, die einen Kinderwunsch haben, sondern vor allem die Rechte und die Gesundheit von Frauen, die Eizellen zur Verfügung stellen oder Kinder austragen und dabei alle Risiken einer Schwangerschaft auf sich nehmen: Werden die reproduktiven Rechte der einen durch die Erfüllung des Kinderwunschs der anderen beeinträchtigt? Zudem geht es um die Rechte der dabei zur Welt gekommenen Kinder, die wie im Fall von BioTexCom im wahrsten Sinne des Wortes bestellt und nicht abgeholt darauf warten, in Empfang genommen zu werden.

In der Ausprägung all dieser Technologien spielen lokale und globale Hierarchien eine große Rolle. Die Kosten für einige dieser Praktiken werden für manche Menschen übernommen, vorwiegend für heterosexuelle verheiratete Paare. Andere Menschen können es sich leisten, die Erfüllung ihres

Kinderwunsches selbst zu finanzieren. Vielen aber steht die Möglichkeit, Reproduktionstechnologien zu nutzen, aus finanziellen oder rechtlichen Gründen nicht offen.

Von Klassikern und Newcomern

Der Klassiker unter den Reproduktionstechnologien ist die Samenspende. Sie wird seit mehr als einem Jahrhundert praktiziert, ist in Deutschland legal und längst zur Routine geworden. Dass Kinder geboren werden, deren biologische Väter unbekannt sind, daran sind Menschen gewöhnt. In den 1970er Jahren werden in den USA die ersten kommerziellen Samenbanken eröffnet, in denen Samenabgaben gesammelt, eingefroren und aufbewahrt werden.[414] In Deutschland sind seit 1970 Schätzungen zufolge etwa 100 000 Kinder nach Samenspende zur Welt gekommen.

Dass dieses Verfahren alltäglicher ist als andere, liegt vor allem an seiner Machbarkeit, denn es ist frei von gesundheitlichen Risiken und sehr einfach. Bei Eizellen ist das komplizierter: Sie sind ein schwer zugängliches Gut. Erst seit den 1970er Jahren können Eierstöcke operativ durch die Bauchdecke erreicht werden,[415] und erst seit Mitte der 1980er ist der Eingriff vaginal möglich. Durch die Einnahme von Hormonen können heute mehrere Eizellen auf einmal reifen, entnommen und in flüssigem Stickstoff tiefgefroren werden.

Dem menschlichen Körper Eizellen zu entnehmen ist die Voraussetzung nahezu aller modernen Reproduktionstechnologien: der In-Vitro-Fertilisation (IVF), also der Zeugung von Embryonen in der Petrischale; der intrazytoplasmatischen Spermieninjektion (ICSI), bei der ein Spermium außerhalb des Körpers direkt in die Eizelle gespritzt wird; des sogenannten Social Freezing, also dem Einfrieren eigener Eizellen, die später aufgetaut werden, wodurch Frauen auch in späteren Lebensjahren noch genetisch eigene Kinder bekommen können; der Eizellabgabe, bei der Frauen Eizellen entnommen, dann befruchtet und anderen Frauen eingesetzt werden, und oft auch der Leihmutterschaft – denn eine

Frau, die ein Kind austrägt, muss mit diesem genetisch nicht verwandt sein.

Das Jahr 1978 ist ein Meilenstein auf dem Weg all dieser Entwicklungen: Louise Brown kommt zur Welt, das erste durch IVF gezeugte Baby. Die Skepsis ist enorm: Ob es ethisch in Ordnung sei, menschliches Leben außerhalb des weiblichen Körpers zu zeugen, wird heftig debattiert. Manche befürchten eine »entfesselte Wissenschaft«,[416] andere sehen die Apokalypse kommen: »Die Zeugungstechnik reiht sich ein in andere kollektiv empfundene Bedrohungen wie die Umweltzerstörung, das Wettrüsten der politischen Blöcke oder die Risiken der Energieproduktion«,[417] sagt der Kulturwissenschaftler Andreas Bernard über die damalige Diskussion. Sprachlich wird eine Opposition von Natur und Artifiziellem beschworen: Vom »Retortenbaby«[418] ist die Rede, von dem sich konservative, technikskeptische und religiöse Menschen, aber auch Feminist:innen distanzieren. Sie sehen aus unterschiedlichen Gründen Probleme – entweder weil der Eingriff ihrem Glauben widerspricht oder aus Sorge um die Selbstbestimmung von Frauen über ihre Körper.

Für viele Paare mit Kinderwunsch ist die sogenannte künstliche Befruchtung ein Fortschritt. Die jahrhundertelange Schicksalhaftigkeit von Reproduktion scheint passé zu sein. War das Risiko, schwanger zu werden, vor der Entwicklung zuverlässiger Verhütungsmittel schwer kontrollierbar, so war gleichzeitig Unfruchtbarkeit kaum zu beheben. Nun gibt es zumindest Möglichkeiten, dieser zu begegnen.

Mit der immer rasanteren Entwicklung der assistierten Reproduktion ändern sich die Narrative. Zwar bezeichnet der Papst sogenannte künstliche Befruchtung noch 2012 als »eine Form von Arroganz«[419] und beklagt die »Sünde«,[420] die mit ihr einhergehe. Längst jedoch wurde das Retortenbaby in der gesellschaftlichen Wahrnehmung vom Kinderwunsch und dem Wunschkind abgelöst: Das Bedürfnis derer, die Eltern werden wollen, steht im Vordergrund.

Mit den reproduktiven Möglichkeiten, die entstehen, wächst der Druck, sie zu nutzen. »Die vollständige

Akzeptanz der In-vitro-Fertilisation hat zu der allgemeinen Anschauung geführt, dass beinahe jedes heterosexuelle Paar ein leibliches Kind bekommen kann, solange es nur alles dafür tut und den Angeboten der Reproduktionstechnologien gewissenhaft folgt«,[421] sagt Andreas Bernard und spricht von einem »Diktat der Fruchtbarkeit«.[422] Menschen, die trotz Kinderwunsch kinderlos bleiben, sind in diesem Sinne selbst schuld. Auf Frauen ohne Kinder – ob dieser Zustand nun gewollt ist oder nicht – lasten dabei besonders hohe Erwartungen.

Das wissen die in der Reproduktionsmedizin tätigen Unternehmen zu nutzen. »Es gibt keine absolute Unfruchtbarkeit!«, steht in großen Buchstaben auf der in zwanzig Sprachen verfügbaren Webseite des ukrainischen Unternehmens BioTexCom.[423] Auf der Webseite eines kalifornischen Unternehmens heißt es: »Wir machen jeden Tag Wunder wahr«.[424] Und ein Berliner Zentrum für Kinderwunschbehandlung verspricht: »Gemeinsam schaffen wir eine Familie«.[425]

Ungewollte Kinderlosigkeit nimmt seit Mitte des vorigen Jahrhunderts zu.[426] Schätzungsweise jedes sechste Paar weltweit ist heute davon betroffen.[427] Das liegt zum einen an wirksamer Verhütung, wegen der viele nicht nur seltener, sondern auch später Kinder bekommen. Zum anderen hängt es damit zusammen, dass Familie und Beruf oft nur schwer zu vereinbaren sind und das Leben mit Kind außerdem eine Frage von Finanzen ist. Den eigenen Kinderwunsch in der Hoffnung aufzuschieben, dass es irgendwann passt, kann vor allem für Frauen bedeuten, dass ihre Fruchtbarkeit bis dahin bereits nachgelassen hat.

Ungewollte Kinderlosigkeit ist für viele Betroffene eine enorme psychische Belastung: Fast vierzig Prozent der Befragten erleben einer auf Deutschland bezogenen Studie von 2020 zufolge die eigene Kinderlosigkeit als Makel. Ähnlich viele haben das Gefühl, dass Menschen mit Kindern einen höheren gesellschaftlichen Stellenwert haben. Ein Viertel der Befragten gibt an, sich aufgrund der Kinderlosigkeit diskriminiert zu fühlen.[428] Im Vergleich zur sieben Jahre älteren Vorgängerstudie sind diese Werte teilweise deutlich gestiegen.

Für viele kinderlose Menschen wird das eigene Kind zur Identitätsfrage.

Die Möglichkeiten, enge Beziehungen zu Kindern aufzubauen, die genetisch oder biologisch nicht die eigenen sind, sind unterdessen sozial immer akzeptierter geworden: Adoption, Patchwork, Pflegekind- oder Pat:innenschaften zum Beispiel. So vielfältig diese Modelle sind, so vielfältig sind auch die rechtlichen und gesellschaftlichen Hürden für Menschen, die sie leben oder leben wollen. Die Zahl derjenigen, die ein Kind adoptieren möchten, liegt deutlich höher als die Zahl der Kinder, die zur Adoption freigegeben werden. Adoptionsmöglichkeiten für queere Paare gibt es in Deutschland erst seit 2017.[429] Und als Single-Frau über vierzig ein Kind zu adoptieren ist bisher praktisch ausgeschlossen. Bei Mehrelternschaften etwa bei einem schwulen Paar und einer biologischen Mutter oder einem lesbischen Paar und einem biologischen Vater wird eine Person juristisch nicht als Elternteil anerkannt.

Auch wenn die Ampel-Koalition hier Änderungen in Aussicht stellt – rechtlich hinkt Deutschland der gesellschaftlichen Entwicklung weit hinterher. De facto bedeutet Familie längst nicht mehr nur Vater-Mutter-Kind. Kategorien von Elternschaft werden mittlerweile auch sozial hergeleitet, wenngleich mit gewissen juristischen Hürden: Familie ist, wer Familie sein will.

Dieses Kapitel diskutiert allerdings Fragen, die die körperliche Reproduktionsfähigkeit von Menschen betreffen. Man mag dabei kritisieren, dass der Wunsch, genetisch eigene – und gesunde – Kinder zu bekommen, durch die Technologien wohl gewachsen ist. Zugleich ist es möglich, sich die Technologien in gewissem Maß auch politisch anzueignen: Je mehr Familien jenseits des Vater-Mutter-Kind-Modells leben, desto mehr wird dessen gesellschaftliche Vormachtstellung bröckeln.

IVF und ICSI sind in Deutschland längst keine Seltenheit mehr. Jährlich sind es derzeit etwa 65 000 Zyklen mit frisch entnommenen Eizellen und 15 600 Geburten, die durch diese Form assistierter Reproduktion entstehen.[430] Dabei gilt für diese wie für alle anderen Reproduktionstechnologien: In der Anwendung sind sie teuer. Eine IVF kostet rund 3 000, eine ICSI 4 500 Euro pro Zyklus.[431] Dazu kommen Kosten für Medikamente. Bis tatsächlich ein Kind geboren wird, kann sich das auf mehrere zehntausend Euro summieren. Für einige Behandlungen reisen Menschen mit Kinderwunsch ins Ausland, weil sie in ihrem Heimatland verboten sind. Wer sich den Kinderwunsch mithilfe moderner Medizin erfüllen lassen will, braucht also Geldreserven – oder finanzielle Unterstützung. Die Frage, wer diese staatlicherseits bekommt, ist eng verknüpft mit gesellschaftlichen und politischen Vorstellungen davon, wie Familie auszusehen hat.

Das beginnt bei der Definition von ungewollter Kinderlosigkeit als Krankheit oder als Privatproblem. Der WHO gilt Unfruchtbarkeit seit 1967 als Krankheit,[432] doch eine Empfehlung, ob deswegen Kinderwunschbehandlungen anzubieten seien oder nicht, will sie davon nicht ableiten. Davon hängt allerdings viel ab. Mit Blick auf eine Kostenübernahme durch Krankenkassen stellt sich die Frage, ob es um medizinische Behandlungen »zur Therapie einer Krankheit« geht – oder um ein »Angebot der sogenannten wunscherfüllenden Medizin«,[433] für das Menschen selbst aufkommen müssen. In Deutschland betont der Gesetzgeber, dass ungewollte Kinderlosigkeit keine Krankheit sei und eine Kinderwunschbehandlung somit keine »Krankenbehandlung«.[434]

Zweifellos kann ungewollte Kinderlosigkeit zu großen psychischen Belastungen führen, die in manchen Fällen krank machen können. Die grundsätzliche Definition von ungewollter Kinderlosigkeit als Krankheit hält allerdings gleich mehrere Fallstricke bereit, denn sie kann die Idee zementieren, Kinder zu gebären sei eine notwendige Bedingung für ein erfülltes Frauenleben. Zu viele erfolglose Versuche, durch künstliche Befruchtung schwanger zu werden, können außerdem selbst eine enorme psychische Belastung bedeuten, also wiederum krank machen. Tatsächlich sind die Versprechen der Branche trügerisch: Die Erfolgsaussichten liegen im Schnitt pro Behandlungszyklus mit frischen Eizellen nur bei knapp 24 Prozent.[435]

Darüber hinaus schließt das Kriterium der Unfruchtbarkeit innerhalb der Krankheitsdefinition all jene von finanzieller Unterstützung aus, deren unerfüllter Kinderwunsch nichts mit Störungen ihres Reproduktionsapparats zu tun hat, lesbische Frauen etwa, bei denen fruchtbare Eizellen vorhanden sind, denen aber für ein Kind das Sperma fehlt. »Die Bundesregierung hat sich zum Ziel gesetzt, ungewollt kinderlose Paare bei der Inanspruchnahme von Maßnahmen der assistierten Reproduktion finanziell zu unterstützen«,[436] so das Familienministerium. Doch offensichtlich steht in Deutschland lange der Kinderwunsch einer konkreten Gruppe im Vordergrund: jener von verheirateten heterosexuellen Paaren.

Die gesetzlichen Krankenkassen erstatten derzeit fünfzig Prozent der Kosten, wenn Samen und Eizelle des Paares selbst verwendet werden und der Mann nicht älter als fünfzig, die Frau nicht älter als vierzig Jahre ist. Die Behandlung muss zudem medizinisch indiziert sein, es muss also eine Krankheit vorliegen, wegen der das Paar ohne Behandlung kein Kind bekommen kann.[437] Bund und Länder erstatten unter bestimmten Umständen einen weiteren Teil der Kosten von IVF- und ICSI-Behandlungen auch für unverheiratete Heteropaare.[438]

Homosexuelle Paare und Frauen ohne männlichen Partner sind von der Kostenübernahme assistierter Reproduktion weitgehend ausgeschlossen. Und nicht nur das: Ob sie auf eigene Kosten behandelt werden, hängt stark vom Bundesland und den behandelnden Ärzt:innen ab. Lange hieß es in den Berufsordnungen der Landesärztekammern, die Behandlung alleinstehender oder gleichgeschlechtlich liebender Frauen sei ausgeschlossen. Zwar war diese Vorgabe nicht bindend und gilt in den meisten Bundesländern nicht mehr. Dennoch stehen, berichtet die Leiterin eines Projekts für Regenbogenfamilien, weiterhin viele Reproduktionsmediziner:innen der Behandlung lesbischer Frauen ablehnend gegenüber.[439]

Nachdem es über Jahre nur zaghafte Öffnungsschritte hin zur Teilrückzahlung auch für lesbische Frauen gab, verspricht die Ampel-Koalition im Herbst 2021 »diskriminierungsfreie« Kostenerstattung bei künstlicher Befruchtung.[440] In elf europäischen Ländern steht assistierte Reproduktion bereits allen Frauen offen, in Belgien schon seit mehr als zehn Jahren.[441] In Frankreich hat die Nationalversammlung im Juli 2021 die künstliche Befruchtung auf Kosten der öffentlichen Krankenversicherung auch für lesbische und Single-Frauen geöffnet. Konservative Kräfte versuchten das französische Gesetz bis zuletzt erfolglos zu verhindern.[442]

Den Kinderwunsch zu fördern und Menschen bei seiner Finanzierung zu unterstützen, kann für Staaten durchaus von bevölkerungspolitischem Interesse sein. Kinder werden heute gesellschaftlich und politisch eingefordert. Es ist jedoch nicht Aufgabe des Staates, zu entscheiden, wessen Elternschaft gewünscht ist und wessen nicht. Das passiert aber, wenn sexuelle Orientierung und Ehe zu diskriminierenden Kriterien für Unterstützung werden: Veraltete Moralvorstellungen spiegeln sich darin, dass Technologien nur das ersetzen sollen, »was auch ›normalerweise‹ möglich ist, aber nichts ›Unnatürliches‹ darüber hinaus«,[443] sagt die Journalistin Antje Schrupp.

Die jahrelange Diskriminierung in der Förderung künstlicher Befruchtung ist nicht nur Ausdruck dessen, dass gesellschaftlich bis heute eine Familienform über den anderen steht, sondern hat dazu aktiv beigetragen. Die heterosexuelle Kleinfamilie mit abgelegtem Gelübde ist die ranghöchste in der Bewertung, die feste Heteropaarbeziehung außerhalb der Ehe kommt gleich danach. Homosexuelle Paare, ob nun verheiratet oder nicht, stehen am unteren Ende der Leiter – genau wie Singlefrauen, ob mit oder ohne Kind.

Eizellen im Gefrierfach

2014 machen die Unternehmen Apple und Facebook Schlagzeilen, weil sie ihren Mitarbeiterinnen das Einfrieren ihrer Eizellen finanzieren.[444] Die Botschaft: Bei uns müsst ihr euch nicht zwischen Familie und Karriere entscheiden, sondern könnt die Familienplanung entspannt ein paar Jahre aufschieben. »Social Freezing« wird die Technologie des Einfrierens genannt, das erst seit 2012 nicht mehr als experimenteller Prozess betrachtet wird. Durch Einnahme von Hormonen reifen mehrere Eizellen im Körper einer Frau, werden unter Vollnarkose vaginal entnommen und in flüssigem Stickstoff tiefgefroren. Später können sie aufgetaut, befruchtet und eingesetzt werden. »Social« steht dabei im Gegensatz zu »medical«: Zunächst wurde die Technologie vor allem bei Frauen angewendet, die ihre Eizellen einfroren, um zum Beispiel nach einer Chemotherapie noch Kinder bekommen zu können.

Der Vorstoß der Unternehmen führt zu aufgeregten Debatten. Wie sozial dieser Prozess wirklich ist – ob ein Zugewinn weiblicher Selbstbestimmung oder eine weitere Optimierung von Frauenkörpern im Kapitalismus –, ist umstritten. Für Frauen, die einen Kinderwunsch haben, kann es ein Gewinn sein, nicht ständig ihr Alter im Blick behalten zu müssen. Aber Facebook und Apple fördern die Option nicht aus Nächstenliebe, sondern aus Profitinteresse: Die Unternehmen brauchen junge Frauen, die Babypause und mögliche Teilzeitarbeit erst einmal hintanstellen. Drängende und politisch ungelöste Themen wie Vereinbarkeit von Arbeit und Familie oder Work-Life-Balance sind aufgeschoben. Erst Karriere, dann Kinder.

Dabei ist der Erfolg der Prozedur keineswegs garantiert. Ob die Eizellen später das Auftauen überstehen und zu einer Schwangerschaft führen, lässt sich im Vorfeld nicht sicher sagen. Der Markt hat von der Arbeitskraft der Frau profitiert, der potenziell unerfüllte Kinderwunsch ist ihr Privatproblem. Insbesondere auf Frauen ist der gesellschaftliche Druck in Bezug auf die Frage enorm, ob und wann sie Kinder bekommen. Ihnen wird schnell der Vorwurf gemacht, sie würden das Kinderkriegen perfekt in den Lebenslauf einpassen wollen: »Familienplanung wird im Modus der Karriereplanung vorgenommen – das Kind ein weiteres ›biographisches Projekt‹«.[445]

Eine Gesellschaft sollte politische Rahmenbedingungen für Reproduktionstechnologien diskutieren, und Politik sollte dafür sorgen, dass diese Entscheidung frei ist von Diskriminierung. Aber ob Frauen Kinder jetzt, später oder gar nicht wollen, darüber steht niemandem ein moralisches Urteil zu.

Die globale Reproduktionsindustrie

»Du kannst zu einer Eizellbank nach Neu-Delhi reisen, um mit einer Spenderin gematcht zu werden, die aus der Ukraine, Südafrika oder sonst woher kommt. Dein Sperma wird dazu genutzt, die Eizelle zu befruchten. Der Embryo wird nach Laos geflogen, wo er einer Frau aus Mexiko eingesetzt wird, aus Kambodscha oder Thailand. Die Frau wird die Schwangerschaft über in einem Schlafsaal in der Nähe der Fruchtbarkeitsklinik leben. Wenn sie das Kind zur Welt bringt, nimmst du es in Empfang und kehrst in deine Heimat zurück.« So beschreibt die aus Indien stammende feministische Soziologin Amrita Pande den Reproduktionsmarkt.[446]

Das Geschäft mit reproduktionstechnologischen Möglichkeiten findet heute im globalen Maßstab statt. Grund dafür sind Geld und Gesetze: Die Rechtslage in den einzelnen Ländern ist sehr verschieden, die Praktiken sind privatisiert und zum Teil stark dereguliert, entsprechend unterschiedlich sind die Preise. Als große und liberale Märkte für Eizellen gelten in Europa Spanien oder Tschechien, als Märkte für Leihmutterschaft die USA oder die Ukraine.

Den eigenen Kinderwunsch mittels Eizellspende oder Leihmutterschaft umzusetzen ist teuer. Die Reproduktionsindustrie, also jener Sektor der Medizin, der Kinderwunschkliniken oder -messen umfasst, macht einen geschätzten jährlichen Umsatz von 12 bis 25 Milliarden US-Dollar.[447] Im Vergleich mit den 889 Milliarden, die 2018 die 100 größten Autozulieferer weltweit umsetzten, ist das zwar wenig – doch die Branche wächst rasant. 2014 steigt die Nachfrage nach Eizellspenden allein in Europa innerhalb eines Jahres um vierzig Prozent.

Sprachlich wird dabei oft verschleiert, worum es geht: Weder sind Samen- oder Eizellspenden in der Regel Spenden, also Gaben ohne Gegenleistung, noch »leiht« eine Leihmutter etwas. Im Gegenteil: Sie bietet eine Dienstleistung an. Ein Großteil des Geldes landet jedoch in vielen Ländern nicht bei den Frauen, sondern bei den Unternehmen. So kann es sein, dass Bestell-Eltern für ein von einer ukrainischen Leihmutter ausgetragenes Kind mehr als 20 000 Euro zahlen, die Leihmutter davon aber gerade mal 1000 Euro Lohn bekommt.[448]

Begriffe wie »Leihmutterschaft« docken dabei an die Vorstellung an, dass Frauen aus Liebe handeln, weshalb ihre Tätigkeiten nicht entsprechend entlohnt werden müssen. Berufe in Kita und Pflege etwa, die mit Fürsorge zusammenhängen, sind nicht umsonst weiblich dominierte und chronisch unterbezahlte Branchen. Die beiden australischen Feministinnen Melinda Cooper und Catherine Waldby erweitern deswegen den Begriff der Reproduktionsarbeit, wie er von feministischen Theoretiker:innen in den 1980er Jahren entwickelt wurde.[449] »Im 21. Jahrhundert«, schreiben sie, »sind nicht nur Haus- und Pflegearbeiten, sondern auch reproduktionsmedizinische Arbeiten zum Bestandteil von Wertproduktion geworden.«[450] Schließlich würden zum Beispiel Eizellen kaum gespendet, sondern global und warenförmig nachgefragt, bezahlt und eingekauft.

In Deutschland sind Eizellabgaben verboten. Mediziner:innen schätzen, dass jährlich eine hohe vierstellige Zahl deutscher Frauen deswegen ins Ausland fährt, um auf diese Art und Weise ein Kind zu bekommen.[451] Wie viele es genau sind, wird statistisch nicht erfasst. Europaweite Zahlen aber gibt es: 2016 wurden 65 000-mal genetisch fremde Eizellen in die Gebärmutter einer anderen Frau eingesetzt. Die Kundinnen sind vor allem Frauen, die nicht (mehr) mit eigenen Eizellen schwanger werden können, aber auch lesbische Paare, bei der die entnommene Eizelle der einen befruchtet und der anderen eingesetzt wird.

Sechs Jahre nach der Geburt von Louise Brown kommt es 1984 in Australien zum ersten Mal zu einer geglückten Geburt nach einer Eizellspende.[452] Seitdem hat sich die Praxis stark verbreitet. Deutschland steht mit seinem Verbot neben Liechtenstein, Luxemburg und der Schweiz in Europa heute weitgehend allein da: In allen anderen EU-Ländern und in den USA ist Eizellspende erlaubt. Die Gesetzeslagen unterscheiden sich zum Teil deutlich, ebenso die Rechte und Bezahlung der Geberinnen. Auf dem deregulierten Markt der USA verdienen Eizellspenderinnen zum Teil mehrere tausend Dollar, in der Ukraine hingegen nur ein Grundhonorar von 700 Euro und maximal 200 Euro als Zusatzleistung. Grundsätzlich steht die Möglichkeit, Spenderin zu werden, nicht allen Frauen offen: Sie müssen körperlich gesund und etwa zwischen 18 und 35 Jahren alt sein. In der Ukraine ist Eizellspende nur bis zum Alter von 30 möglich, in Teilen Kaliforniens wird 27 als Altersgrenze präferiert.[453]

Beim sogenannten Matching, also dem Zusammenbringen von Wunschmutter und Eizellgeberin, geht es oft um körperliche Ähnlichkeit. Auf der Webseite des US-Unternehmens MyEggBank können Interessierte zwischen »afroamerikanisch«, »kaukasisch«, »arabisch« wählen, dazu noch ein »Erbe«, etwa »jüdisch«, »schottisch« oder »somalisch«. Sie können Größe, Augen- und Haarfarbe und Blutgruppe wählen und sogar den Bildungsgrad der Spenderin.[454] Diese Bandbreite bedeutet nicht, dass Frauen gleich welcher Herkunft als Spenderinnen für die Unternehmen gleich wertvoll sind. In den USA richtet sich die Bezahlung nicht nur nach normschönen Körpern, sondern auch nach Exzellenzkriterien: »Die begehrten Eizellen einer Harvard-Absolventin kosten beispielsweise mehr als jene einer Frau mit einem Highschool-Abschluss«.[455] Auf diese Weise werden körperliche Normen und Schönheitsideale fortgeschrieben.

In Südafrika wiederum sind es vor allem junge *weiße* Frauen, die ihre Eizellen weltweit verkaufen. »Wenn Sie sich die globale Industrie ansehen, besteht Nachfrage nur nach weißen Spenderinnen. Es gibt keine Nachfrage für schwarze südafrikanische Frauen, und das vor allem deshalb, weil es kaum schwarze Wunsch-Eltern gibt. ›Racial hierarchy‹ ist stark in der globalen Fruchtbarkeitsindustrie«, sagt Amrita Pande.[456] Andreas Bernard bezeichnet diesen nach *race* und *class* strukturierten Prozess als »Biokolonialismus«.[457] Auch in Spanien werben Kliniken gezielt um Spenderinnen unter »Migrantinnen aus Russland, Rumänien oder anderen osteuropäischen Ländern«.[458] Die wichtigste Kund:innenschaft ist *weiß*, kommt primär aus »nord-, mittel- und westeuropäischen Ländern wie Großbritannien, den Niederlanden, Deutschland oder Skandinavien« und wünscht sich ein Kind mit einem ihnen ähnlichen phänotypischen Erscheinungsbild.[459]

Dass Reproduktionstechnologien bevölkerungspolitische Annahmen, die über Jahrhunderte gewachsen sind, kapitalistisch aufladen und in Wert setzen, ist kein Alleinstellungsmerkmal der Eizellspende, sondern gilt genauso für die selten hinterfragte Samenspende. Zwar sind die Auswahloptionen für deutsche Samenspender verhältnismäßig gering: Die Cryobank München etwa gibt an, dass sie beim Matchen von Spendern und Wunsch-Eltern vor allem auf »eine größtmögliche optische Ähnlichkeit« und die passende Blutgruppe achte. Außerdem würden »Bildungsstand und Veranlagungen« berücksichtigt.[460] Die zum Teil global agierenden Samenbanken jedoch, deren Angebote vielfach auch in Deutschland erhältlich sind, präsentieren zumeist deutlich mehr Auswahlkriterien.

Doch gemessen wird an dieser Stelle mit zweierlei Maß: Anders als Samenspenden sind Eizellspenden in Deutschland wie beschrieben verboten. Grund dafür ist vor allem das Bestreben, die sogenannte »gespaltene Mutterschaft« zu vermeiden.[461] Die Sorge war, Kinder könnten Probleme mit der Identitätsentwicklung bekommen und es nicht verkraften, eine genetische Mutter zu haben sowie eine weitere, die sie geboren hat. Das scheint für die Gesetzgeber:innen nur bei Müttern ein Problem zu sein: Gespaltene Vaterschaft ist kein Grund, die Samenspende zu verbieten, obwohl es hier gleichfalls oft einen genetischen Vater gibt und einen, der die soziale Rolle übernimmt. Metastudien zeigen zudem, dass die psychosoziale Entwicklung von Kindern aus Eizellspenden mit der anderer Kinder vergleichbar ist.[462]

Nach und nach kommt die Debatte um eine Legalisierung der Eizellspende auch in Deutschland in Gang – nicht zuletzt, weil das Verbot durch Reisen nach Tschechien, Spanien oder Dänemark für diejenigen recht einfach zu umgehen ist, die Zugriff auf Informationen und finanzielle Ressourcen haben. Laut Umfragen ist die Eizellspende unter ungewollt Kinderlosen für 13 Prozent der Frauen und 18 Prozent der Männer in Deutschland denkbar.[463] Ob Eizellspenden legalisiert werden sollen, darüber herrscht keine Einigkeit. Die Nationale Akademie der Wissenschaften Leopoldina und die Union der deutschen Akademien der Wissenschaften forderten schon 2019 eine Legalisierung der nicht-kommerziellen Eizellspende.[464] Auch die Bundesärztekammer sprach sich dafür aus. Die FDP setzte 2021 eine Kommission durch, die die Legalisierung der Eizellspende prüfen soll.

Kritik an einer Legalisierung kommt von einer ungewöhnlichen Allianz sowohl aus konservativer, teils »lebensschutz«naher Ecke als auch aus feministischen Kreisen. Embryonen würden zum »Konsumgut«,[465] heißt es etwa aus der CDU, während die Linksfraktion auf den Gesundheitsschutz der potenziellen Spenderinnen pocht. Die feministische Szene spricht hier keineswegs mit einer Stimme. Der Arbeitskreis Frauengesundheit räumt ein, es gebe »keine einheitliche Position« im Verein.[466] Mehrere Landesverbände der Pro Familia, darunter NRW und Baden-Württemberg, befürworten die regulierte Legalisierung. Das Feministische FrauenGesundheitszentrum FFGZ, das Gen-ethische Netzwerk und ein Netzwerk feministischer Wissenschaftlerinnen[467] lehnen die Legalisierung wiederum ab, vor allem wegen des Zugriffs auf den Körper und des medizinischen Risikos, dem die Spenderin durch Hormonbehandlung und Narkose ausgesetzt ist.[468] Derzeit liegt das Risiko für ein sogenanntes Überstimulationssyndrom bei Eizellentnahmen bei

0,5 Prozent, für schwere Komplikationen bei 0,4 Prozent.[469] Das Risiko ist also gering und Befürworterinnen zufolge »gut kontrollierbar«[470] – aber vorhanden.

Die einen argumentieren, die körperliche und psychische Integrität von Spenderinnen würde bei Eizellabgaben generell verletzt und Frauen würden durch die Praxis ausgebeutet. Die anderen argumentieren, »informed consent« befähige Frauen, eigenständige Entscheidungen zu treffen – sofern im Kapitalismus überhaupt möglich – und ein gewisses Risiko in Kauf zu nehmen, um eine Arbeit zu praktizieren, für die sie eine mehr oder minder hohe Entlohnung bekommen. Ein Verbot hingegen beschränke sie in ihrer Wahlmöglichkeit: »Hat etwa die Frau, die die Toilette im Bahnhof reinigt, wirklich eine Alternative?«[471]

In regulierten Grenzen ist es ähnlich wie bei der Diskussion um Sexarbeit durchaus denkbar, weitgehend selbstbestimmt die Entscheidung zu treffen, die eigenen Eizellen abzugeben. Frauen sind in der Lage, die Risiken einer Spende abzuwägen. Auch der Umstand der Ausbeutung ist nicht pauschal gegeben, zumindest nicht in größerem Maß als bei vielen anderen Tätigkeiten. Im Gegenteil: Frauen grundsätzlich die Selbstbestimmung abzusprechen bevormundet sie in Bezug auf ihre eigenen Körper. Eine Reform des Gesetzes müsste allerdings vor allem die Rolle und Gesundheit der abgebenden Frau berücksichtigen. Die reproduktiven Rechte derjenigen, die die Eizellen anderen überlässt, müssen in jedem Fall einen höheren Stellenwert bekommen als die Wünsche derjenigen, die die »Spende« in Empfang nimmt.

Das hoffnungslos veraltete Embryonenschutzgesetz

Geregelt ist das Verbot von Eizellspenden im Embryonenschutzgesetz. Es trat 1991 in Kraft, ist also mehr als dreißig Jahre alt und angesichts der rasanten Entwicklung der Technologien hoffnungslos veraltet. Eine Debatte darüber, wie eine moderne und gleichzeitig ethisch vertretbare

Anwendung von Reproduktionstechnologien aussehen könnte, kommt bislang trotzdem nicht recht in Gang. Zu groß sind die Sorgen sowohl konservativer als auch progressiver Kräfte in der Politik, den Status quo in die eine oder andere Richtung zu verschlechtern.

Das damals angestrebte Ziel war, die »missbräuchliche Anwendung von Fortpflanzungstechniken«[472] zu verhindern, das Experimentieren also mit menschlichem Leben sowie dessen Selektion. Als menschliches Leben gilt dem Gesetz analog zur Lehre der Kirchen das frühestmögliche Entwicklungsstadium eines Embryos: die Eizelle, sobald sie mit der Samenzelle verschmolzen ist. Nach kontroversen Debatten ist etwa Präimplantationsdiagnostik, also das Untersuchen des Embryos, bevor er in die Gebärmutter eingesetzt wird, auch aus historischen Gründen nur in eng definierten Grenzen zulässig und deutlich stärker reguliert als zum Beispiel in den USA.

Neben der Eizellspende sind zudem weitgehende Verbote sehr vieler Technologien im Gesetz enthalten, zum Teil aus Gründen des »Lebensschutzes«.[473] Das ist schon deshalb ein Problem, weil Menschen mit Kinderwunsch heute Methoden offenstehen könnten, die weniger belastend sind als die erlaubten. So darf in Deutschland unter mehreren durch sogenannte künstliche Befruchtung entstandenen Embryonen nicht selektiert werden. In Ländern wie Schweden oder den Niederlanden gibt es mehr rechtlichen Spielraum für die Untersuchung, welcher Embryo die besten Chancen hat, und nur diesen in die Gebärmutter einzusetzen.[474]

Weil das in Deutschland nicht möglich ist, werden fast immer mehrere Embryonen in die Gebärmutter zurückgesetzt, um die Erfolgschancen zu erhöhen. Deshalb sind hier rund zwanzig Prozent aller Schwangerschaften nach künstlicher Befruchtung Mehrlingsschwangerschaften.[475] Das bedeutet eine Mehrbelastung auf vielen Ebenen, ob nun finanziell oder mit Blick auf die damit verbundene emotionale oder Sorgearbeit. Nicht zuletzt sind Mehrlingsschwangerschaften risikoreicher als solche mit nur einem Embryo. Die Gefahr einer Frühgeburt ist deutlich erhöht.[476] Abermals und wie beim Schwangerschaftsabbruch wird in diesem Gesetz der sogenannte Lebensschutz über die Gesundheit von Frauen gestellt.

Die Ampel-Koalition verspricht, die Auswahl einzelner Embryonen künftig zu ermöglichen.[477] In anderen Ländern ist die Praxis schon jetzt liberaler. »In Skandinavien werden alle Eizellen befruchtet und alle weiter beobachtet. Dann wird zumeist nur ein Embryo, [...] der mit den besten Chancen, dass er sich einnisten kann, zurückgesetzt«, sagt Annika Ludwig, Fachärztin und Mitglied der Kommission der Leopoldina.[478] Die übrigen Embryonen werden üblicherweise eingefroren.

Die Bundesärztekammer forderte 2020 die Reform des Embryonenschutzgesetzes und ein Ende der bisherigen Praxis, zudem eine Legalisierung der nicht-kommerziellen Eizellspende und vor allem die Klärung vieler rechtlicher Grauzonen in der Reproduktionsmedizin. Viele Prämissen, die dem alten Gesetz zugrunde liegen, seien heute »durch aktuelle medizinisch-wissenschaftliche Erkenntnisse überholt«.[479] Eine Legalisierung der Eizellabgabe sei im Sinne der »Fortpflanzungsfreiheit der beteiligten (Wunsch-)Eltern«, entspreche aber auch dem »Recht des Kindes auf Kenntnis der eigenen Abstammung«.[480]

Seit 1989 regelt die UN-Kinderrechtskonvention, dass Kinder ein Recht darauf haben, ihre Eltern zu kennen.[481] Erst 2018 aber tritt in Deutschland das Samenspenderregistergesetz in Kraft. Seither werden die Daten von Samenspendern beim Bundesinstitut für Arzneimittel und Medizinprodukte gespeichert. Spenderkinder können dort ab dem Alter von 16 Jahren einen Antrag auf Einsicht stellen.[482] Durch eine Eizellspende gezeugte Kinder haben diese Möglichkeit in den meisten Fällen nicht, weil die Befruchtung aufgrund der deutschen Restriktionen im Ausland stattfindet und viele dortige Gesetze den Spenderinnen Anonymität garantieren.

Die Widersprüche von Leihmutterschaft

»Wir erfüllen Ihre Wünsche in Kalifornien«, prangt es groß auf Deutsch auf der Webseite einer US-amerikanischen Reproduktionsklinik. »Sie suchen eine Leihmutter? Dann sind Sie bei uns in Los Angeles genau richtig!«[483]

Leihmutterschaft ist in Deutschland verboten, was nicht heißt, dass es keine deutschen Eltern gibt, deren Kind von einer Leihmutter ausgetragen wurde. Belastbare Zahlen dazu, wie viele deutsche Paare oder Singles ins Ausland reisen, um eine Leihmutter in Anspruch zu nehmen, gibt es keine, ebenso wenig wie verlässliche Daten über die so gezeugten Kinder oder die bevorzugten Behandlungsländer. Deutsche Auslandsvertretungen berichten jedoch über eine Zunahme der Inanspruchnahme von Leihmüttern durch deutsche Paare in den USA und der Ukraine, in Kanada, Brasilien, Großbritannien, Russland und Georgien.[484] Und das Beispiel der kalifornischen Klinik zeigt: Die Unternehmen sind auf deutsche Kundschaft eingestellt.

Bei der Leihmutterschaft werden Eizelle und Spermium zumeist per IVF oder ICSI zusammengebracht. Der Embryo wird einer Frau eingesetzt, die später nicht die soziale Mutter des Kindes sein wird. Sie muss sich vor Beginn der Schwangerschaft gesundheitlichen Untersuchungen unterziehen, körperlich wie psychisch.[485] In ihrem Uterus wächst der Fötus heran, sie wird kontinuierlich medizinisch überwacht und bringt das Kind zur Welt, um es daraufhin an die Bestell-Eltern abzugeben. Oft stammen Eizelle und Spermium von dem Paar, das das Baby später beeltern möchte. Manchmal ist aber auch nur eine:r der Partner:innen beteiligt und die Eizelle stammt von der Leihmutter selbst oder einer Spenderin.

Kommerzielle Leihmutterschaft ist heute nur in wenigen Ländern legal, in einigen davon ausschließlich für einheimische Wunscheltern. In manchen Ländern gibt es klare Regeln, in anderen vor allem Grauzonen, weil explizite Verbote fehlen. Was legal ist, inwiefern das Feld reguliert ist und wie hoch die Kosten sind, ist international sehr unterschiedlich, stetig im Wandel begriffen und unübersichtlich. Derzeit sind vor allem die Ukraine und Teile der USA legale und beliebte Ziele für heterosexuelle Bestell-Eltern aus dem Ausland. Für schwule Paare kommen bestimmte US-Bundesstaaten in Frage. Der Webseite Babygest zufolge müssen sich Bestell-Eltern in der Ukraine auf eine Summe von 56 000 bis 68 000 Dollar einstellen, in den USA auf 120 000 bis 180 000 Dollar.[486] Folglich sind es wohlhabende Menschen, die in dieser Form auf Körper von Frauen zugreifen.

Auch bei der kommerziellen Leihmutterschaft spiegeln sich die globalen Machtstrukturen: »Das Wohlstandsgefälle zwischen Nord- und Südeuropa, zwischen West- und Osteuropa sowie zwischen dem globalen Norden und Süden, aber auch innerhalb der Gesellschaften bildet die Basis für kommerzielle […] ›Leihmutterschaft‹«, schreibt ein feministisches Netzwerk in einem 2020 veröffentlichten Aufruf, der sich für die Aufrechterhaltung des Leihmutterschaftsverbots in Deutschland ausspricht.[487]

Anders als bei den meisten übrigen Reproduktionstechnologien geht der Trend auch international eher in Richtung Verschärfung als Ausweitung. In Indien etwa war kommerzielle Leihmutterschaft zwischen 2002 und 2015 legal, das Geschäft boomte. Vor allem ausländische Paare kamen, um ein Kind austragen zu lassen, denn in Indien war es deutlich günstiger als etwa in den USA. Während das Land besonders für arme Menschen aus ethnischen Minderheiten massive Sterilisationskampagnen lancierte (siehe Kapitel 1), bewarb es, so die Soziologin Pande, »Optionen assistierter Reproduktion für weiße Paare aus der Upper-Class«.[488] Als Wirtschaftszweig für Wohlhabende wurde die Praxis geradezu forciert.

2015 wird die kommerzielle Leihmutterschaft verboten. Ein Grund dafür sind Skandale, vor allem in Bezug auf die Arbeitsbedingungen der Tragemütter: »Leihmutterschaftskliniken mit übervollen Schlafsälen, Gebärstationen, die kaum Privatsphäre boten, bis hin zur mangelhaften Information der Frauen, die sich oft ahnungslos auf das Geschäft einließen und während ihrer Schwangerschaft kontrolliert und diszipliniert wurden.«[489] Seit mehreren Jahren wird ein Gesetzentwurf diskutiert, der altruistische Leihmutterschaft nur noch für heterosexuelle indische Paare erlaubt, die mehr als fünf Jahre verheiratet sind. Diese Vorlage ist umstritten, wurde immer wieder geändert und ist bis heute nicht endgültig beschlossen.

Auch Thailand verbietet 2015 Leihmutterschaft, allerdings nur für Bestell-Eltern aus dem Ausland. Fortan muss mindestens ein Wunschelternteil aus Thailand stammen. Dem Verbot voraus geht ein Fall, der eine der großen ethischen Fragen in Bezug auf Leihmutterschaft betrifft: 2014 bringt eine thailändische Leihmutter für australische Bestell-Eltern Zwillinge auf die Welt, doch das Paar nimmt nur das Mädchen Pipah mit nach Hause. Ihr Bruder Gammy hat Trisomie 21. Die Bestell-Eltern lassen ihn in Thailand, die Leihmutter behält ihn bei sich.[490]

Wird Leihmutterschaft in einem Land eingeschränkt, verlagert sie sich in ein anderes: Als Indien 2012 die Leihmutterschaft für homosexuelle ausländische Paare und Singles einschränkt, wandert dieser Zweig der Branche ins benachbarte Nepal weiter – teilweise mitsamt den Leihmüttern, die über die Grenze geschmuggelt werden.[491] Nepal und Kambodscha wiederum verbieten 2016 kommerzielle Leihmutterschaft.[492]

In einigen Ländern wird Leihmutterschaft auch in der Illegalität praktiziert. In China etwa ist sie zwar verboten, trotzdem werden dort laut *New York Times* jährlich rund 10 000 Babys von Leihmüttern geboren.[493] Bestell-Eltern und Austragende werden nicht bestraft, die Regierung drückt offenbar ein Auge zu, nicht zuletzt, weil China nach Jahren der Ein-Kind-Politik nun auf Bevölkerungswachstum setzt. Viele Eltern, die nur ein Kind bekommen haben, sind mittlerweile zu alt, um ohne Unterstützung ein zweites zu bekommen. Entsprechend hoch ist im Land die Nachfrage nach assistierter Reproduktion, darunter nach Leihmutterschaft.[494]

Gegen den Trend hat Israel 2021 die Regelungen für Leihmutterschaft weiter geöffnet. Dort ist Leihmutterschaft schon lange erlaubt, wenn die Bestell-Eltern ein Hetero-Paar oder eine Single-Frau sind, die in Israel leben, und mindestens der Samen oder die Eizelle von den Bestellenden selbst kommt. Nachdem vor allem schwule Aktivisten jahrelang dafür gekämpft haben,[495] hat das Oberste Gericht im Juli 2021 alle Restriktionen für nichtig erklärt, die gleichgeschlechtliche Paare oder alleinstehende Männer von der Inanspruchnahme einer Leihmutter ausschließen.[496]

Wie bei vielen Reproduktionstechnologien gibt es auch im Fall von Leihmutterschaft auf internationaler Ebene eine ungewöhnliche Allianz von rechten und konservativen bis hin zu linken und feministischen Positionen, die eine Legalisierung ablehnen. Abermals erklären hier die einen, menschliches Leben von Beginn an schützen zu wollen, während die anderen vor allem auf die Rechte und Gesundheit der austragenden Frauen pochen. Anders als bei der Eizellspende finden sich in Deutschland nur wenige Stimmen, die die Legalisierung fordern. Auf Druck der FDP aber soll wiederum eine Kommission erörtern, ob nicht-kommerzielle Leihmutterschaft künftig erlaubt sein soll.[497]

Im aktivistischen Umfeld ist es vor allem der Lesben- und Schwulenverband (LSVD), der eine Legalisierung fordert. Der LSVD begründet seine Forderung damit, Regenbogenfamilien als Teil der deutschen Familienlandschaft unterstützen zu wollen, weshalb er im Sinne von Zwei-Männer-Paaren die »Zulassung der altruistischen Leihmutterschaft« will.[498] Kaum ein Wort verliert der LSVD allerdings über die Rechte der Leihmütter. Es müssten »Standards für die Leihmutterschaft« definiert werden, heißt es nur vage, und dass trotz des nicht-kommerziellen Charakters ein »Auslagenersatz sowie eine Versicherung für die Risiken der Schwangerschaft und der Geburt sowie der Ausgleich eines möglichen Verdienstausfalls durch die Wunscheltern« möglich sein sollen.[499] Die Bedürfnisse der Wunscheltern so in den Vordergrund zu stellen wird aber weder den reproduktiven Rechten der potenziellen Tragemutter noch der Komplexität des Vorgangs gerecht. Was queer ist, ist nicht notwendig queerfeministisch.

Von kommerzieller Leihmutterschaft ist selbst bei den Befürworter:innen in Deutschland keine Rede. Dabei tragen Leihmütter ein Kind in den meisten Fällen nicht deswegen aus, weil sie den Wunscheltern eine Freude machen wollen, sondern aus finanziellen Gründen. Auch bei sogenannten altruistischen oder nicht-kommerziellen Samen- oder Eizellspenden oder Leihmutterschaften wird in den meisten Fällen eine Aufwandsentschädigung bezahlt. Kommerzielle Leihmutterschaft birgt die Gefahr der Ausbeutung von Frauen. Doch auch und gerade familiäre oder freundschaftliche Beziehungen können Abhängigkeiten und Ausbeutung bedingen, weshalb dieses Problem mit der vermeintlich altruistischen Variante nicht behoben ist.

Leihmütter allerdings nur als Opfer der Umstände zu sehen, versperrt den Blick darauf, dass sie sich in den Grenzen des Kapitalismus für die beste der ihnen offenstehenden Variante von Arbeit entscheiden können. Wenn Sexarbeit Arbeit ist, warum soll dann nicht auch das Abgeben von Eizellen oder das Zur-Verfügung-Stellen des eigenen Uterus Arbeit sein? Möglicherweise, weil das gesundheitliche Risiko einer neunmonatigen Schwangerschaft auch mit »informed consent« kaum zu überblicken und nur äußerst schwer in vertragliche Bedingungen zu pressen ist. »Ich habe große Zweifel, dass in kommerziellen Verhältnissen die Aufklärung über gesundheitliche Risiken sorgfältig genug erfolgt, als dass wir von einer selbstbestimmten Entscheidung sprechen könnten«, sagt die Ethik-Professorin Sigrid Graumann.[500]

Auch kommerzielle Lebendorganspenden sind aus guten Gründen verboten. Selbst hochprekäre materielle Bedingungen rechtfertigen keine massive gesundheitliche Beeinträchtigung. Die Zielrichtung des Kampfes muss vielmehr sein, die materiellen Umstände zu verbessern. Ebenso steht das Verhältnis von Selbstbestimmung und Risiken bei bezahlten Schwangerschaften zumindest in Zweifel. Denn ein Kind zur Welt zu bringen ist weder für die Schwangere noch das Kind eine sichere Angelegenheit, und auch unter optimalen Bedingungen bleiben Schwangerschaft und Geburt etwas, das Menschen nicht vollständig kontrollieren können.

Amrita Pande hält es dennoch für falsch, Frauen die Wahl dieses spezifischen Arbeitsmarktes zu versperren: »Tatsächlich schien mir während des langen Fluges von Boston nach

Indien […] der Begriff ›Baby-Farmen‹ eine überzeugende Metapher für das Geschäft mit Leihmutterschaft zu sein«, schreibt sie über den Beginn ihrer Forschung. Während der fünf Jahre, in denen sie vor Ort Leihmüttern begegnete und ihre Geschichten hörte, habe sie jedoch realisiert, »dass mein lehrbuchhaftes und eurozentristisches Verständnis von kommerzieller Leihmutterschaft vollkommen unangemessen« war.[501]

Ähnlich wie im Fall von Sexarbeit argumentiert Pande, ein Verbot verhindere das Geschäft nicht, sondern dränge es nur ins nächste Land sowie in die Illegalität. Frauen allerdings, die im Verborgenen tätig sind, seien noch verletzlicher als unter legalen Bedingungen, gesundheitlich wie rechtlich.[502] Was etwa, wenn das bestellte Kind schließlich nicht den Wünschen der Bestell-Eltern entspricht, wie im Fall der in Thailand geborenen Zwillinge Gammy und Pipah?

Mit dem Kindeswohl wiederum lässt sich vielleicht nicht für eine Legalisierung der gesamten Praxis, aber doch für einen rechtlich sicheren Status des Kindes argumentieren. Derzeit nämlich ist keineswegs sicher, dass ein im Ausland von einer Leihmutter ausgetragenes Kind im Heimatland der Bestell-Eltern als deren Kind anerkannt wird und einreisen kann. Nach deutschem Recht etwa ist die Mutter eines Kindes die Frau, die es geboren hat.

In manchen Ländern wie den USA ist es zwar möglich, die Elternschaft vor der Geburt des Kindes zu übertragen. In Indien jedoch warnt die deutsche Botschaft ausdrücklich: »Auch bei schwierigsten menschlichen Umständen besteht keine Möglichkeit für die deutschen Auslandsvertretungen in Indien, eine Einreise des Kindes nach Deutschland realistisch in Aussicht zu stellen.«[503] Letztlich entscheiden deutsche Gerichte oft im Sinne des Kindes. Ein für italienische Eltern in Moskau ausgetragener Junge aber musste ins Heim, weil der Europäische Gerichtshof für Menschenrechte das Verbot der Leihmutterschaft über das Kindeswohl stellte – eine Waise der Reproduktionstechnologie.[504]

Aus Perspektive der Leihmutter stellen sich andere, ebenfalls existenzielle Fragen: Was passiert zum Beispiel, wenn die Leihmutter entscheidet, den von ihr geborenen Menschen schließlich doch selbst betreuen zu wollen? Zu reproduktiven Rechten müsse immer gehören, »dass keine Person, die ein Kind geboren hat, daran *gehindert* werden darf, sich um dieses Kind zu kümmern«, sagt Antje Schrupp.[505]

An dieser Stelle gerät eine spezifische Problematik von Leihmutterschaft in den Blick. Denn anders als bei Samen- oder Eizellabgaben geht es hier nicht um Zellen, sondern um geborene Menschen. Es geht um eine körperliche Dienstleistung – aber auch darum, dass ein Mensch Warencharakter bekommt. Sollten Menschen wirklich bestellt werden können?

Zwar mag es auch aus feministischer Perspektive Argumente dafür geben, eine Legalisierung von Leihmutterschaft nicht von vornherein auszuschließen. Solange aber die immensen Widersprüche nicht ansatzweise so aufgelöst werden können, dass sie in einen Kompromiss münden, der die reproduktiven Rechte der Tragemutter ausreichend berücksichtigt, würde eine Legalisierung die Situation von Frauen nicht verbessern.

Dass die reproduktiven Rechte von Eizellspenderinnen und Leihmüttern in vielen Fällen international nicht durchgesetzt werden, ist ein großes Problem. Auch widersprüchliche Argumente auszutauschen hilft dabei, eine tabuisierte Praxis wie Leihmutterschaft weniger aufgeregt zu betrachten, die Beteiligten nicht pauschal zu verurteilen und die auf diesem Weg zur Welt gekommenen Kinder nicht zu stigmatisieren. Eine offenere Debatte über moderne Reproduktionstechnologien ist angesichts dessen, was längst stattfindet, überfällig.

Kapitel 5

Geburt

»Sie haben sehr viel Glück, am Leben zu sein.« Diese Worte hört die Afroamerikanerin Simone Landrum von einer Krankenschwester, nachdem sie ihren Sohn im dritten Trimester per Kaiserschnitt tot auf die Welt gebracht hat. Landrum war mit Blutungen ins Krankenhaus gekommen. Die Ärzt:innen stellten beim Fötus keinen Herzton mehr fest. Auch Landrums Leben war in Gefahr. Die Krankenschwester erzählt ihr später, es habe mehrere Bluttransfusionen gebraucht, um sie zu retten. Der Grund für den Notfall: ein viel zu hoher Blutdruck in der Schwangerschaft, das Hauptsymptom der Schwangerschaftskrankheit Präeklampsie. Dadurch hat sich die Plazenta von der Gebärmutterwand gelöst.[506]

Landrum hat überlebt und kann ihre Geschichte im *New York Times Magazine* erzählen. Doch weltweit sterben 2017 im Schnitt jeden Tag 810 Frauen im Zusammenhang mit Schwangerschaft und Geburt, die hätten leben können. Es sind Frauen, deren Tod in die Statistik »Müttersterblichkeit« der WHO eingeht. Die meisten von ihnen verlieren ihr Leben nicht in den USA, sondern in Subsahara-Afrika oder in Südasien. Allerdings sind auch und gerade Afroamerikanerinnen in den USA wie Simone Landrum betroffen – warum, wird in diesem Kapitel deutlich.

Mutterschaft ist ein Status, der mit am stärksten romantisiert wird. Gleichzeitig heißt dieser Umstand nicht, dass Politik und Gesellschaft sich entsprechend engagieren, wenn es um die Bedingungen des Gebärens geht. Wie Menschen auf die Welt kommen, wie Frauen diese existenzielle Erfahrung erleben und wie sie dabei behandelt werden – diese Fragen haben in einer patriarchalen Welt keine Priorität. Irgendwie wird das Kind schon rauskommen.

Dass eine Schwangerschaft oft ein Todesurteil bedeutet, war lange Zeit ein Fakt. Heute muss das nicht mehr sein. Besser gesagt: Es müsste nicht mehr sein. Die moderne Medizin, vor allem die Geburtshilfe, kann einen Großteil der Gefahren durch eine gute Begleitung von Schwangerschaft und Geburt abwenden. Nicht umsonst spricht die WHO bei Müttersterblichkeit von »vermeidbaren Ursachen im Zusammenhang mit Schwangerschaft und Geburt«.[507]

Müttersterblichkeit* – im Jahr 2017 steht dieser Begriff für 295 000 Tote weltweit. Zynisch betrachtet ist das schon eine gute Nachricht, denn immerhin sind das weniger Tote als je zuvor. Die Müttersterblichkeit sinkt: Von 2000 bis 2017 ist sie um fast vierzig Prozent zurückgegangen. Trotzdem ist sie noch »inakzeptabel hoch«, so die WHO. Das gilt besonders für bestimmte Regionen der Welt: 94 Prozent der Fälle von Müttersterblichkeit treten in »ressourcenarmen Umgebungen« auf. 2017 sterben allein in den afrikanischen Ländern südlich der Sahara 196 000 Frauen durch Schwangerschaft oder Geburt. Damit kommen dort 534 mütterliche Todesfälle auf 100 000 Lebendgeburten. In der EU sind es im gleichen Zeitraum sechs.[508]

Die hohe Zahl der Todesfälle zeigt die globale Ungleichheit sowie »die Lücke zwischen Arm und Reich«, sagt die WHO. Und: »Die meisten hätten verhindert werden können«.[509] Die Ursachen für diese Todesfälle sind meist Komplikationen wie starke Blutungen vor allem nach der Geburt, Infektionen im Wochenbett, hoher Blutdruck während der Schwangerschaft, Komplikationen während der Geburt, aber auch unsichere Abbrüche.

Dass Schwangerschaft und Geburt bis heute so gefährlich sein können, hat verschiedene strukturelle Ursachen. Manchmal ist das Problem, dass kein funktionierendes Gesundheitssystem existiert. Manchmal ist das Problem aber auch, dass es für bestimmte Gruppen nicht erreichbar ist,

* Müttersterblichkeit ist untrennbar verbunden mit Kindersterblichkeit. Da wir uns aber in diesem Buch mit den Körpern von Menschen beschäftigen, die schwanger werden können, klammern wir das Thema an dieser Stelle aus.

entweder weil Krankenhäuser oder andere Einrichtungen zu weit weg sind und die Infrastruktur fehlt, oder wegen anderer Barrieren, angefangen bei fehlender Information bis hin zu Diskriminierung.

Aus welchen Gründen diese fatale Situation auch immer entsteht: Sie verletzt fundamental das Recht der Betroffenen auf eine sichere Geburt. International ist dieses Recht längst verbrieft. Bei der Weltbevölkerungskonferenz der Vereinten Nationen 1994 in Kairo haben die Staaten erklärt: Alle Menschen haben das »Recht auf Zugang zu angemessenen Gesundheitsleistungen, die es Frauen ermöglichen, sicher durch Schwangerschaft und Geburt zu gehen, und welche Paaren die beste Chance geben, ein gesundes Kind zu bekommen«.[510]

Eines der Millenniumsentwicklungsziele der Vereinten Nationen war es, die Müttersterblichkeit von 1990 bis 2015 um drei Viertel zu senken. Das Ziel wurde zwar verfehlt, der Erfolg ist dennoch beträchtlich: Um 45 Prozent fiel die Rate. Gleichzeitig stieg die Zahl der Geburten, die von ausgebildetem Gesundheitspersonal begleitet wurden, deutlich an.[511] In den 2015 von den Vereinten Nationen beschlossenen Zielen für nachhaltige Entwicklung heißt es: Bis 2030 soll die globale Müttersterblichkeitsrate auf unter 70 Fälle je 100 000 Lebendgeburten gesenkt werden. Dieser Weg ist indes noch lang: 2017 starben noch immer 211 Frauen je 100 000 Geburten.[512]

Minderjährige sterben dabei ungleich häufiger an Komplikationen rund um die Schwangerschaft, ebenso Frauen, die in kurzen Abständen häufiger schwanger werden. Familienplanung könne die Müttersterblichkeit im Land um bis zu dreißig Prozent senken, sagt Nigerias Gesundheitsminister Olorunnimbe Mamora.[513] Die internationalen Akteur:innen im Kampf gegen Müttersterblichkeit sind vielfach dieselben, auf deren Agenda der Zugang zu Verhütung steht (siehe Kapitel 2): die Vereinten Nationen und verschiedene staatliche und nicht-staatliche Organisationen, darunter die Weltbank oder die International Planned Parenthood Federation.[514]

In einer weiteren Hinsicht ähneln sich der Einsatz für Familienplanung und der Kampf gegen Müttersterblichkeit: Das Gefälle zwischen der Gesundheitsversorgung in Europa und in Afrika südlich der Sahara ist kein Zufall. Die Ursprünge liegen unter anderem in der Geschichte von Kolonialisierung und Ausbeutung, von Wachstum, Wohlstand und Abschottung der einen auf Kosten der anderen. Verteilungsgerechtigkeit ist zwar das erklärte Ziel internationaler Organisationen,[515] die Fortschritte in diesem Bereich aber sind winzig. Hinzu kommt: Der Fokus mancher Akteur:innen, das Bevölkerungswachstum in bestimmten Regionen zu bremsen, wird das Problem der Müttersterblichkeit nicht lösen.[516] Frauen bekommen Kinder. Und dann brauchen sie Zugang zu adäquater gesundheitlicher Betreuung, sei es durch Ärzt:innen, Krankenschwestern oder Hebammen, inklusive des Zugangs zu Notfallmedizin. Das ist laut UN-Bevölkerungsfonds das wichtigste Instrument, um eine sichere Mutterschaft zu gewährleisten.[517]

Die sinkenden Zahlen sind zugleich Beleg dafür, dass Kritik an Programmen der Familienplanung differenziert geübt werden muss. Einige Feminist:innen lehnen solche Programme als Bevölkerungspolitik ab (siehe Kapitel 1). Doch das greift in der Pauschalität zu kurz und ignoriert die zahlreichen Leben, die in den vergangenen Jahren durch Familienplanung gerettet wurden. Und es ist zynisch jenen gegenüber, deren Frauen, Mütter, Schwestern und Freundinnen ihr Leben nicht hätten verlieren müssen.

Auch wenn es angesichts der Zahlen vordringlich scheint: Es reicht nicht, beim Thema Müttersterblichkeit über den globalen Süden zu sprechen. Wenn auch in anderem Ausmaß betrifft das Problem wie bereits erwähnt ebenso die reichen Länder des globalen Nordens. So sind die USA das Land mit der vierthöchsten Müttersterblichkeit unter den OECD-Staaten. 2018 kommen dort auf 100 000 Lebendgeburten rund 17 Frauen, die im Zusammenhang mit Schwangerschaft und Geburt sterben.[518] Dieser Wert ist fast um das Neunfache höher als in Italien und viermal so hoch wie in den Niederlanden.[519]

Vor allem sind die USA das einzige OECD-Land, in dem die Rate heute höher liegt als vor zwanzig Jahren. In nahezu allen anderen Ländern sinkt sie. Das hat verschiedene Ursachen. Der mangelnde Zugang zum Gesundheitssystem ist hier grundsätzlich ein Problem, denn es gibt keine allgemeine Krankenversicherung. Gesundheit kostet – und viele können sie sich nicht leisten. Zwar gibt es mit Medicaid ein Programm, das Menschen mit geringem Einkommen bestimmte Leistungen finanziert. Ein Kernelement des »Affordable Care Act« von 2010, auch »Obamacare« genannt, war die Ausweitung von Medicaid. Trotzdem hatten in der ersten Jahreshälfte 2020 in den USA mehr als dreißig der knapp 330 Millionen Menschen keine Krankenversicherung.[520]

Zudem haben Mütter nur in den ersten sechs Wochen nach Entbindung Anspruch auf Medicaid-Leistungen. Mehr als die Hälfte der schwangerschaftsbezogenen Todesfälle treten aber im gesamten ersten Jahr nach der Geburt auf.[521] Eine umfassende Gesundheitsversorgung für Schwangere und Mütter fehlt. Hinzu kommt, dass es in den USA einen Mangel an Ärzt:innen und vor allem Hebammen in der Geburtshilfe gibt. Auf 1000 Lebendgeburten kommen elf ärztliche Geburtshelfer:innen und gerade mal vier Hebammen. In Deutschland sind es im Vergleich dazu 27 Ärzt:innen und 30 Hebammen – obwohl auch hierzulande ein eklatanter Hebammenmangel herrscht. Als Vorzeigeland in Sachen Hebammenbetreuung gilt Großbritannien. Dort gibt es wie in den USA elf Ärzt:innen auf 1000 Lebendgeburten – aber sage und schreibe 43 Hebammen.[522] Ob eine Hebamme bei der Geburt anwesend ist, macht einen großen Unterschied.

Neben diesen Mängeln im amerikanischen Gesundheitssystem sind zwei weitere Faktoren für die hohe Müttersterblichkeit in den USA eklatant: Rassismus und Klassismus. Zwar liegt die Sterblichkeitsrate auch bei *weißen* Frauen deutlich höher als in vielen anderen Industriestaaten. Schwarze und indigene Frauen aber sind noch zwei- bis dreimal mehr gefährdet, Schwangerschaft und Geburt nicht zu überleben.[523] Im Vergleich zu *weißen* ist es bei Schwarzen Frauen unwahrscheinlicher, dass sie die Schwangerschaftsvorsorge schon im ersten Trimester beginnen. Ebenso ist es unwahrscheinlicher, dass ihnen eine adäquate Versorgung zuteil wird.[524] Medicaid-Bezieherinnen – unter denen Schwarze Frauen überproportional vertreten sind – berichten häufiger als Privatversicherte davon, keinen Wochenbettbesuch bekommen zu haben oder bereits innerhalb von zwei Monaten nach der Geburt wieder arbeiten gegangen zu sein. Mehr Schwarze als *weiße* Frauen geben an, während der Geburt zu einem Kaiserschnitt gedrängt oder generell im Krankenhaus respektlos behandelt worden zu sein.[525]

Diese Herabwürdigung kann auf rassistischen Stereotypen basieren,[526] wonach Schwarze Menschen angeblich ein anderes Schmerzempfinden hätten als *weiße* und Schwarze Frauen hysterisch seien. Stereotype wie diese können der Grund dafür sein, dass gesundheitliche Alarmsignale übersehen oder heruntergespielt werden. So hat auch Simone Landrums Stillgeburt spezifische Ursachen. Mehrfach klagt sie in der Schwangerschaft über Unwohlsein, geschwollene Körperteile und Kopfschmerzen. Die Ärzt:innen nehmen sie nicht ernst, ebenso wenig wie ihren erhöhten Blutdruck, der ein Warnsignal für Präeklampsie sein kann. Ihr Arzt rät ihr lediglich, sich hinzulegen und zu beruhigen, wenige Tage bevor sie ihre Blutungen bemerkt.[527]

Die Auswirkungen von Rassismus und Klassismus sind nicht immer klar voneinander zu trennen und zum Teil sogar eng verschränkt. Schwarze Menschen in den USA sind häufiger arm und (chronisch) krank, sterben früher und wohnen öfter in Gegenden, in denen die Gesundheitsversorgung schlechter ist. All das setze »Schwarze Frauen einem größeren Risiko für schwangerschaftsbezogene Todesfälle […] aus als weiße Frauen«, heißt es in einem Bericht des Commonwealth Fund von 2020.[528] Doch nicht nur Arme und Ungebildete sind betroffen: Zwar nimmt auch bei Schwarzen Frauen das Risiko der Müttersterblichkeit mit zunehmendem Bildungsgrad ab. Die Ungleichheit im Vergleich zu *weißen* Frauen wird aber immer größer, je höher der Bildungsgrad ist. So haben Schwarze Frauen mit Collegeabschluss ein fünfmal höheres Todesrisiko als *weiße* Frauen mit demselben Bildungsabschluss. Ihr Risiko ist sogar viel höher als das einer *weißen* Frau ohne Highschool-Abschluss.

Die sich gegenseitig überschneidenden Diskriminierungsformen[529] wirken sich körperlich aus: Schwarze Frauen sind Leidtragende von Rassismen und Klassismen, ihre Leben sind davon explizit bedroht. Eine schwerwiegende körperliche Folge von Rassismus ist, dass Betroffene dauerhaft chronischem Stress ausgesetzt sind. Wissenschaftler:innen untersuchten in verschiedenen Studien, welche gesundheitlichen Folgen das haben kann und ob Rassismus einen Anteil an der überproportionalen Sterblichkeitsrate von Babys of Color hat.

2008 stürmen 900 Beamt:innen teils mit Hubschraubern eine Fabrik in Postville, Iowa, um nach Arbeiter:innen ohne Aufenthaltsstatus zu suchen. Sie verhaften alle, die für sie wie Latinos und Latinas aussehen – mehr als ein Zehntel der Einwohner:innen Postvilles. Nur wenige haben tatsächlich keinen legalen Status. Was hier passiert, ist *Racial Profiling* auf besonders üble Weise. Die Menschen werden dabei »wie Vieh« behandelt, für viele ist das Erlebnis traumatisch.[530] Das gilt nicht nur für die akut Betroffenen: Wissenschaftler:innen stellen fest, dass in den neun Monaten nach der Razzia deutlich mehr Latinas in Iowa Babys mit einem Geburtsgewicht von unter 2500 Gramm auf die Welt bringen als im gleichen Zeitraum im Vorjahr oder in den Folgejahren.[531] Ähnliche Untersuchungen gibt es aus Kalifornien für die Babys von Müttern mit arabisch klingenden Namen in den Monaten nach 9/11.[532]

Manche Communitys nehmen sich des Problems deswegen selbst an und sorgen pragmatisch für Verbesserungen für Schwarze Schwangere. Eine solche Initiative ist der Einsatz von Doulas, die Schwangere vor, während und nach der Geburt ehrenamtlich begleiten. Doulas sind – anders als Hebammen – nicht medizinisch ausgebildet, durchlaufen aber Trainings, informieren die Schwangeren und leisten vor allem emotionalen Beistand. Untersuchungen zeigen, dass Menschen, die mit der Unterstützung einer Doula gebären, niedrigere Frühgeburtsraten haben.[533] Das liegt daran, dass Vertrauen in die geburtsbegleitenden Personen ein hohes Gut ist – Vertrauen, das Schwarze Menschen eher zu Begleitpersonen aus der eigenen Community als in ein *weiß* geprägtes Gesundheitssystem haben.[534] Ein Beispiel für diesen Aktivismus ist das Birthmark-Doulas-Kollektiv aus New Orleans. Die Doulas bezeichnen sich selbst als »birth justice organization«[535] und stehen Familien unabhängig vom Einkommen zur Seite.

Gerade in einer Situation, in der Menschen nur eingeschränkt Zugang zu adäquater Betreuung haben, werden solche Modelle für diskriminierte Gruppen wichtig, teils überlebenswichtig. Das Angebot der Doulas schließt damit eine durch eklatanten Hebammenmangel und diskriminierende Strukturen entstandene Lücke im US-amerikanischen Gesundheitssystem. Auch in Deutschland, wo eigentlich jede Schwangere Zugang zu einer von der Krankenkasse bezahlten Hebamme haben sollte,[536] werden Doulas immer präsenter. Ihre Arbeit ist wichtig – aber sie entbindet den Staat nicht von der Verantwortung, eine gründliche Versorgung in der Schwangerschaft, unter der Geburt und im Wochenbett für alle zu schaffen.

Gewalt unter der Geburt

»Aus der Geburtswanne gezerrt – Schmerzmittel verweigert – Wehentropf – Kristeller Manöver – Dammschnitt außerhalb der Wehen – Saugglocke – Nähen ohne Betäubung«. Diese Stichpunkte postet die Nutzerin Charlotte (@cosinuskurve) im November 2017 auf Twitter.[537] Für das, was ihr angetan wurde, hat die Weltgesundheitsorganisation einen Begriff geprägt: Gewalt unter der Geburt. Dazu zählen zum Beispiel »körperliche Misshandlung, tiefe Demütigung und verbale Beleidigung, aufgezwungene oder ohne ausdrückliche Einwilligung vorgenommene medizinische Eingriffe […], grobe Verletzung der Intimsphäre« oder »Verweigerung der Schmerzbehandlung«.[538]

Wie viele Gebärende in Deutschland psychische oder körperliche Gewalt unter der Geburt erfahren, ist schwer zu sagen. Belastbare Studien gibt es keine. Schätzungen sprechen mal von dreißig, mal von fünfzig Prozent. Zumindest auf der qualitativen Ebene wird es bald fundierte Erkenntnisse geben: Bis 2022 werden für das Forschungsprojekt »Gewaltwiderfahrnisse bei der Geburtshilfe« der Hochschule Fulda narrative Interviews mit Frauen geführt, »die in den letzten zwei Jahren in Deutschland ein Kind geboren haben, und denen dabei nach ihrer Wahrnehmung in der professionellen Geburtsbegleitung Gewalt widerfahren ist«.[539] Jedes Jahr am 25. November, dem Internationalen Tag gegen Gewalt an Frauen, legen Betroffene Rosen vor die Türen der Einrichtungen, in denen ihnen Gewalt unter der Geburt angetan wurde. Unter dem Hashtag #RosesRevolution teilen sie ihre Erfahrungen.

Gewalt unter der Geburt ist geschlechtsspezifische Gewalt. Das gilt für diejenigen, die sie ausüben, genauso wie für die, die andere dabei gewähren lassen. Geschlechtsspezifische Gewalt hat verschiedene Ausprägungen, alle zusammen bilden ein System. Sie ist strukturell bedingt und hängt mit der Stellung von Frauen, ihrem Wert innerhalb einer patriarchalen Gesellschaft zusammen.

Es sind nicht nur Mütter, die diese Gewalt problematisieren. So schreibt etwa die Hebamme Katja Baumgarten 2006 in der *Hebammenzeitschrift*: »Ich erinnere eine Anzahl von alptraumartigen Geburten, deren Bilder nie aus meinem Kopf verschwinden werden. Wo ich innerlich bleich wurde, mitzuerleben, dass Frauen so etwas angetan wurde«.[540] Die Initiative für eine gerechte Geburtshilfe in Deutschland nennt Beispiele: Festhalten, die fehlende Wahl der Geburtsposition, medizinisch unnötige Untersuchungen zum Beispiel am Muttermund, medizinisch nicht notwendige Dammschnitte oder gar Kaiserschnitte, die gegen den Willen der Schwangeren geschehen, Anschreien, Beleidigungen oder psychischer Druck durch Aussagen wie: »Wenn Sie jetzt nicht mitarbeiten, dann stirbt Ihr Baby!«[541] Betroffene sprächen in Bezug auf das Erlebte häufig von einer »Vergewaltigung«, schreibt die Hebamme Tara Franke.[542] Diese extreme Wortwahl ist umstritten. Fest steht jedoch: Gerade in einem Moment, in dem eine Frau besonders verletzlich ist, trifft sie Gewalt auf mehreren Ebenen, wie Franke sagt: »Körper, Seele, Emotionen, Beziehungen und Sexualität«.[543] Besonders Frauen, die in ihrem Leben schon sexualisierte Gewalt oder Missbrauch erlebt haben, können durch Gewalt unter der Geburt retraumatisiert werden.[544]

Man könnte meinen, ein so elementares und existenzielles Ereignis wie eine Geburt sollte so umsorgend und selbstbestimmt wie möglich stattfinden. Stattdessen sehen Frauen manchmal während der Geburt nur ein Viertel der Zeit überhaupt eine Hebamme, sie werden bevormundet, teils gewaltvoll hingelegt, aufgeschnitten, ruhiggestellt. Das ist ein Armutszeugnis in Sachen Geschlechtergerechtigkeit.

All das ist historisch gewachsen: Jahrhundertelang hatten Frauen überhaupt keine Wahl, auf welche Weise sie diese Erfahrung machen wollten, ihre Bedürfnisse wurden nicht beachtet. Das prägt den heutigen Blick auf und das Denken über die Geburtshilfe. Natürlich wären Geburten anders vorstellbar. Alle Frauen, betont die Weltgesundheitsorganisation, haben das Recht auf eine »würdevolle« und »wertschätzende« Behandlung unter der Geburt.[545] Die Initiative für eine gerechte Geburtshilfe in Deutschland fordert eine Betreuung durch eine Hebamme schon ab den ersten Schwangerschaftswochen und eine Eins-zu-Eins-Betreuung unter der Geburt, die Sicherstellung und Förderung einer interventionsarmen Geburt, das Recht auf ein Gespräch mit den Mediziner:innen nach der Geburt und »das Recht auf Unversehrtheit«.[546] Für all das unverzichtbar sind Ärzt:innen und Hebammen, die ausreichend Zeit haben, um der Gebärenden respektvoll zu begegnen. Doch daran mangelt es oft. Schuld ist eine Politik, die die Rentabilität zur entscheidenden Messlatte des Krankenhausbetriebs gemacht hat.

Auf Kosten der Gebärenden …

Üblicherweise kommen Menschen ins Krankenhaus, die eine Krankheit haben und eine Behandlung brauchen. Eine Schwangere aber ist nicht krank. Im Idealfall läuft ihre Geburt komplikationslos, ohne Notwendigkeit für ärztliche Interventionen. Was die Frau aber braucht, ist Zeit für sich und das, was ihr Körper macht, und Zeit, in der Ärzt:innen und Hebammen sie informieren, ihr zur Seite stehen und ihr Sicherheit geben.

Eine Geburt kann viele Stunden dauern, ohne dass das aus medizinischer Sicht problematisch wäre. Aber in den Krankenhäusern fehlt es je nach Region mal mehr, mal weniger an Betten, Hebammen und Kreißsälen. Krankenhäuser sollen heute funktionieren wie ein Wirtschaftsunternehmen: Sie sollen sich rechnen. Für Geburten ist das ein Problem, denn sie werden pauschal vergütet. Ob die werdende Mutter nun 3 oder 13 Stunden Wehen hat – für eine komplikationslose vaginale Geburt, begleitet durch eine angestellte Hebamme, zahlt die Krankenkasse dem Krankenhaus rund 1900 Euro. Bei einem geplanten Kaiserschnitt, der in der Regel nur eine Stunde dauert, sind es zwischen 2 900 und 3 400 Euro.[547]

Auch wenn gleichzeitig Kaiserschnitte das Krankenhaus mehr kosten, seien geplante Kaiserschnitte attraktiv für Kliniken, schlussfolgern die Autor:innen eines Gutachtens für die Bertelsmann Stiftung 2012.[548] Und zwar weil sie sich »besser als vaginale Entbindungen in die organisatorischen Abläufe einer Klinik einbinden«[549] lassen. Ein Kaiserschnitt geht schneller, der Kreißsaal ist kürzer belegt. Deutschland hat eine sehr hohe Kaiserschnittrate. Rund ein Drittel aller Geburten werden auf diese Weise durchgeführt.[550] Die WHO empfahl lange Zeit einen Anteil von 10 bis 15 Prozent. Seit 2015 heißt es, ausschlaggebend sei nicht die Rate, sondern dass »Kaiserschnitte nur dann durchgeführt werden sollten, wenn sie medizinisch notwendig seien«.[551]

Die politischen Entscheidungen aber haben das Gesundheitssystem auf Effizienz und Sparsamkeit getrimmt. Darüber hinaus spielt die Angst vor Schadensersatzklagen bei der hohen Zahl von Kaiserschnitten eine Rolle. Geht unter der Geburt etwas schief, weil das medizinische oder pflegende Personal einen Fehler gemacht hat, wird es teuer. Das kann schnell Millionen kosten: »Die Zahl der Schäden ist in der Geburtshilfe am geringsten, sie liegt im Promillebereich. Aber Geburtsschäden sind die teuersten«, sagt eine Expertin 2014 der *Frankfurter Allgemeinen Zeitung*.[552] Also agieren Geburtshelfer:innen zunehmend defensiv. Das heißt, sie unternehmen alles, um nicht verklagt werden zu können. Dazu gehört, dass vielen Schwangeren bei bestimmten Konstellationen – zum Beispiel Mehrlingsgeburten oder Beckenendlagen – von vornherein zu einem Kaiserschnitt geraten wird. Dadurch geht nach und nach das entsprechende Können an den Kliniken verloren, wodurch der Kaiserschnitt immer selbstverständlicher wird.

Die Angst, verklagt zu werden, zeigt sich nicht nur beim Thema Kaiserschnitt. Vielmehr durchdringt sie die gesamte Betreuung der Schwangeren über Monate hinweg, besonders ab dem Moment, an dem sie sich mit Wehen ins Krankenhaus begibt. Oft geht es um die Frage, ob ein Risiko früher hätte erkannt werden müssen. »Wenn ich Angst habe, dass mir später ein fehlender Befund angelastet wird, werde ich in der Vorsorge immer alles untersuchen«, zitiert der *Spiegel* einen Arzt. Das führe zu unnötigen Tests, Ultraschall- und CTG-Untersuchungen, die mitunter für die Schwangere belastend sind und die ihr bei einer komplikationslosen Schwangerschaft und Geburt eigentlich nicht zugemutet werden müssten.[553]

Die Frage, wie Frauen gebären, sollte einzig und allein davon abhängen, was für ihre Gesundheit und die ihrer Kinder das Beste ist – nicht von ökonomischen oder planerischen Kalkulationen eines Krankenhauses. Von finanziellen Aspekten abhängen sollte auch nicht der Umstand, ob Frauen überhaupt eine medizinische Versorgung während der Geburt erreichen können. Die Zahl der geburtshilflichen Stationen in deutschen Krankenhäusern aber ist zwischen 1991 und 2018 von 1186 auf 655 zurückgegangen, hat sich also fast halbiert. Auf den Inseln Sylt und Föhr gibt es überhaupt keine Geburtshilfe mehr, Schwangere müssen sich zwei Wochen vor dem Entbindungstermin aufs Festland begeben.[554] Eine Schwangere bekam ihr Baby Anfang 2020 ohne ärztliche Betreuung, weil die Wehen zu früh eingesetzt hatten und sie es nicht mehr aufs Festland geschafft hatte.[555]

Während in bestimmten Regionen der Kreißsaal in immer weitere Entfernung rückt, häufen sich in den Ballungsgebieten die Geburten in den Krankenhäusern – mit ebenso negativen Auswirkungen für Schwangere: Jede dritte für ein Gutachten befragte Geburtsklinik musste 2018 »mindestens einmal eine Schwangere mit Wehen wegen Personal- oder Raummangels abweisen«.[556] Keine schwangere Person sollte kurz vor der Geburt mit Wehen von einem Krankenhaus weggeschickt werden oder Gefahr laufen, ein solch existenzielles Ereignis ohne medizinische Begleitung durchstehen zu müssen. Dass auf Kosten ihrer Gesundheit gehandelt wird, ist erschütternd – nicht nur, aber besonders in einem der reichsten Länder der Welt.

... und auf Kosten der Hebammen

»Die Hebamme rief mir im Vorbeigehen an der Zimmertür zu: ›Das haben Sie sich vermutlich anders vorgestellt. Eingeleitete Wehen sind schmerzhafter‹«, schreibt die Autorin Teresa Bücker über ihre Geburtserfahrung in einem Krankenhaus. »Sie hatte keine Zeit hereinzukommen und länger mit mir zu sprechen, mir Mut zu machen oder meinem Partner und mir zu erklären, wie wir die Schmerzen lindern könnten.«[557]

Bücker schreibt über das Medikament Cytotec. Im Februar 2020 berichten *Süddeutsche Zeitung* und *Bayerischer Rundfunk* darüber, dass deren Einnahme zu Wehenstürmen, Rissen der Gebärmutter und in Einzelfällen sogar zum Tod von Mutter oder Kind führen kann. Zahlreiche Mütter erzählen daraufhin in den Sozialen Medien von ihren traumatischen Erfahrungen mit Geburtseinleitungen durch Cytotec.

Tatsächlich kann Cytotec bei zu hoher Dosierung gefährliche Nebenwirkungen haben – so wie jedes Medikament falsch dosiert gefährlich sein kann. Zweifellos sollte untersucht werden, ob und, wenn ja, wie oft Cytotec in deutschen Kreißsälen falsch angewendet wird. Doch das Medikament an sich ist nicht das eigentliche Problem: Es ist der Mangel an Ressourcen, Zeit und Einfühlsamkeit, der die Geburtshilfe in Krankenhäusern prägt, wenn Medikamente gegeben werden, deren Wirkung nicht überwacht werden kann, oder wenn Hebammen keine Zeit haben, Schwangere zu betreuen.

Zwar hat die Zahl der Hebammen, die an deutschen Krankenhäusern Geburten begleiten, seit 2007 zugenommen.[558] Da jedoch die Zahl der Geburten im gleichen Zeitraum noch stärker gestiegen ist, fehlen trotzdem Hebammen. In einer Umfrage gab 2016 die Hälfte aller Befragten an, häufig drei Gebärende gleichzeitig zu betreuen, weitere zwanzig Prozent mitunter gar vier oder mehr Frauen gleichzeitig. Von einer Betreuung, in der eine Hebamme für eine Geburt zuständig ist, ist das meilenweit entfernt. Dabei empfehlen die zuständigen Fachgesellschaften diese ausdrücklich, da es zu »weniger Kaiserschnitten« und einem »geringeren Einsatz von Wehenmitteln unter der Geburt« beitragen könne.[559]

Rund 90 Prozent der Hebammen berichten von Überstunden und davon, keine Pausen machen zu können. Zwei Drittel müssen nach eigener Aussage häufig Aufgaben übernehmen, die nicht zu ihrem Bereich gehören, beispielsweise Putzen.[560] Auch finanziell ist ihre Arbeit wenig attraktiv: Eine im Krankenhaus angestellte Hebamme verdient im Monat als Einstiegsgehalt 1700 Euro netto. Die Mehrheit von ihnen empfindet ihre Vergütung als nicht zufriedenstellend.[561]

Deswegen kehren immer mehr dem Krankenhaus oder dem ganzen Beruf den Rücken.[562] Es ist eine gefährliche Spirale – denn je mehr Hebammen die Krankenhäuser verlassen, umso mehr verdichtet sich dort die Arbeit. Wenn sich dadurch Gebärende im Stich gelassen fühlen und in Stress geraten, kann sich das direkt auf die Geburt auswirken und medizinische Eingriffe überhaupt erst notwendig machen.

An den Arbeitsbedingungen und Löhnen der Hebammen zu sparen hat somit unmittelbare Auswirkungen auf die Gesundheit von Schwangeren und Neugeborenen. Und weil jede Geburt die erste und eine zentrale Erfahrung jedes Menschen ist, beeinflusst sie das spätere Leben.[563] Schon allein deshalb sollte es ein gesellschaftliches Interesse geben, dass dieses Ereignis adäquat und möglichst angstfrei gestaltet wird. Doch die dauerhafte Krise in der Geburtshilfe ist gesamtgesellschaftlich kein prioritäres Thema.

Im Herbst 2021 treten die Hebammen in Berlin wegen des Versorgungsnotstands in den Streik. Die Personalplanung sei »so runtergerockt« worden, dass das, was eigentlich eine Notbesetzung sei, inzwischen eher die Regel darstelle, sagt die Hebamme Kareen Dannhauer im Podcast »Hebammensalon«.[564] Trotz dieser Aktion bleibt die mediale Aufmerksamkeit gering.

Die Geringschätzung der Hebammen

»Vielleicht besteht ja hier noch eine klitzekleine Chance auf ein Wunder«, schreibt eine Frau im dritten Trimester auf einer Facebookseite für die Vermittlung von Hebammen: »Ich würde mir so sehr eine Begleitung einer Hebamme fürs Wochenbett wünschen.« Sie sei das erste Mal schwanger und seit Beginn der Schwangerschaft auf der Suche. Nur wenige Tage danach postet dazu eine Frau, die gerade drei Wochen zu früh entbunden hat. Auch sie hat noch keine Hebamme für die Wochenbettbetreuung: »Seit Monaten suche ich vergeblich, hiermit ein letzter Versuch. Bitte meldet euch.«[565]

Freiberufliche Hebammen betreuen Frauen in der Schwangerschaft, führen Vorsorgeuntersuchungen durch, behandeln Wunden nach der Geburt, untersuchen das Neugeborene, unterstützen beim Stillen und in der Wochenbett-Zeit. Doch in vielen Regionen ist es zunehmend schwierig, eine solche Hebamme zu finden. Sichere Zahlen dazu, wie viele Hebammen in Deutschland fehlen, gibt es nicht. In einer 2018 durchgeführten nicht-repräsentativen Studie gab jede fünfte befragte Mutter an, keine Nachsorgehebamme gehabt zu haben, etwa die Hälfte davon, weil sie niemanden gefunden hat.[566]

Der Großteil der rund 25 000 Hebammen in Deutschland arbeitet derzeit freiberuflich.[567] Immer weniger von ihnen betreuen Geburten selbst, sei es als freiberufliche Beleghebamme am Krankenhaus, in Geburtshäusern oder bei Hausgeburten. Das liegt nicht zuletzt daran, dass die Haftpflichtprämien für sie seit Jahren steigen. Die meisten arbeiten deswegen nur noch mit Schwangeren sowie Wöchnerinnen und ihren Neugeborenen. Freiberufliche Hebammen sind zwar nicht den Schichtplänen am Krankenhaus unterworfen. Leicht ist ihr Job trotzdem nicht – und wie allen von Frauen dominierten Care-Berufen fehlt Hebammen die gesellschaftliche und politische Anerkennung, die ihnen gebührt. Das hat die Coronapandemie nochmals deutlich gezeigt.

Manchmal glaube sie, dass Politiker:innen gar nicht wüssten, was eine Hebamme mache, sagt Ulrike Geppert-Orthofer dem *Spiegel*.[568] Die Vorsitzende des Deutschen Hebammenverbands ist enttäuscht davon, wie schlecht Hebammen in der ersten Welle der Covidpandemie 2020 behandelt wurden. Weder seien sie vom Gesundheitsministerium als systemrelevant anerkannt worden, so dass sie ihre Kinder nicht in die Notbetreuung schicken konnten, noch gab es Schutzausrüstung oder eine Priorisierung auf der Impfliste. Nachgebessert wurde, wenn überhaupt, erst nach Protesten.

Weil immer mehr Hebammen den Beruf aufgeben, wird das Angebot von Doulas auch in Deutschland immer beliebter. Schwangere setzen auf eine zusätzliche Betreuungsperson, deren Hauptaufgabe es ist, für sie da zu sein. »Wer es sich leisten kann, gönnt sich eine Doula«, heißt es bei *Zeit Online*.[569] Zwischen 500 und 2000 Euro zahlen Schwangere für diese Extrabetreuung – anders als bei einer Hebamme werden die Kosten nicht von der Krankenkasse übernommen. Die Berufsbezeichnung ist nicht geschützt, praktisch jede:r kann als Doula arbeiten.[570] Ein adäquater Ersatz für Hebammen sind sie nicht, vielmehr ein Zusatzangebot oder eine Alternative in der Not, weil es nicht genügend Hebammen gibt. Dass es vom Geldbeutel abhängt, ob eine Frau in der Schwangerschaft betreut wird, ist ein Armutszeugnis für die Wahrung reproduktiver Rechte in Deutschland.

Um das zu verhindern, braucht es mehr Hebammen. Und dafür braucht es für deren Arbeit mehr politische, gesellschaftliche und nicht zuletzt auch finanzielle Anerkennung. Ein Schritt in diese Richtung ist getan: Seit 2020 werden sie endlich im dualen Studium an Universitäten ausgebildet. Deutschland ist dabei international Schlusslicht und hat sich nur auf Druck von außen bewegt: Die Akademisierung des Hebammenberufs setzt eine EU-Richtlinie von 2005 und 2013 um.[571] Das schleppende Tempo der Reform liegt auch an der Ärzt:innenschaft, die sich gegen das Gesetz stemmte. Eine Hochschulausbildung von Hebammen sei weder notwendig noch lasse sich das Problem des Hebammenmangels in Kreißsälen damit lösen, hieß es. Vielmehr werde es zu noch mehr Versorgungsengpässen führen, weil es zunächst weniger Absolvent:innen gäbe als zuvor.

Der Hebammenverband bestreitet das und prognostiziert nach einem kurzen Rückgang der Absolvent:innen-Zahlen eine deutliche Zunahme ausgebildeter Hebammen – zumindest wenn sich die Arbeitsbedingungen änderten und der Beruf wieder attraktiv werde.[572] Die Hoffnung und Erwartung der Hebammen ist groß, künftig mehr auf Augenhöhe mit der Ärzt:innenschaft zu arbeiten, über eigene Forschung und Praxis nach und nach die Strukturen zu ändern und einen »Kulturwandel«[573] in der Geburtshilfe einzuleiten. Dass sich der Berufsverband der Frauenärzte (sic!) so schwer damit tut, die akademische Ausbildung und damit Aufwertung des Hebammenberufs zu befürworten, hat eine Vorgeschichte. Es gibt einen alten Machtkampf zwischen Ärzt:innenschaft und Hebammen.

Schon das Alte Testament erwähnt Hebammen. Im Mittelalter stehen sie im Fokus der Hexenverbrennung. Ihr Wissen über den weiblichen Körper und ihre Fähigkeit, Frauen zu mehr Selbstbestimmung zu verhelfen, machen sie zu Gegnerinnen des Patriarchats (siehe Kapitel 2). Trotz aller Verfolgung lassen sich die Hebammen und ihre Kenntnisse nicht gänzlich auslöschen. Im 18. Jahrhundert entwickelt sich in Europa die Wissenschaft der Geburtsmedizin. Erstmals wird der Körper der Gebärenden an Universitäten besprochen, erforscht, vermessen. Eng verbunden mit dieser Entwicklung einer wissenschaftlichen Geburtshilfe ist die Entmachtung der Hebammen. Vielen männlichen Medizinern gilt ihr Tun als eine Ursache dafür, dass zahlreiche Schwangerschaften nicht in der Geburt von gesunden Kindern münden.

Die Folgen dieser verunglückten Geburten seien »Unfruchtbarkeit [...] Zerstörung der Gesundheit, und ein mühseliges Leben, wodurch sie der bürgerlichen Gesellschaft, besonders aber dem Manne zum Ekel werden, und dem Staate zur Last liegen«,[574] schreibt der Wiener Arzt und Professor für Gynäkologie Raphael Johann Steidele im Jahr 1787 in seinem Werk *Verhaltensregeln für Schwangere, Gebärende und Kindbetterinnen*. Schuld seien Frauen, ob nun in Person der Gebärenden, der Hebamme, als Freundin oder »anderer geschäftiger Weiber«.[575]

In der Ablehnung der Arbeit von Hebammen treffen sich Frauenfeindlichkeit und das Streben nach männlicher Überlegenheit. In den kommenden Jahrzehnten wird die Hebammenkunst deshalb der Geburtsmedizin untergeordnet[576] und die Ausbildung formalisiert – durch männliche Ausbilder.[577] Sosehr diese Entwicklung zu Lasten der Selbstbestimmung der Hebammen geht, stellen medizinische Erkenntnisse zweifellos einen lebensrettenden Fortschritt dar. Die Feststellung etwa, dass Keime eine Gefahr für das Leben von Müttern und Neugeborenen sind und die Desinfektion aller am Geburtsprozess beteiligten Personen deshalb eine Notwendigkeit, senkt die Raten der Mütter- und Säuglingssterblichkeit drastisch.[578] Gleichzeitig werden die Rollen jedoch festgeschrieben: Männer studieren an Universitäten Medizin, Frauen werden zu Hebammen ausgebildet. Zwischen den Geschlechtern und ihren Berufsgruppen herrscht eine eindeutige Rangordnung.

Die NationalsozialistInnen werten den Berufsstand der Hebammen ab 1938 auf – zum eigenen Nutzen. Sie gestehen dem Beruf eine »Monopolstellung« zu, indem sie vorschreiben, dass bei jeder Geburt eine Hebamme anwesend sein muss.[579] Die Hebammen verpflichten sie im Gegenzug, als nach NS-Kriterien nicht lebenswerte Kinder dem Staat zu melden.[580] Jüdische Frauen werden von der Berufsausübung ausgeschlossen.[581]

Wurden in der NS-Zeit vor allem die Hausgeburt und dafür zuständige niedergelassene Hebammen gefördert, verlagern sich die Geburten in der Zeit nach 1945 zunehmend in die Kliniken. Mit dem Trend zur »programmierten Geburt«,[582] also dem Einleiten der Geburt durch Wehenmittel zu einem vorher bestimmten Zeitpunkt und weiteren sich daraus ergebenden Interventionen während des Geburtsvorgangs, geht ein Bedeutungsverlust der Hebammenarbeit und ein Geltungszuwachs von immer noch vorwiegend männlichen Mediziner:innen einher.[583] Die Hebammen seien zu »schlecht ausgebildeten Handlangerinnen degradiert« worden, schreibt die Historikerin Barbara Duden.[584]

Die jahrhundertealte Geringschätzung der Hebammen hat Folgen. Das hat mit einer Abwertung von Weiblichkeit insgesamt zu tun: Eine Gesellschaft, die nicht auf Gleichberechtigung zielt, kümmert sich weder um die Situation der gebärenden Frauen noch um die der sie unterstützenden Hebammen.

Trotzdem hat sich einiges getan. Mehr Frauen studieren Medizin.[585] Die Ausbildung der Hebammen wurde akademisiert, die programmierte Geburt ist nicht mehr das angestrebte Prozedere. Stattdessen werben Kliniken mit »Angeboten einer ›sanfteren‹ Gebärkultur«.[586] Im Frühjahr 2021 fordern Hebammenvertretungen, Gynäkolog:innenverbände und Aktivist:innen einen »Nationalen Geburtshilfegipfel«.[587] Die ab Ende 2021 regierende rot-grün-gelbe Koalition hat Verbesserungen wie einen besseren Personalschlüssel für Kreißsäle versprochen.[588]

Das Dogma der Natürlichkeit

Medikalisierung, Hospitalisierung, Technisierung: Diese Stichworte fallen immer wieder, wenn es um die Entwicklung in der Geburtshilfe der letzten Jahrzehnte geht. Es ist vor allem die Frauenbewegung der 1970er und 1980er Jahre, die sich kritisch mit diesen Tendenzen auseinandersetzt. Damals kommen in vielen westlichen Ländern Gruppen von Frauen zusammen. Mit Selbstuntersuchungen und Gesprächen setzen sie sich mit ihren Körpern, mit Sexualität und ihrer Gesundheit auseinander, um so der überwiegend männlichen Ärzteschaft und einer als sexistisch empfundenen Medizin etwas entgegenzusetzen.

Das Boston Women's Health Book Collective ist eine dieser Gruppen in den USA. Im Jahr 1970 geben die zwölf Frauen erstmals das Buch mit dem Titel *Our Bodies, Ourselves* heraus. »Wir als Frauen definieren Kompetenz neu«, schreiben sie. Ein Arzt, der sich auf männlich-chauvinistische Weise verhalte, sei nicht kompetent – selbst wenn er über medizinische Fähigkeiten verfüge. »Wir haben entschieden, dass Gesundheit nicht länger von einer elitären Gruppe weißer Mittelschichtsmänner definiert werden kann. Sie muss von uns definiert werden.«[589]

Our Bodies, Ourselves ist ein Meilenstein auf dem Weg zu einem selbstbestimmten Umgang von Frauen mit ihren Körpern. Das Buch erklärt mit Text und Bildern verschiedene Aspekte des weiblichen Körpers, der Sexualität und der Reproduktion. Es wird insgesamt mehr als vier Millionen Mal verkauft, viele Male neu aufgelegt und in 33 Sprachen übersetzt. Aufgrund der Verurteilung durch christliche Kreise ist es zeitweise das »meistgestohlene Buch aus US-Bibliotheken«.[590]

Auch in vielen europäischen Staaten und Deutschland tun sich Frauen zusammen, um für Körperrechte zu kämpfen. Sie kritisieren die Umstände der Geburten an den Krankenhäusern und setzen sich für die sogenannte natürliche Geburt ein, die so weit es geht ohne Intervention und Schmerzmittel auskommt. Doch was als verdienstvoller Kampf um reproduktive Selbstbestimmung begann, schlägt heute teilweise ins Gegenteil um – wenn die Kritik am Ist-Zustand der Geburtshilfe einhergeht mit der Erzählung, in Krankenhäusern könnten keine selbstbestimmten Geburten stattfinden. Immer wieder wird die sogenannte natürliche Geburt in einem Geburtshaus oder zu Hause überhöht und romantisiert. Manche Stimmen sprechen von weiblicher Urgewalt oder davon, dass eine Geburt eine orgasmische Erfahrung sein könne.[591] Das mag für manche Gebärende stimmen, für andere hingegen gilt das nicht. Problematisch wird es, wenn suggeriert wird, es gäbe so etwas wie richtiges und falsches Gebären – und wenn das vermeintlich Natürliche auf diese Weise zum Standard erhoben wird, so dass dadurch enormer Druck auf die Schwangere aufgebaut wird.

Die Kulturanthropologin Jutta Reippainen hat solche Fälle untersucht. Ihr Ergebnis: Mit der Überhöhung des »natürlichen Geburtspotenzials« der Frau und der Rolle einer »natürlichen Geburt« kann das, was ermächtigen soll, schnell kippen. Während ihrer Forschung beobachtet sie, wie eine Frau in einem Geburtsvorbereitungskurs in Tränen ausbricht: »Sie empfinde sich nicht als ›vollständige Frau‹, weil sie bei der ersten Geburt in die Klinik verlegt werden musste«, beschreibt Reippainen und sagt: »Ihr Gefühl, als Frau versagt zu haben, hat ihren Ursprung auch im Diskurs um die natürliche Geburt. Die Gegenüberstellung von natürlicher und klinischer Geburt – Selbstbestimmung versus Fremdbestimmung, Natürlichkeit versus Intervention – markiert das Krankenhaus als Ort des Scheiterns.«[592]

Dieses Bild ist fatal. Es gibt Geburten, die unbedingt im Krankenhaus stattfinden sollten. Dass in Deutschland jährlich nur noch sehr wenige Frauen an den Folgen von Schwangerschaft und Geburt sterben,[593] ist maßgeblich der modernen Medizin und den Hebammen und Ärzt:innen an Krankenhäusern zu verdanken. Dass Menschen diesen Ort aus Angst vor einer schlechten Erfahrung scheuen, ist gefährlich. Zu einer selbstbestimmten Geburt gehört, dass Frauen sich für Betäubungsmittel oder eine Klinik entscheiden dürfen, ohne dafür verurteilt zu werden. Sie haben ein Recht darauf, unter guten Bedingungen und vor allem frei von Gewalt zu entbinden. Eine Schwangere sollte sich nicht zwischen medizinischer Sicherheit und einer würdevollen Geburt entscheiden müssen.

Diskriminierung unter der Geburt

Die Art und Weise, wie Geburten stattfinden, kann Frauen kleinhalten. Sie zeigt ihnen ihren Stellenwert, verweist sie auf ihren Platz. Besonders gilt das für Menschen, die nicht nur von Sexismus, sondern zusätzlich von weiteren Diskriminierungen betroffen sind: Migrantinnen und Frauen of Color etwa, Menschen in Armut, mit Behinderung oder Queers. Sie sind vor, während und nach der Geburt mit anderen Problemen konfrontiert und erleben auch im Gesundheitssystem Diskriminierung. Frauen mit Migrationshintergrund haben häufiger als andere keine Hebamme, die sie durch Schwangerschaft, Geburt und Wochenbett begleitet.[594] In der bereits zitierten nicht repräsentativen Studie zum Hebammenmangel etwa geben neun Prozent der Frauen ohne Nachsorgehebamme an, sie hätten keine gefunden, die ihre Sprache spreche.[595] Der Grund ist teilweise, dass sie nicht ausreichend über ihre Möglichkeiten informiert sind. Der Berliner Hebammenverband hat deswegen seine Homepage in acht Sprachen übersetzen lassen. »Dieses Angebot ist deutschlandweit einmalig«, sagt 2014 Susanna Rinne-Wolf, damals dessen Vorsitzende.

Fast ein Viertel der hebammenlosen Frauen in Deutschland sagt, sie hätten nicht gewusst, dass sie über die gesetzliche Krankenkasse Anspruch auf Hebammenbetreuung haben.[596] Das kann bei Migrantinnen neben der Sprachbarriere auch daran liegen, dass sie das deutsche Gesundheitssystem nicht kennen und es in ihren Heimatländern kein vergleichbares Modell gibt.

Die Sozialmedizinprofessorin Theda Borde fand 2012 heraus, dass Frauen mit geringen Deutschkenntnissen bei Geburten wesentlich seltener eine Periduralanästhesie zur Schmerzreduktion bekommen als Frauen ohne Migrationshintergrund. Der Grund dafür sei »Unsicherheit, ob die Aufklärung verstanden«[597] wurde, und somit wieder die Angst, juristisch angreifbar zu sein.

Ganz besonders prekär ist die Lage für Schwangere ohne Aufenthaltstitel. Der CEDAW-Ausschuss zeigt sich 2017 besorgt, weil Migrant:innen ohne Papiere Schwierigkeiten beim Zugang zur Gesundheitsversorgung außerhalb von Notfallsituationen haben. Zudem würde das medizinische Personal sie oft bei den Behörden melden,[598] wozu öffentliche Einrichtungen verpflichtet sind.[599] Für die Betroffenen bedeutet das die Gefahr einer Abschiebung. Aus Angst bleiben illegalisierte Migrant:innen Krankenhäusern deswegen oft fern.

Die Auswirkungen rassistischer Diskriminierung auf die Gesundheit von Menschen in Deutschland sind bislang kaum wissenschaftlich erforscht: keine Zahlen, keine Statistiken – und somit kaum Problembewusstsein. Als die Journalistin Ferda Ataman während der Coronapandemie auf Twitter schreibt, sie habe so »eine Ahnung, welche Bevölkerungsgruppen in Krankenhäusern zuerst behandelt werden, wenn die Beatmungsgeräte knapp werden«,[600] brandet ein Shitstorm auf. Doch selbst die vormalige Bundesregierung hat erkannt, dass Diskriminierung im Gesundheitswesen ein Problem ist. So heißt es im Nationalen Aktionsplan Antirassismus, bei Schwarzen Menschen und People of Color würden mitunter »aufgrund des Klangs ihres Namens [...] Annahmen bezüglich des Verhaltens, der Ursache der Beschwerden und mögliche Kausalitäten getroffen«. Und: »Bei der Diagnose wird oft eine Übertreibung der Beschwerden zugeschrieben und dies zuweilen mit vermeintlichen Fachtermini kodiert.«[601]

Gemeint ist der Begriff »Morbus Mediterraneus«, ein Pseudo-Fachbegriff dafür, dass die Patientin aus dem sogenannten südländischen Raum komme und übertrieben viel jammere, obwohl nichts Ernstes vorliege. Eine Berliner Hebamme berichtet der *taz*: Wenn an ihrer Klinik ein lauter Schrei zu hören sei, komme »fast jedes Mal der Spruch, dass das bestimmt wieder eine arabische Frau ist, die [...] aber gar nichts hat und nur Schmerzmittel will.«[602] In welchem Umfang diese Stereotype im deutschen Gesundheitssystem wirksam sind, ist weitgehend unklar. 2021 legt die Antidiskriminierungsstelle des Bundes eine Studie zu »Diskriminierungsrisiken und Diskriminierungsschutz im Gesundheitswesen« vor, um zumindest den Forschungsbedarf abzustecken, und stellt dabei fest, dass Diskriminierung existiert, bislang aber kaum untersucht worden ist, inwieweit dieser Umstand sich auf die Qualität der Versorgung auswirke.[603]

Gründe dafür, die eigenen Rechte nicht zu kennen, können sprachlicher Natur sein, es kann an fehlender Bildung liegen oder schlicht an der Tatsache, dass Menschen tagaus, tagein nur damit beschäftigt sind, über die Runden zu kommen. Dann bleibt wenig Zeit, sich im Internet oder in Broschüren die nötigen Informationen zu den Themen Schwangerschaft, Geburt, Nachsorge anzulesen oder einen Geburtsvorbereitungskurs zu besuchen. »Auch Geburt ist durchtränkt von sozialer Ungleichheit«, konstatieren die Soziolog:innen Paula-Irene Villa, Stephan Moebius und Barbara Thiessen.[604] Was das genau heißt, dazu gibt es in Deutschland ebenfalls viel zu wenig Forschung und bisher vor allem widersprüchliche Zahlen.[605]

Dass es so wenig Forschung gibt, spricht für sich: Es gab offensichtlich lange wenig Interesse an Geburtshilfe und noch weniger an ihren sozialen Schieflagen. Zudem waren diejenigen, die an Forschung interessiert gewesen wären, von Akademien ausgeschlossen – erst Frauen generell, dann lange Zeit Hebammen und wegen der eklatanten Bildungsungerechtigkeit in Deutschland bis heute viele Menschen, die aus weniger privilegierten Milieus stammen.

Fest steht: Soziale Ungleichheit hat handfeste gesundheitliche Folgen. Wie Rassismus kann sich Ungleichheit in Form von Stress auswirken. Menschen aus sozial schlechter gestellten Schichten fühlten sich »in einer beschleunigten Leistungsgesellschaft [...] zunehmend unter Druck«, schreibt der Medizinethiker Jochen Vollmann.[606] Die Angst davor, in verschiedenen Bereichen des Lebens nicht mithalten zu können, führe zu Stress-Kompensationen mit gesundheitlichen Konsequenzen. Ein solches »gesundheitsriskantes Verhalten«[607] mache auch Risikoschwangerschaften wahrscheinlicher, sagen die Soziologin Anita Kottwitz und ihre Kolleg:innen.

Auch Aspekte der »Geburtskultur«[608] sind geprägt von Bildungsgrad und Einkommen der Schwangeren. Wenig überraschend sind es tendenziell vor allem akademisch gebildete Frauen, die sich für Geburten außerhalb von Kliniken entscheiden. Alternativmedizinische Verfahren haben eine größere Bedeutung in akademisch gebildeten Milieus, und Diskurse über Selbstbestimmung oder über Praktiken des »sanften und natürlichen Gebärens« sind in bürgerlichen Schichten deutlich ausgeprägter als bei Frauen aus weniger privilegierten Milieus, die häufiger am Krankenhaus entbinden.[609]

Obwohl es Anzeichen für viele solcher Ungleichheiten in der Geburtshilfe gibt und schon lange bekannt ist, dass das Gesundheitssystem auch in Deutschland eine soziale Schieflage hat[610] – belastbare Erkenntnisse darüber, was das für die Versorgung von Schwangeren aus sozial prekären Schichten heißt, gibt es genauso wenig wie Studien über Rassismus in der deutschen Geburtshilfe. Diese Lücken sollten nicht allein von den neu entstehenden Hebammenwissenschaften gefüllt werden, sondern auch die Medizin, Soziologie und andere Wissenschaftsbereiche mehr beschäftigen. Genau diese verschiedenen und miteinander verschränkten Diskriminierungserfahrungen gehören dringend auf die Agenda der neu aufkommenden Debatten um Geburt – nicht zuletzt, um die Fehler der *weißen* Frauenbewegung nicht zu wiederholen.

Unsichtbar und unterversorgt

Wer bei Google nach den Stichworten »Schwangerschaft und Behinderung« sucht, fördert vor allem Informationen für werdende Eltern zutage, bei deren Fötus eine Behinderung diagnostiziert wurde. Das gesellschaftliche Ideal bietet keinen Raum für blinde oder autistische Mütter und Väter. Doch obschon sie im öffentlichen Diskurs kaum vorkommen: Natürlich gibt es Schwangere mit Behinderung, ob körperlich oder mit sogenannten geistigen Behinderungen. Ihnen wird es aber oft erschwert oder gar verwehrt, frei über Fragen von Sexualität und Elternschaft zu entscheiden (siehe Kapitel 2). Zwar steht ihnen derselbe Zugang zur

Gesundheitsversorgung etwa im Fall von Schwangerschaft zu: »Insbesondere«, heißt es in Artikel 25 der Behindertenrechtskonvention der Vereinten Nationen, »stellen die Vertragsparteien Menschen mit Behinderungen eine unentgeltliche oder erschwingliche Gesundheitsversorgung in derselben Bandbreite, von derselben Qualität und auf demselben Standard zur Verfügung wie anderen Menschen, einschließlich sexual- und fortpflanzungsmedizinischer Gesundheitsleistungen«.[611]

Doch Einrichtungen der Gesundheitsversorgung seien häufig rein physisch nicht erreichbar oder der Transfer in eine entsprechende Einrichtung sei »nicht verfügbar, unerschwinglich oder nicht zugänglich«, so der für das Thema zuständige Ausschuss der Vereinten Nationen.[612] Es bleibe »die bittere Wahrheit, dass nicht alle Frauen selbstverständlich für ihre Gesundheit sorgen können«, kritisiert die Autorin Laura Gehlhaar. »Es kann doch wohl nicht wahr sein, dass wir im 21. Jahrhundert zwar auf den Mars fliegen können, aber Frauen mit Beeinträchtigungen trotz gesetzlicher Festschreibungen keine ausreichende gynäkologische Versorgung erhalten«, kritisiert auch Brigitte Faber von *Weibernetz*, einer Organisation für die Rechte behinderter Frauen.[613] Diese Mangelversorgung hat nicht nur gesundheitliche Folgen. Sie suggeriert den Menschen zudem, dass ihre reproduktive Gesundheit in dieser Gesellschaft nichts zählt – und ihr möglicher Kinderwunsch schon gar nicht.

Dabei geht es nicht nur um die Frage, ob eine Treppe im Weg ist. Oft sind für Untersuchungen essenzielle Gegenstände wie gynäkologische Untersuchungsstühle notwendig. Sie auf einen konventionellen Stuhl zu bekommen sei eine »Quälerei« für alle Beteiligten gewesen, schildert eine mobilitätseingeschränkte Frau in einer vom Bundesgesundheitsministerium in Auftrag gegebenen Untersuchung.[614] Valide Zahlen existieren auch in diesem Feld kaum. Die Wissenschaftler:innen der Studie haben aber versucht, zumindest das bestehende Angebot abzubilden. Bundesweit gibt es nur wenige Spezialpraxen und -ambulanzen für Frauen mit Behinderung. Insgesamt konnten sie darüber hinaus gerade mal 82 Praxen von 9000 niedergelassenen Gynäkolog:innen in Deutschland sicher als »barrierefrei« identifizieren, was erstmal nur heißt: rollstuhlgeeignet.[615] Das verwundert nicht – immerhin ist der barrierefreie Um- oder Ausbau einer Praxis extrem teuer. Es geht dabei um Summen im sechsstelligen Bereich, die die Praxisinhaber:innen selbst zu tragen haben.

Letztlich sind die Patient:innen auf Mundpropaganda angewiesen. Mitunter berichten sie, von Praxen abgewiesen worden zu sein. Es habe Monate gedauert, bis sie eine »zumindest barrierearme Praxis gefunden« habe, schreibt Gehlhaar, die im Rollstuhl sitzt. Dass die Ärztin dazu noch freundlich sei, sei »der Bonus. Denn wer erst einmal eine barrierefreie Praxis gefunden hat, stellt die Kompetenz der Ärzt:in an zweite Stelle«.[616] Manche Frauen mit Behinderung scheuen Arztpraxen generell, weil sie schlechte Erfahrungen gemacht haben. Expert:innen vermuten, dass es eine hohe Dunkelziffer an Frauen gibt, die überhaupt nicht zur gynäkologischen Vorsorge kommen.[617]

In Frankfurt am Main bietet Pro Familia an, was flächendeckend fehlt: einen Geburtsvorbereitungskurs für werdende Eltern mit verschiedenen Behinderungen, in leichter Sprache und zugänglich für Menschen mit Körperbehinderung, psychischen Beeinträchtigungen, Sinnesbehinderungen oder Lernschwierigkeiten.[618] Seit 2018 hat die Bundeszentrale für gesundheitliche Aufklärung einige wenige Artikel zum Kinderkriegen mit körperlicher Behinderung auf ihrer Webseite.[619] An wen sich Informationen und Beratungen richten, sagt viel darüber aus, wen eine Gesellschaft sich als Eltern vorstellen kann. Auch für einen stillenden Vater ist in diesem Bild kein Platz. Dabei können auch trans Männer und nicht-binäre Menschen mit Uterus schwanger werden und gebären. Gesellschaftlich und politisch präsent ist das jedoch noch lange nicht.

Queere Menschen sind besonders häufig Opfer von Gewalt und Hasskriminalität, vor allem, wenn sie in ihrer Identität im öffentlichen Raum sichtbar sind. In einer wissenschaftlichen Abschlussarbeit über schwangere trans Männer berichtet ein Gesprächspartner von der Angst, als Mann mit Babybauch auf der Straße körperlich angegriffen zu werden.[620] Andere erzählen, dass es für trans Männer oft schwer sei, eine gynäkologische Praxis für die Schwangerschaftsvorsorge zu finden, in der sie sich akzeptiert und gut aufgehoben fühlen.

Ein Interviewpartner beschreibt, wie ihm in einer Arztpraxis gesagt worden sei, er solle »besser mal in der Psychiatrie anrufen«, als er von seinem Kinderwunsch berichtete. Bei Untersuchungen im Laufe der Schwangerschaft sei er oft exotisiert worden: »Es ist auch so was Voyeuristisches dran, was sich einfach scheiße anfühlt.«[621]

Für Schwangere und junge Eltern gibt es in der Regel unzählige Angebote: Schwangerenyoga, Geburtsvorbereitungs- und Rückbildungskurse. Trans Menschen aber finden sich in diesen Strukturen oft nicht wieder. So erzählt der Pädagoge und trans Mann Daniel Masch, er habe keinen Geburtsvorbereitungskurs besucht, weil er keinen gefunden habe, in dem er sich als trans Mann gut aufgehoben gefühlt habe. »Dabei hätte ich diese Vorbereitung wahrscheinlich dringender gebraucht als andere.«[622]

Das Hebammen-Kollektiv Cocoon aus Berlin hat sich zusammengetan, um werdenden queeren Eltern Hilfestellung zu bieten.[623] Manche der Hebammen sind selbst queer. Sie bieten Geburtsvorbereitungskurse für Queers, Schwangerschaftsvor- und Nachsorge sowie Hausgeburten an, sie arbeiten mit Doulas zusammen, die die Schwangeren zur Entbindung in die Klinik begleiten, und sie beraten Menschen, die schwanger werden wollen.[624] Solche Angebote sind die Ausnahme – und finden sich höchstens in Großstädten wie Berlin.

Von Tabu und Trauer

»Der kleine Sonnenhut passt nicht mehr auf Babys Dickschädel. Und ich bin erleichtert«, schreibt die Journalistin Saskia Hödl in ihrer Kolumne »Kinderspiel«. »Denn eigentlich war der für ein anderes Baby gedacht und jedes Mal, wenn ich diese Mütze ansehe, sticht es zwischen Herz und Bauch.«[625]

Nicht jede gewollte Schwangerschaft endet mit der Geburt eines lebenden Kindes. Fehlgeburten sind häufig. Oft passieren sie schon im ersten Trimester, manchmal so früh, dass die Betroffene um ihre Schwangerschaft noch gar nicht weiß und die Fehlgeburt unbemerkt bleibt. Viele Frauen warten das Ende der 12. Woche ab, bevor sie Freund:innen, Familie und Kolleg:innen von der Schwangerschaft berichten. Danach sinkt das Risiko einer Fehlgeburt deutlich, verschwindet jedoch bis zur Geburt nicht vollständig.

Wie viele Frauen Fehlgeburten erleben, ist unklar. Manche gehen von jeder dritten,[626] andere von jeder fünften[627] Schwangeren aus. Dass Fehlgeburten so häufig sind, ist für viele erstaunlich. Denn gesprochen wird darüber kaum, weder öffentlich noch im Bekanntenkreis. Tod und Trauer passen nicht recht in die Erzählung von der glücklichen und leichten Schwangerschaft: »Der Kinderwunsch, das Glück des positiven Schwangerschaftstests, die Phase der Schwangerschaft, mit leichten Anstrengungen, aber erträglich, die Geburt, der Schrei, die erschöpft lächelnde Gebärende, das glückliche Wochenbett. Die Realität dieser Reise ist eine andere«,[628] schreibt die Schriftstellerin Berit Glanz.

Frauen und Paare, die eine Eileiterschwangerschaft oder eine Fehlgeburt erleben, bleiben mit den Folgen oft alleine. Viele suchen die Schuld bei sich. »›Fehlgeburt‹ – was das schon für ein Wort ist. Wer hat denn hier einen Fehler gemacht?«, fragt Saskia Hödl. Aus diesem Grund hat die Journalistin Julia Stelzner-Konrad eine Webseite gestartet. Auf »Das Ende vom Anfang« berichten Frauen von ihren Erfahrungen. Das Ziel der Seite sei, »dass sich keine Frau mit einer Fehlgeburt alleine fühlt«.[629]

In den letzten Jahren bröckelt das Tabu langsam. Mehrere Prominente berichten öffentlich von ihren Fehlgeburten. Im Oktober 2020 postet das Model Chrissy Teigen auf Instagram ein Foto, auf dem sie weinend auf einem Krankenhausbett sitzt. Ein anderes Foto zeigt sie und ihren Mann, wie sie ihr in ein Handtuch gewickeltes Kind im Arm halten, das im sechsten Monat tot geboren wurde. »Jack hat so hart gearbeitet, um ein Teil unserer Familie zu sein, und er wird es für immer sein«, schreibt Teigen.[630] Sie erntet viel Zuspruch für ihre Offenheit – zugleich aber Kritik, ihre Erfahrungen gepostet zu haben.

Dass Frauen wie Teigen über ihre Fehlgeburten sprechen, trägt dazu bei, den Diskurs zu verändern. Gleichzeitig heißt es nicht, dass jede Frau über ihr Erlebtes sprechen muss, nur weil es politisch sinnvoll wäre. Die Entscheidung, wie mit dem eigenen Schmerz umgegangen wird, ist so privat wie wenig anderes. Dass auch prominente Stimmen das Schweigen brechen, hilft denen, die sich fragen, ob sie überhaupt darüber sprechen dürfen, und denen, die lieber schweigen wollen – sich dabei aber vielleicht weniger allein fühlen.

Das Tabu, über Fehlgeburten zu sprechen, lässt Betroffene nicht nur allein mit ihrem Schmerz, es lässt sie mitunter hilflos zurück. Viele Menschen wissen nicht, dass ihnen nach einer Fehlgeburt Hilfe zusteht, durch Psycholog:innen, aber auch durch Hebammen. Denn diese betreuen nicht nur intakte Schwangerschaften und glückliche Mütter. Gerade in einer solchen Situation, erklärt der Berliner Hebammenverband, sei die »emotionale Zuwendung und das Schaffen eines möglichst störungsfreien Schutzraumes wichtig, um das Kind empfangen zu können und gleichzeitig von ihm Abschied zu nehmen«.[631] »Letztendlich ist die Unterstützung bei einer Fehlgeburt genauso wichtig wie bei einer Frau, die gerade ein Baby bekommen hat«, sagt die Hebamme Franziska Rasche.[632]

Leider wird die öffentlich geäußerte Trauer um ein verlorenes Kind häufig instrumentalisiert. Nachdem sie über ihre Fehlgeburt geschrieben hat, fühlt Saskia Hödl sich genötigt, sich auf Twitter gegen Vereinnahmungsversuche einer Gruppierung fundamentalistischer AbtreibungsgegnerInnen zu wehren. Die Gruppe hatte ihr zu dem Bericht über die Fehlgeburt gratuliert. Als sie klarstellt, auch für das Recht auf Schwangerschaftsabbrüche einzutreten, fragt die Organisation: »Meinen Sie also, dass das Baby, über das Sie so beeindruckend geschrieben haben, nur deshalb ein Baby war, weil es erwünscht war?«[633]

FundamenstalistInnen setzen Betroffene moralisch unter Druck und instrumentalisieren ihre Trauer. Ihnen geht es um Anti-Choice-Propaganda, nicht um die individuelle Perspektive der Frauen. »Eine Frau, die ein Kind will, hat vom Tag der Empfängnis an ein potenzielles Kind im Bauch. Einen ungewollten Abgang erlebt sie als Fehlgeburt«, sagt die Linken-Politikerin Cornelia Möhring.[634] Im Gegensatz dazu erlebe eine Frau, die einen Abbruch machen möchte, diesen als »Beendigung eines nicht gewollten Zustands ihres Körpers«. Möhring geht es deswegen um einen Perspektivwechsel: »Der Ausgangspunkt feministischen Handelns muss an dieser Stelle empathisch sein. Die Frage, wann menschliches Leben beginnt, beginnt mit der Entscheidung der schwangeren Person und ist nicht für alle gleichzusetzen«.[635]

Sich der Erfahrung einer Fehlgeburt für den Kampf gegen die Selbstbestimmung von Frauen zu bedienen zeigt letztlich, was FundamentalistInnen antreibt: nicht die Situation der betroffenen Frauen, sondern Ideologie. Für sie sind Frauen dazu da, Kinder auszutragen, ob sie wollen oder nicht.

Schluss

»Es bedarf nur einer politischen, ökonomischen oder religiösen Krise, um die Rechte der Frauen wieder infrage zu stellen«, sagt die französische Philosophin Simone de Beauvoir.[636]

Nie zuvor war die Welt von so vielen Krisen geprägt wie heute: Finanzkrisen, die Klimakrise, die Krise der Biodiversität, die durch ungleiche Verteilung von Nahrungsmitteln verursachte globale Hungerkrise, Krisen, die Menschen zur Flucht aus ihrer Heimat zwingen, die Coronakrise. Es sind multiple Krisen, die miteinander verschränkt und verwoben sind, sich gegenseitig verstärken und bedingen. Und wie de Beauvoir es beschreibt: Diese Krisen haben das Potential, den Kampf um Rechte von Frauen und queeren Menschen um Jahre zurückzuwerfen.

Während der Pandemie wurde offensichtlich, wie fragil reproduktive Rechte sind. Weltweit nahm die Zahl der ungewollten Schwangerschaften zu, weil der Zugang zu Verhütungsmitteln und sicheren Abbrüchen noch prekärer wurde. In Deutschland führten Krankenhäuser plötzlich keine Abbrüche mehr durch, mit der bizarren Begründung, dass diese zu den »planbaren, nicht medizinisch dringenden«[637] Eingriffen zählen. Gebärende mussten Geburten ohne Partner:in durchstehen. Besonders verletzlich sind in Situationen wie dieser diejenigen, die nicht nur einer, sondern verschiedenen Formen von Diskriminierung ausgesetzt sind: nicht-*weiße* Menschen oder Frauen mit Behinderung.

Dabei sind die Rückschritte, die drohen und die es zum Teil schon gibt, nur ein Teil des Problems. Denn auch ohne Krisen sind reproduktive Rechte längst nicht verwirklicht. Zu nahezu jeder Zeit und in allen Regionen der Welt kamen Menschen – vor allem Männer – auf die Idee, Frauenkörper und ihre Fruchtbarkeit einzuschränken und zu instrumentalisieren.

Heute spielt der gesamtgesellschaftlich erstarkende Antifeminismus dabei eine wichtige Rolle, denn er dient rechtsextremer Ideologie als Brücke in die gesellschaftliche Mitte: »Darauf, dass die Feministinnen den Bogen überspannen, können sich Männer unterschiedlichster Lager und Milieus immer noch einigen«, formuliert die Journalistin Lea Susemichl.[638] Leider vertreten auch viele Frauen diese Meinung.

Bis heute sind Frauen und queere Menschen nicht selbstbestimmt in ihrer Sexualität und Fortpflanzung. Sie werden bevormundet, herabgewürdigt, eingeschränkt, schlecht behandelt und allein gelassen. Gesellschaftlich wird von den einen erwartet, Kinder zu bekommen – die anderen sollen möglichst ohne Nachwuchs bleiben. Zugleich wird die Verantwortung dafür in den Schoß der einzelnen Frau gelegt.

Mit dem Slogan »Pro Choice« haben Feminist:innen wichtige Kämpfe für Wahlfreiheit ausgefochten. Doch das Konzept hat Grenzen, denn Frauen können zwar eine »gute Wahl« treffen – aber auch für eine vermeintlich »schlechte« verantwortlich gemacht werden. Die schlechte Wahl hängt in dieser Lesart nicht etwa mit gesellschaftlichen Strukturen zusammen, sondern mit der individuellen Entscheidung.

Es ist ihr individuelles Problem, wenn sie nicht verhütet, ihr Problem, wenn sie einen Abbruch braucht und niemanden findet, der oder die einen macht. Und es ist ihr Problem, wenn sie nicht früh genug nach einer Hebamme oder einer Klinik für die Geburt sucht. Sobald das Kind da ist, ist es ihr Problem, wenn Kita- und Hortplätze fehlen. Und wenn sie ihre Arbeitszeit deutlich stärker reduziert als ein Mann und in der Konsequenz nur die Hälfte der Rente bekommt, ist auch das ihr Problem. Soll sie schauen, wie sie über die Runden kommt, wenn sie Kinder hat – und wenn sie keine hat, soll sie mit dem Stigma leben.

Eine arme Frau aber sollte sich nicht für das dritte Kind rechtfertigen müssen, und eine Akademikerin nicht dafür, wenn sie keines bekommt. Wenn eine Frau pränatal testet, ob das Kind eine Behinderung haben wird, sollte sie in einer strukturell behindertenfeindlichen Gesellschaft nicht dafür kritisiert werden. Genauso wenig sollte sich ein Mensch für die Entscheidung rechtfertigen müssen, ein Kind mit Behinderung auszutragen. Auch wer eine Schwangerschaft abbricht, aus welchen Gründen auch immer, ist niemandem Rechenschaft schuldig.

Ob Kinder oder keine, entscheiden wir alleine: Diese Forderung der Zweiten Welle der Frauenbewegung ist heute so aktuell wie eh und je. Es ist und bleibt eine private Entscheidung, ob eine Person ein Kind, fünf oder keines bekommen möchte. Aber es ist eine gesellschaftliche und politische Aufgabe, für verschiedene Lebensmodelle gute Rahmenbedingungen zu schaffen. Bisher wird die private Entscheidung viel zu stark gesellschaftlich, politisch und materiell beeinflusst, und fehlende Rahmenbedingungen müssen viel zu oft selbst ausgeglichen werden.

Die Last der individualisierten Verantwortung nehmen viele als schmerzhaftes persönliches Versagen wahr. Die dahinterliegenden Probleme aber sind struktureller Natur. Auch deshalb entwickelten Schwarze Feminist:innen das Konzept der reproduktiven Gerechtigkeit, das die Kämpfe um den eigenen Körper und um soziale Gerechtigkeit zusammenführt. Während für einige ihr Recht im Vordergrund steht, schwanger werden zu können, es zu bleiben und unter sicheren Umständen ein Kind bekommen zu können, betonen andere das Recht, sich gegen ein Kind zu entscheiden. Während einer *weißen* Frau etwa die Wunschsterilisation verwehrt wird, kann eine Frau mit Behinderung, eine Frau of Color oder eine trans Person zu eben dieser Sterilisation gedrängt werden. Beides muss sich ändern. Das Konzept der reproduktiven Gerechtigkeit muss breiter ins gesellschaftliche Bewusstsein dringen.

Voraussetzung dafür ist die rechtliche Absicherung von reproduktiver Selbstbestimmung. Dabei reicht es nicht, dass reproduktive Rechte in internationalen Verträgen verankert sind. Sie müssen endlich in den einzelnen Staaten abgesichert und umgesetzt werden. Heute werden Verhütung, Schwangerschaftsabbrüche und Geburten wenn überhaupt, dann nicht gemeinsam verhandelt. Doch reproduktive Rechte betreffen grundlegend weibliche und queere Körper. Sie müssen politisch zusammengedacht werden – und in ein eigenes Gesetz münden. Genau das hat die Bundestagsfraktion der Linken 2021 vorgeschlagen.[639] Reproduktive Rechte müssen gebündelt, reproduktive Gerechtigkeit muss als Regierungsauftrag gesetzlich verankert werden. Ein solches Gesetz würde das Recht auf sichere Verhütung und die Übernahme der Kosten bestimmter Reproduktionstechnologien genauso einbeziehen wie die Streichung von Schwangerschaftsabbrüchen aus dem Strafgesetzbuch. Es würde die Perspektive auf all diese Themen grundlegend verändern und zusammenbringen, was zusammengehört.

»Nichts ist jemals endgültig gesichert«, sagt Simone de Beauvoir über die Rechte von Frauen: »Ihr müsst euer Leben lang wachsam bleiben.«[640] Umso mehr muss das Ziel sein, reproduktive Rechte so grundlegend abzusichern wie irgend möglich. Der Kampf um sie ist ein Kampf um Menschenrechte – und Menschenrechte dürfen nicht nur nicht eingeschränkt werden. Es gilt, sie offensiv zu schützen.

Peru 2016, Irland 2018, Mexiko 2021: Weltweit gehen Feminist:innen für ihre Rechte auf die Straße. Den Kampf um reproduktive Gerechtigkeit gewinnt niemand allein. Er muss zusammen geführt werden, um über Ländergrenzen und einzelne Forderungen hinweg Kräfte zu bündeln gegen rechte, rechtsextreme, fundamentalistische und antifeministische Politik. Wo Instrumentalisierung von weiblichen Körpern bevölkerungspolitischen Interessen dient, ist reproduktive Gerechtigkeit ihr emanzipatorisches, egalitäres und sozial gerechtes Gegenteil. Es geht um ein gutes Leben für alle. Das Recht auf den eigenen Körper ist die Grundlage dafür.

Barbara Unmüßig

Nachwort

Selbstbestimmt, frei und ohne Bevormundung leben, das war das politische und gesellschaftliche Kernanliegen der zweiten Frauenbewegung in den 1960er und 1970er Jahren. »Mein Bauch gehört mir«, die Forderung nach dem Recht auf Abtreibung war ein Kristallisationspunkt der feministischen Kämpfe.

Die globalen Kämpfe für reproduktive Selbstbestimmung haben nie aufgehört, und sie werden gerade immer lauter. In Argentinien, in Polen, in Thailand oder in den USA: Überall organisiert sich feministischer Widerstand gegen die Kriminalisierung von Schwangerschaftsabbrüchen, gegen moralisierte Vorstellungen von Sexualität und Familie und gegen eine selektive Bevölkerungspolitik. Und hier und da sind diese Kämpfe von Erfolg gekrönt wie beispielsweise in Argentinien. Dort gelang das scheinbar Unmögliche: Schwangerschaftsabbrüche bis zur 14. Woche wurden legalisiert. Die sogenannte grüne Welle (*marea verde* – Symbol der Bewegung ist das grüne Halstuch) schwappt inzwischen nach Chile und Mexiko über, teilweise sogar bis über den Atlantik.

Selbstbestimmung über den eigenen Körper und reproduktive Gesundheit und Rechte für alle – das sind Ziele, für die Feminist:innen weltweit kämpfen. Sie sind ein Menschenrecht, das trotz internationaler verbindlicher Vereinbarungen längst nicht umgesetzt und für alle einlösbar ist – auch nicht in Europa, auch nicht in Deutschland. Seit 2003 hat sich beispielsweise die Anzahl der Praxen und Kliniken, die einen Abbruch vornehmen, hierzulande halbiert. Der Koalitionsvertrag aus dem Herbst 2021 zeigt vielversprechende Schritte für mehr reproduktive Rechte auf, und wenigstens Paragraf 219 soll abgeschafft werden.

Gesine Agena, Patricia Hecht und Dinah Riese zeigen, wie bei Schwangerschaftsabbruch, Verhütung, Geburt, Reproduktionsmedizin und in der Bevölkerungspolitik heute politische, juristische, soziale und kulturelle Kontexte zusammenwirken. Politische, ökonomische und soziale Machtkontexte sind omnipräsent und entscheiden oft über Leben und Tod. 47000 ungewollt Schwangere sterben jährlich an den Folgen einer nicht fachgerecht durchgeführten Abtreibung (die Dunkelziffer liegt zweifelsohne höher).

Beim Zugang zu Verhütungsmitteln zum Beispiel werden die sozialen Faktoren überdeutlich. 190 Millionen Menschen weltweit bräuchten mehr Verhütungsmittel. Viele Menschen können sie sich schlicht nicht leisten, weil sie arm sind. Und was viele Länder verbindet: Verhütung bleibt »Frauensache«. Nur 27 Prozent der Kontrazeptiva erfordern die direkte Partizipation von cis Männern. Bei der Forschung zu Verhütungsmitteln für sie gibt es kaum Fortschritte.

Was vielfach unbekannt und ein weiteres tabuisiertes Thema ist: Dreißig bis fünfzig Prozent der Gebärenden schildern, dass sie verbale oder körperliche Gewalt erleben. Die Ökonomisierung der Geburtshilfe und paternalistische Kulturen im Gesundheitssystem führen dazu, dass Geburten potenziell traumatisierend für Gebärende sein können. Eine selbstbestimmte Geburt ist in vielen Teilen der Welt eine Frage des Geldbeutels. Vor allem im globalen Süden sterben immer noch sehr viele Gebärende an den Folgen fehlender medizinischer Prävention und Versorgung sowie fehlender Infrastruktur.

Immer mehr in den Fokus gerät außerdem, wie eng die neuen Reproduktionstechnologien mit individueller Selbstbestimmung verknüpft sind. Wer nimmt sie in Anspruch, wer nicht? Was bedeuten sie gerade auch für prekarisierte Menschen, für die die »Bezahlung« für reproduktive Leistungen einem Lohn gleichkommt? Ob Eizellspende und Leihmutterschaft beziehungsweise Leihgebärendenschaft legal möglich sein sollten oder nicht, dazu gibt es unter Feminist:innen keine einheitliche Meinung. In Deutschland sind Eizellabgaben und Leihgebärendenschaft verboten. Mediziner:innen schätzen, dass jährlich eine hohe vierstellige Zahl Frauen aus Deutschland ins Ausland fährt, um schwanger werden zu können. Gleichzeitig zeigen uns Länder wie Spanien und Tschechien, dass die Entnahme von Eizellen und die Logiken der reproduktiven Märkte psychische und physische Folgen für die sogenannten Spender:innen haben können. Bei Leihgebärendenschaft sind die Kontroversen noch heftiger. In Ländern wie Georgien und der Ukraine müssen die Leihgebärenden häufig Verträge unterschreiben, in denen ihnen bestimmte sportliche Aktivitäten und Sex verboten werden. In beiden Fällen verdienen vor allem die Kliniken an der reproduktiven Arbeit der Frauen.

Klar ist, dass hier unterschiedliche Dimensionen von Selbstbestimmung in Widerspruch zueinander geraten. Einerseits die körperliche Selbstbestimmung potenzieller Spender:innen sowie die Kinderwünsche queerer Personen und Familien – andererseits die kapitalistische Ausbeutung weiblicher Körper. Was als Forschung gegen Unfruchtbarkeit begonnen hat, ist heute ein globaler, milliardenschwerer Markt mit verschiedenen biomedizinischen Angeboten und Reproduktionstechnologien geworden. Sie werden längst zur Geburtenkontrolle und -selektion eingesetzt. Wie individuelle Kinderwünsche, ökonomische Interessen und globale Machtverhältnisse ausgehandelt werden und wie feministische Positionen aussehen könnten, dazu gibt es bislang nur einen schwachen Diskurs in den feministischen Bewegungen.

Wenig umstritten in der kritischen feministischen Analyse ist, dass Staaten die Kontrolle über Frauen und queere Körper für bevölkerungspolitische Interessen nutzen. Wir erleben nicht selten eine Gleichzeitigkeit von pro- und anti-natalistischen Maßnahmen innerhalb eines Staates. Während im globalen Norden die Geburtenraten – vor allem unter der *weißen* Akademiker:innen- und Mittelschicht angekurbelt werden sollen, zielen Politiken über entwicklungspolitische Programme im globalen Süden oft auf Geburtenreduktion.

Reproduktive Rechte und Gesundheit sind ein Lackmustest, inwiefern ein Land das fundamentale Menschenrecht auf ein Leben in Freiheit ungeachtet der sozialen und ethnischen Herkunft, des Geschlechts und der Religion allen

Menschen gewährt. Wer Abtreibung kriminalisiert, unterminiert das Recht, über den eigenen Körper selbst zu bestimmen. Globale ultrakonservative Bündnisse kooperieren und untergraben die vor allem in der UNO kodierten Menschenrechtsverträge wie beispielsweise die CEDAW-Konvention oder die Pekinger Aktionsplattform. Die AnhängerInnen der Anti-Choice-Bewegung sind oft religiöse FundamentalistInnen und AntifeministInnen, die international vernetzt sind und für ihre Sichtweisen mobilisieren. Überschneidungen und Verbindungen zu rechten Netzwerken und autoritären Strukturen sind offensichtlich. Sie eint ein Ziel: die Hetero-Familie schützen, die Rolle der Frau als Mutter stärken. Dabei bekämpfen sie die Errungenschaften der Gleichstellungspolitiken und des Feminismus, indem sie mit aller Kraft und viel Geld für Kampagnen aktiv werden.

Dieses Buch stellt die immerwährenden reproduktiven Fragen: Wer darf gebären und wer nicht, wem wird Fortpflanzung mit allen reproduktionstechnischen Mitteln gewährt und wer wird ausgeschlossen? Der Zugang zu reproduktiver Selbstbestimmung ist ein Gradmesser der Demokratie. Unsere Gesellschaften und die internationale Staatengemeinschaft müssen sich daran messen lassen, ob sie in der Lage und willens sind, circa der Hälfte ihrer Bevölkerung einen gleichberechtigten Zugang zu selbstbestimmten Entscheidungen über ihr Leben und ihren Körper zu ermöglichen oder ob sie sie zu Bürger:innen zweiter Klasse degradieren.

Die Covid-19-Pandemie hat gezeigt, auf welchen Schultern die systemrelevante und Fürsorgearbeit lastet. Die gerechte Verteilung von Arbeit und die umfassende rechtliche Gleichstellung der Geschlechter sind überfällig. Damit solche Forderungen mehr sind als leere Floskeln, braucht es eine tiefgreifende feministische Analyse der reproduktiven Verhältnisse und ihrer globalen Verschränkungen entlang von *race*, *class* und *gender*. Diesem Buch gelingt es, eine solche Analyse aus den feministischen Ideen und Bewegungen heraus zu formulieren.

Barbara Unmüßig
Vorstand Heinrich-Böll-Stiftung

Die Autorinnen danken

Frauke Agena, Garrelt Agena, Karin Agena, Klarina Akselrud, Rinat Avigur, Jean-Philipp Baeck, Joanna Barelkowska, Milka Berndt, Mareike Bernien, Hartmut Burggrabe, Nitzan Chelouche, David Cooper, Christiane Einnolf, Katrin Eltohami, Moneim Eltohami, Katrin Erlingsen, Leeor Fink, Christian Geissler, Katharina Göpner, Carmen Grimm, Marga Hecht, Wolfgang Hecht, Saskia Hödl, Ines Kappert, Ulrike Kloss, Marina Kohake, Joana Lieball, Konrad Litschko, Lena Luczak, Marion Lüttig, Ralf Mahlich, Jedidah Maina, Lucía Berro Pizzarossa, Jana Prosinger, Michael Riese, Sabine Riese, Sarah Riese, Stephan Schilling, Stephanie Schlitt, Susanne Schüssler, Ailbhe Smyth, Anne Theuerkauf, Ursula Tidd, Lena Tropschug, Barbara Unmüßig, Sophie Wade, Katrin Zeug, Karolina Ziehm, dem Deutschen Historischen Museum, der Heinrich-Böll-Stiftung und dem Verlag Klaus Wagenbach.

Anmerkungen

1 »Eine meiner Regeln war, dass ich nichts ins Buch schreiben würde, das nicht schon mal passiert wäre [...] auch keine Technologie, die es nicht schon geben würde. Keine erfundenen Dinge, keine erfundenen Gesetze, keine erfundenen Grausamkeiten. Gott steckt im Detail, sagen sie. Der Teufel auch.«, aus: Catriona White: ›Dystopian Fantasy? The Handmaid's Tale is based entirely on real history‹, in: *BBC*, 02.06.2017, https://www.bbc.co.uk/bbcthree/article/c7bbe6fc-f452-4015-acdb-719ff8e5d389, Übersetzung durch die Autorinnen

2 Englisch: Sexual and Reproductive Health and Rights, SRHR

3 Peggy Piesche: *Einführung: Reproduktive Rechte: Definition und Debatten*, Heinrich-Böll-Stiftung, Berlin, Februar 2018, https://www.boell.de/de/2018/02/28/reproduktive-rechte

4 United Nations Population Fund (UNFPA): *Programme of Action adopted at the International Conference on Population and Development, Cairo, 5–13 September 1994, 20th Anniversary Edition*, 2014, S. 60, 7.47

5 Lisa Malich: ›Who's your Mommy now? Nationalmütter, Fuckermothers und die Geschichte des Muttermythos‹, in: Annika Mecklenbrauck/Lukas Böckmann (Hrsg.): *The Mamas and the Papas. Reproduktion, Pop & widerspenstige Verhältnisse*, Mainz 2013, S. 17–33, hier S. 20

6 Vgl. Christa Wichterich: *Sexuelle und reproduktive Rechte*, Heinrich-Böll-Stiftung, Berlin 2015, S. 29

7 Jennifer Wagner: ›AfD in Sachsen sorgt mit Anfrage zur Sterilisation von Flüchtlingen für Empörung‹, in: *Berliner Zeitung*, 15.02.2017, https://www.berliner-zeitung.de/politik-gesellschaft/afd-in-sachsen-sorgt-mit-anfrage-zur-sterilisation-von-fluechtlingen-fuer-empoerung-li.62404

8 Zum Thema Inklusion empfehlen wir Mareice Kaisers *Alles inklusive*, zum Thema Pränatal- und Präimplantationsdiagnostik Kirsten Achteliks *Selbstbestimmte Norm*, zur Auseinandersetzung mit Gewalt Christina Klemms *AktenEinsicht*, zu alternativen Familienmodellen *The Mamas and the Papas* von Annika Mecklenbrauck und Lukas Böckmann (wie Anm. 5).

9 https://www.europarl.europa.eu/doceo/document/A-9-2021-0169_DE.html

10 https://www.gwi-boell.de/de/2021/04/14/antifeminismus-gewaltbereiter-rechtsextremismus-und-geschlecht

11 Robert Bongen/Katharina Schiele: ›Rechtsextremismus. Feminismus als Feindbild‹, in: *NDR*, 31.10.2019, https://www.tagesschau.de/investigativ/panorama/frauenhass-rechtsextremismus-101.html

12 Autor*innenkollektiv FE.IN: *Frauen*rechte und Frauen*hass. Antifeminismus und die Ethnisierung von Gewalt*, Berlin 2019, S. 69

13 Deutscher Bundestag: *Stenografischer Bericht der 68. Sitzung*, 29.11.2018 (Plenarprotokoll 19/68), S. 7736

14 Deutscher Bundestag: *Stenografischer Bericht der 195. Sitzung,* 26.11.2020 (Plenarprotokoll 19/195), S. 24591

15 Im Bundestag bestand zwischen 1992 und 2002 eine Enquete-Kommission »Demographischer Wandel – Herausforderungen unserer älter werdenden Gesellschaft an den Einzelnen und die Politik«

16 Renate Schmidt: ›Nachhaltige Familienpolitik – für eine Zukunft mit Kindern,‹ in: Jürgen Flöthmann/Charlotte Höhn (Hrsg.): *Wege zu einer erfolgreichen Familien- und Bevölkerungspolitik,* Norderstedt 2007, S. 13–19, hier S. 14–15

17 BMFSFJ/IW/BDI: *Bevölkerungsorientierte Familienpolitik – ein Wachstumsfaktor,* Berlin 2004, S. 18

18 Thilo Sarrazin: *Deutschland schafft sich ab. Wie wir unser Land aufs Spiel setzen,* München 2010, S. 9

19 Ebd., S. 264

20 Ebd., S. 320

21 Vgl. Sebastian Friedrich: ›Zehn Jahre – Sarrazins Thesen prägen‹, in: *NDR,* August 2020, https://www.ndr.de/fernsehen/sendungen/zapp/Zehn-Jahre-Sarrazins-Thesen-praegen,sarrazin166.html

22 Martin Bujard (Bundesinstitut für Bevölkerungsforschung): *Familienpolitik und Geburtenrate. Ein internationaler Vergleich,* Bundesministerium für Familie, Senioren, Frauen und Jugend (BMFSJ), Berlin, August 2011, S. 8

23 Vgl. Franziska Schutzbach: ›Bevölkerung, Krise, Nation. Koloniale Kontinuitäten in demografischen Fertilitätsdebatten‹, in: Karin Hostettler/Sophie Vögele (Hrsg.): *Diesseits der imperialen Geschlechterordnung: (post-)koloniale Reflexionen über den Westen,* Bielefeld 2014, S. 71–98, hier S. 73

24 Vgl. Robert Malthus: *An Essay on the Principle of Population, as it Affects the Future of Society, with Remarks on the Speculations of Mr. Godwin, M. Concordet, and other Writers,* London 1789

25 Malthus, zitiert nach: Adolph Blanqui: *Geschichte der politischen Oekonomie in Europa von dem Alterthume bis auf unsere Tage, nebst einer kritischen Bibliographie der Hauptwerke über die politische Oekonomie,* zweiter Band, Karlsruhe 1841, S. 106

26 Robert Malthus: *An essay on the principle of population, or, A view of its past and present effects on human happiness: with an inquiry into our prospects respecting the future removal or mitigation of the evils which it occasions,* London 1803, S. 483 f., Übersetzung durch die Autorinnen

27 Shalini Randeria: ›»Überzählig sind immer die Anderen«‹, Interview mit Urs Hafner, in: *Neue Zürcher Zeitung,* 29.04.2013, https://www.nzz.ch/wissenschaft/bildung/ueberzaehlig-sind-immer-die-anderen-1.18072764

28 Michel Foucault: *Der Wille zum Wissen. Sexualität und Wahrheit I,* Frankfurt a. M. 1977, S. 135

29 University of Virginia: *Origins of Eugenics: From Sir Francis Galton to Virginia's Racial Integrity Act of 1924,* http://exhibits.hsl.virginia.edu/eugenics/2-origins

30 Robert Jütte: *Lust ohne Last. Geschichte der Empfängnisverhütung von der Antike bis zur Gegenwart,* München 2003, S. 264

31 Vgl. Aurelia Weikert: ›Zu viel oder zu wenig? Alte Ideen vom »besseren« Menschen und neue Reproduktionstechnologien‹, in: *Journal für Entwicklungspolitik (JEP),* XVII. Jg. (2001), Heft 1, S. 29–46, hier S. 38

32 https://www.in.gov/history/state-historical-markers/find-a-marker/1907-

indiana-eugenics-law/, »criminals, idiots, rapists, and imbeciles«, Übersetzung durch die Autorinnen

33 Robert Jütte (wie Anm. 30), S. 267

34 Zitiert nach: Angela Davis: *Women, Race and Class*, New York 1982

35 Josef Ehmer: ›»Nationalsozialistische Bevölkerungspolitik« in der neueren historischen Forschung‹, in: Rainer Mackensen (Hrsg.): *Bevölkerungslehre und Bevölkerungspolitik im »Dritten Reich«*, Opladen 2004, S. 21–44, hier S. 25

36 Ebd.

37 Ebd., S. 30

38 Ute Planert: ›Mannweiber, Urniden und sterile Jungfern: Die Frauenbewegung und ihre Gegner im Kaiserreich‹, in: *Feministische Studien: Zeitschrift für interdisziplinäre Frauen- und Geschlechterforschung*, Jg. 18 (2000), Nr. 1, S. 22–35, hier S. 31

39 Pascal Grosse: *Kolonialismus, Eugenik und die bürgerliche Gesellschaft in Deutschland 1850–1918*, Frankfurt a. M./New York 2000, S. 231

40 Bettina Rainer: ›Geburtenkontrolle als System. Geschichte des Überbevölkerungsdiskurses‹, in: Autorinnenkollektiv Bevölkerungspolitik: *Das Schweigen nach Kairo. Institutionalisierte Bevölkerungspolitik*, November/Dezember 2006, S. 24–25, hier S. 25, https://www.frauen-rechte-gesundheit.org/corpus/iz3w_297_Bevoelkerungspolitik.pdf

41 Reichsgesetzblatt: *Verordnung zum Schutz von Ehe, Familie und Mutterschaft*, Artikel III, § 8 (1), § 11 (1), Berlin 1943, zitiert nach: Österreichische Nationalbibliothek, https://alex.onb.ac.at/cgi-content/alex?aid=dra&datum=1943&page=161&size=45

42 Reichsgesetzblatt: *Verordnung zum Schutz von Ehe, Familie und Mutterschaft*, Artikel II, § 5 (1), (3), Berlin 1943, zitiert nach: Österreichische Nationalbibliothek, http://alex.onb.ac.at/cgi-content/alex?apm=0&aid=dra&datum=19430004&seite=00000140&zoom=2

43 Dirk von Behren: ›Kurze Geschichte des Paragrafen 218 Strafgesetzbuch‹, in: *Aus Politik und Zeitgeschichte*, Bundeszentrale für politische Bildung, Bonn, Bd. 69 (2019) Nr. 20, S. 12–19, hier S. 14

44 Gabriele Czarnowski: ›Frauen als Mütter der »Rasse«. Abtreibungsverfolgung und Zwangseingriff im Nationalsozialismus‹, in: Gisela Staupe/Lisa Vieth (Hrsg.): *Unter anderen Umständen. Zur Geschichte der Abtreibung*, Berlin 1993, S. 58–72, hier S. 58

45 Ebd., S. 62

46 Anna-Raphaela Schmitz: ›Carl Clauberg (1898–1957). Ein Mediziner in Auschwitz‹, in: *Zukunft braucht Erinnerung*, 06.03.2011, https://www.zukunft-braucht-erinnerung.de/carl-clauberg/

47 Zitiert nach: Ruth Jolanda Weinberger: *Fertilitätsexperimente in Auschwitz*, S. 14, https://www.lbihs.at/WeinbergerFertilitaetsexperimente.pdf

48 Ohne Autor:in: ›Die ungesühnten Verbrechen von Auschwitz: Die Frauen von Block 10‹, in: *Der Standard*, 20.01.2020, https://www.derstandard.de/story/2000113511284/aus-scham-schweigenmenschenversuche-in-auschwitz

49 Vgl. Gisela Bock: *Zwangssterilisation im Nationalsozialismus. Studien zur Rassenpolitik und Geschlechterpolitik*, Münster 2010, S. 420

50 Nicola Lauré al-Samarai: *Schwarze Menschen im Nationalsozialismus*, in: Bundeszentrale für politische Bildung, Bonn 2004, https://www.bpb.de/gesellschaft/migration/afrikanische-diaspora/59423/nationalsozialismus?p=0

51 Gabriele Czarnowski (wie Anm. 44), S. 68

52 Ebd., S. 59

53 Götz Aly: *»Endlösung«. Völkerverschiebung und der Mord an den europäischen Juden,* Frankfurt a. M. 1995, S. 375 und 381

54 Robert Jütte (wie Anm. 30), S. 268

55 Ohne Autor:in: ›Zwangssterilisation in der Schweiz‹, in: *Neue Zürcher Zeitung,* 01.10.2006, https://www.nzz.ch/articleEIXRK-1.64887

56 Robert Jütte (wie Anm. 30), S. 267

57 Matt Broomfield: ›GCHQ apologises for 'horrifying' treatment of Alan Turing and discrimination against other LGBT people‹, in: *Independent,* 17.04. 2016, https://www.independent.co.uk/news/uk/gchq-apology-horrifying-treatment-alan-turing-lgbt-people-a6987021.html

58 Zitiert nach: Bernard Rorke/Marek Szilvasi: ›Racism's cruelest cut: coercive sterilisation of Romani women and their fight for justice in the Czech Republic (1966–2016)‹, in: *Open Democracy,* 24.01.2017, https://www.opendemocracy.net/en/can-europe-make-it/racisms-cruelest-cut-coercive-sterilization-of-roman/

59 European Roma Rights Center: *Parallel Report,* 22.06.2016, S. 3, http://www.errc.org/uploads/upload_en/file/czech-cedaw-submission-22-january-2016.pdf

60 Bernard Rorke/Marek Szilvasi (wie Anm. 58)

61 Fabian Kretschmer: ›Verbotener Kinderwunsch‹, in: *die tageszeitung,* 20.06. 2020, https://taz.de/Unterdrueckung-von-Uiguren-in-China/!5697513/

62 Zitiert nach: Marlen Oehler: ›Uigurinnen müssen vierteljährlich zur Spiralen-Kontrolle‹, in: *SRF,* 08.07.2020, https://www.srf.ch/news/international/china-will-uiguren-dezimieren-uigurinnen-muessen-vierteljaehrlich-zur-spiralen-kontrolle

63 Kari Paul: ›Ice detainees faced medical neglect and hysterectomies, whistleblower alleges‹, in: *Guardian,* 15.09.2020, https://www.theguardian.com/us-news/2020/sep/14/ice-detainees-hysterectomies-medical-neglect-irwin-georgia

64 Vgl. Bettina Rainer: ›Geburtenkontrolle als System. Geschichte des Überbevölkerungsdiskurses‹, in: Autorinnenkollektiv Bevölkerungspolitik: *Das Schweigen nach Kairo,* Iz3w, Ausgabe 297, November/Dezember 2006, https://www.frauen-rechte-gesundheit.org/corpus/iz3w_297_Bevoelkerungspolitik.pdf

65 Vgl. Susanne Schultz: *Hegemonie – Gouvernementalität – Biomacht. Reproduktive Risiken und die Transformation internationaler Bevölkerungspolitik,* Münster 2006, S. 85

66 Vgl. Roman Birke: *Geburtenkontrolle als Menschenrecht. Die Diskussion um globale Überbevölkerung seit den 1940er Jahren,* Göttingen 2020, S. 52

67 María do Mar Castro Varela/Nikita Dhawan: *Postkoloniale Theorie. Eine kritische Einführung,* Bielefeld 2005, S. 16

68 Pascal Grosse (wie Anm. 39), S. 149

69 Loretta J. Ross: ›Reproductive Justice. Ein Rahmen für anti-essentialistische und intersektionale Politik‹, in: Kitchen Politics (Hrsg.): *Mehr als Selbstbestimmung! Kämpfe für reproduktive Gerechtigkeit,* Münster 2021, S. 35

70 Vgl. Pascal Grosse (wie Anm. 39), S. 149

71 Nikita Dhawan/María do Mar Castro Varela: ›Kulturkolonialismus und postkoloniale Kritik: Perspektiven der Geschlechterforschung‹, in: Beate

Kortendiek et al. (Hrsg.): *Handbuch Interdisziplinäre Geschlechterforschung*, Wiesbaden 2017 (Geschlecht und Gesellschaft, Bd. 69), S. 1–10, hier S. 6
72 Ebd.
73 Paul R. Ehrlich: *The Population Bomb*, New York 1968, S. 1
74 Ebd., S. 132 f.
75 Donella H. Meadows et al: *The Limits to Growth. A Report for THE CLUB OF ROME'S Project on the Predicament of Mankind*, New York 1972, S. 23
76 Roman Birke (wie Anm. 66), S. 25
77 Oxfam: *Confronting Carbon Inequality*, 2020, S. 2, https://www.oxfam.de/system/files/documents/20200921-confronting-carbon-inequality.pdf
78 Thomas Fatheuer/Lili Fuhr/Barbara Unmüßig: *Kritik der Grünen Ökonomie*, München 2015, S. 46
79 Fridays for Future: *Zeit für Klimagerechtigkeit #KeinGradWeiter – Teil II: Klimagerechtigkeit im globalen Kontext*, 14.09.2020, https://fridaysforfuture.de/zeit-fuer-klimagerechtigkeit-keingradweiter-teil-ii-klimagerechtigkeit-im-globalen-kontext/
80 Marcel Fratzscher: ›Die verquere Logik des Club of Rome: Der Club of Rome fordert, Frauen zu bestechen, damit sie weniger Kinder bekommen. Was für ein Unsinn‹, in: *Spiegel Online*, September 2016, https://www.spiegel.de/wirtschaft/soziales/club-of-rome-zukunftsbericht-was-fuer-ein-unsinn-kommentar-a-1112295.html
81 Vgl. Susanne Schultz (wie Anm. 65), S. 81
82 Vgl. Roman Birke (wie Anm. 66), S. 8
83 Susanne Schultz (wie Anm. 65), S. 89
84 Vgl. Elisabeth Aufhauser: ›Diskursfeld Bevölkerungspolitik‹, in: *Journal für Entwicklungspolitik* (JEP), XVII. Jg. (2001), Heft 1, S. 7–28, hier S. 9 f.
85 Soutik Biswas: ›India's dark history of sterilisation‹, in: *BBC*, 14.11.2014, https://www.bbc.com/news/world-asia-india-30040790
86 Amrita Pande: *Wombs in Labor*, New York 2014, S. 32
87 Soutik Biswas (wie Anm. 85)
88 Deutscher Bundestag: Drucksache 11/7439. Antwort der Bundesregierung auf die Große Anfrage der Abgeordneten Frau Schmidt (Hamburg), Volmer und der Fraktion Die Grünen zu der Beteiligung der Bundesrepublik Deutschland an bevölkerungspolitischen Programmen in Entwicklungsländern, 20.06.1990, S. 17, https://dserver.bundestag.de/btd/11/074/1107439.pdf
89 Vgl. Betsy Hartmann: *Reproductive Rights and Wrongs*, New York 1987, sowie ohne Autor:in: ›Indira macht arme Männer impotent‹, in: *Der Spiegel*, 19.12.1976, https://www.spiegel.de/politik/indira-macht-arme-maenner-impotent-a-dbd86476-0002-0001-0000-000041119094?context=issue
90 Anjali Bansal/Laxmi Kant Dwivedi: ›Sterilization regret in India: Is quality of care a matter of concern?‹, in: *Contraception and Reproductive Medicine*, Vol. 5, (2020), Nr. 13, S. 1–12, hier S. 7, https://contraceptionmedicine.biomedcentral.com/track/pdf/10.1186/s40834-020-00115-8.pdf
91 Hanna Harris Green: ›The world's most common contraception has a dark past‹, in: *BBC*, 11.09.2018, https://www.bbc.com/future/article/20180906-why-female-sterilisation-is-so-popular-in-india; Vidya Krishnan: ›Doctor freed in Bilaspur sterilisation deaths case‹, in: *The Hindu*, 21.02.2017, https://www.thehindu.com/news/national/other-states/sterilisation-deaths-in-chhattisgarh-doctor-freed/article17336215.ece
92 Jurriaan van Eerten: ›Peru's history of forced sterilisation overshadows vote‹,

in: *Aljazeera*, 08.04.2016, https://www.aljazeera.com/features/2016/04/08/perus-history-of-forced-sterilisation-overshadows-vote/

93 Leila Miller: ›Tied down and sterilized: Peru's dark history of family planning‹, in: *Los Angeles Times*, 29.10.2019, https://www.latimes.com/world-nation/story/2019-10-29/peru-forced-sterilization-alberto-fujimori

94 Ebd.

95 Vgl. Drucksache 11/7439 (wie Anm. 88); Betsy Hartmann (wie Anm. 89), S. 268 f.

96 USAID: *USAID's Partnership with Peru Advances Family Planning*, 2016, https://www.usaid.gov/sites/default/files/documents/1864/peru-508.pdf

97 UNFPA (wie Anm. 4), S. 60

98 Vgl. Patricia Hecht/Dinah Riese: ›Ihr Code-Wort war Picknick. Illegale Abtreibungen in den 70ern‹, in: *die tageszeitung*, 07.08.2018, https://taz.de/Illegale-Abtreibungen-in-den-70ern/!5521063/

99 Susanne Schultz: ›Gender Killer. Feministische Bevölkerungspolitik? Zur internationalen Debatte um Selbstbestimmung‹, in: *Nadir.org*, 1998, https://www.nadir.org/nadir/archiv/Feminismus/GenderKiller/gender_2.html

100 *Proclamation of Teheran, Final Act of the International Conference on Human Rights, Teheran, 22 April to 13 May 1968*, UN Doc. A/CONF. 32/41, New York 1968, S. 15, http://legal.un.org/avl/pdf/ha/fatchr/Final_Act_of_TehranConf.pdf, Übersetzung durch die Autorinnen

101 ›Übereinkommen zur Beseitigung jeder Form von Diskriminierung der Frau vom 18. Dezember 1979‹, in: *Bundesgesetzblatt* (BGBl.) 1985 II, S. 647, https://www.institut-fuer-menschenrechte.de/fileadmin/Redaktion/PDF/DB_Menschenrechtsschutz/CEDAW/CEDAW_Konvention.pdf

102 Friederike Wapler/Laura Klein: *Reproduktive Gesundheit und Rechte*, Bundeszentrale für politische Bildung, Bonn 2019, https://www.bpb.de/apuz/290797/reproduktive-gesundheit-und-rechte?p=all

103 Vgl. Loretta Ross: *Understanding Reproductive Justice*, SisterSong Women of Color Reproductive Health Collective, 2006, S. 4

104 Vgl. Berlin-Institut für Bevölkerung und Entwicklung: *Umkämpftes Terrain. Der internationale Widerstand gegen das Recht auf sexuelle Selbstbestimmung*, 2019, S. 12, https://www.berlin-institut.org/fileadmin/Redaktion/Publikationen/PDF/BI_UmkaempftesTerrain_2019.pdf

105 Vgl. Loretta Ross (wie Anm. 103), S. 4

106 UNFPA (wie Anm. 4), S. 13, Übersetzung durch die Autorinnen

107 UNFPA: *Explainer: What is the ICPD and why does it matter?*, 2019, https://www.unfpa.org/news/explainer-what-icpd-and-why-does-it-matter

108 UNFPA (wie Anm. 4), S. 90

109 Daniel Bendix/Susanne Schultz: ›Bevölkerungspolitik reloaded: Zwischen BMZ und Bayer‹, in: *Peripherie* 3 (2015), S. 447–468, hier S. 448, https://doi.org/10.3224/peripherie.v35i140.22998

110 Deutsche Stiftung Weltbevölkerung: https://www.dsw.org/weltbevoelkerung/; zur Politik anderer Organisationen vgl. Roman Birke (wie Anm. 66), S. 26

111 United Nations: *World Population Prospects 2019*, https://population.un.org/wpp/Publications/Files/WPP2019_Highlights.pdf; vgl. zudem: Anne Hendrixson et al.: *A renewed call for feminist resistance to population control*, o. D., https://drive.google.com/file/d/1clfcr7Ru3DNA6opF30961qRJtTIKj4y1/view

112 Alisa Kaps/Ann-Kathrin Schewe/Catherina Hinz: *Umkämpftes Terrain. Der*

internationale Widerstand gegen das Recht auf sexuelle Selbstbestimmung, Berlin 2019, S. 5

113 Daniel Bendix/Susanne Schultz (wie Anm. 109), S. 465

114 2020 lag das Budget von UNFPA bei 1,2 Mrd. Dollar; vgl. https://www.deutschlandfunk.de/globale-krisen-wie-viel-einfluss-hat-die-wachsende.724.de.html?dram:article_id=500091

115 United Nations: *Contraceptive Use by Method 2019. Data Booklet,* S. 2, https://www.un.org/development/desa/pd/sites/www.un.org.development.desa.pd/files/files/documents/2020/Jan/un_2019_contraceptiveusebymethod_databooklet.pdf

116 Vgl. Gayatri Chakravorty Spivak: ›Use and Abuse of Human Rights‹, in: *boundary 2,* Vol. 32 (2005), Nr. 1, S. 131–189; vgl. dazu auch: Christa Wichterich (wie Anm. 6)

117 Susanne Schultz (wie Anm. 65), S. 209

118 Berlin-Institut für Bevölkerung und Entwicklung (wie Anm. 104), S. 8

119 Antje Schrupp: *Schwanger werden können. Essay über Körper, Geschlecht und Politik,* Roßdorf bei Darmstadt 2019, S. 17

120 Margaret Sanger: *An Autobiography,* New York 1938, S. 92, Übersetzung durch die Autorinnen

121 Samantha Schmidt: ›Planned Parenthood to remove Margaret Sanger's name from N.Y. clinic over views on eugenics‹, in: *Washington Post,* 21.07.2020, https://www.washingtonpost.com/history/2020/07/21/margaret-sanger-planned-parenthood-eugenics/

122 Margaret Sanger: ›The Eugenic Value of Birth Control Propaganda‹, in: *Birth Control Review,* Vol. 5 (1921), No. 10, S. 5, Übersetzung durch die Autorinnen

123 Marie Carmichael Stopes: *Radiant Motherhood. A Book for Those Who Are Creating the Future,* London 1921, S. 245, Übersetzung durch die Autorinnen

124 Zitat bei Ernst Klee: *Das Personenlexikon zum Dritten Reich. Wer war was vor und nach 1945,* 2., aktualisierte Auflage, Frankfurt a. M. 2005, S. 227

125 Zitiert nach: Aurelia Weikert (wie Anm. 31), S. 34

126 Linda Gordon: *The Moral Property of Women. A History of Birth Control Politics in America,* Illinois 1974, Ausgabe von 2002, S. 103, Übersetzung durch die Autorinnen

127 Angela Davis: ›Racism, Birth Control and Reproductive Rights‹, in: Angela Davis (wie Anm. 34), S. 358, Übersetzung durch die Autorinnen

128 Pazharek Heidari: ›»Das ist Fake-Feminismus«‹, Interview mit Patricia Hecht, in: *die tageszeitung,* 16.02.2018, https://taz.de/AfD-marschiert-durch-Berlin-Kreuzberg/!5482453/

129 Pro Familia: ›Harmsen nicht mehr Ehrenpräsident‹, in: *Sexualpädagogik und Familienplanung* 6/84, S. 21

130 MSI Reproductive Choices: *Our History. In 1976, our founders set out on a mission to bring choice to women around the world,* Übersetzung durch die Autorinnen

131 Vgl. Nikita Stewart: ›Planned Parenthood in N.Y. Disavows Margaret Sanger over Eugenics‹, in: *New York Times,* 21.07.2020, https://www.nytimes.com/2020/07/21/nyregion/planned-parenthood-margaret-sanger-eugenics.html

132 Angela Davis (wie Anm. 34)

133 Southern Poverty Law Center: *Relf v. Weinberger*, https://www.splcenter.org/seeking-justice/case-docket/relf-v-weinberger
134 Angela Davis (wie Anm. 34)
135 Zitiert nach: ebd.
136 Lisa Ko: ›Unwanted sterilization and eugenics Programs in the United States‹, in: *Independent lens*, 29.01.2016, https://www.pbs.org/independentlens/blog/unwanted-sterilization-and-eugenics-programs-in-the-united-states/
137 Carsten Schabosky: ›»Man kann die Wahrheit nicht mehr leugnen«‹, in: *Tagesschau*, 28.07.2021, https://www.tagesschau.de/ausland/amerika/indigenekinder-kanada-101.html
138 Angela Davis (wie Anm. 34)
139 Ebd., S. 354
140 Vgl. u. a. Kimberlé Crenshaw: ›Das Zusammenwirken von *Race* und *Gender* ins Zentrum rücken. Eine Schwarze feministische Kritik des Antidiskriminierungsdogmas, der feministischen Theorie und antirassistischer Politiken‹ (1989), in: Natasha A. Kelly (Hrsg.): *Schwarzer Feminismus. Grundlagentexte*, Münster 2019, S. 145–186, hier S. 145 ff.
141 Angela Davis (wie Anm. 34)
142 Vgl. Franziska Schutzbach: ›Bevölkerung, Krise, Nation. Koloniale Kontinuitäten in demografischen Fertilitätsdebatten‹, in: Karin Hostettler/Sophie Vögele (Hrsg.): *Diesseits der imperialen Geschlechterordnung: (post-)koloniale Reflexionen über den Westen*, Bielefeld 2014, S. 71–98, hier S. 77
143 »Reproductive health integrated into social justice«, siehe Loretta Ross (wie Anm. 103), S. 1
144 Ebd.
145 Silvia Federici: *Hexenjagd. Die Angst vor der Macht der Frauen*, Münster 2019, S. 38
146 Antje Schrupp (wie Anm. 119), S. 17
147 Elisabeth Parzer: ›Historische Aspekte der Verhütung‹, Interview mit BoudoirDelicious‹, 2018, https://www.boudoirdelicious.de/historische-aspekte-der-verhuetung/
148 Patricia Crawford: ›Sexual Knowledge in England, 1500–1750‹, in: Roy Porter/Mikuláš Teich (Hrsg.): *Sexual Knowledge, Sexual Science: The History of Attitudes to Sexuality*, Cambridge 1994, S. 82–106
149 Silvia Federici: *Caliban und die Hexe. Frauen, der Körper und die ursprüngliche Akkumulation*, Wien 2012, S. 222
150 Mona Chollet: *Hexen. Die unbesiegte Macht der Frauen*, Hamburg 2020, S. 41
151 Ebd., S. 27
152 Silvia Federici (wie Anm. 149), S. 202
153 Vgl. ›Katholische Krankenhäuser lehnen Vergewaltigungsopfer ab‹, in: *Der Tagesspiegel*, 17.01.2013, https://www.tagesspiegel.de/gesellschaft/panorama/koeln-katholische-krankenhaeuser-lehnen-vergewaltigungsopfer-ab/7648984.html
154 Maja Wagener: ›In Klinik unter katholischer Trägerschaft: Frau wird Spirale aus ethischen Gründen verweigert‹, in: *Westerwälder Zeitung*, 13.09.2021, https://www.rhein-zeitung.de/region/aus-den-lokalredaktionen/westerwaelder-zeitung_artikel,-in-klinik-unter-katholischer-traegerschaft-frau-wird-spirale-aus-ethischen-gruenden-verweigert-_arid,2308152.html

155 Vgl. Silvia Federici (wie Anm. 145), S. 35
156 Genesis 1:28
157 Zitiert nach: Robert Jütte (wie Anm. 30), S. 121
158 Zitiert nach: Silvia Federici (wie Anm. 149), S. 221
159 Vatikan: *Humanae Vitae*, Rom 1968, http://www.vatican.va/content/paul-vi/de/encyclicals/documents/hf_p-vi_enc_25071968_humanae-vitae.html
160 Ebd.
161 Soranos von Ephesos, zitiert nach: Robert Jütte (wie Anm. 30), S. 75
162 Nach Robert Jütte (wie Anm. 30), S. 79
163 Museum für Verhütung und Schwangerschaftsabbruch: *Erster Weltkrieg: Kondome werden Usus*, https://muvs.org/de/themen/verhuetung/erster-weltkrieg-kondome-werden-usus/
164 Robert Jütte (wie Anm. 30), S. 194
165 Elisabeth Parzer (wie Anm. 147)
166 Vgl. zum Beispiel Robert Jütte (wie Anm. 30), S. 199
167 Anna Fischer-Dückelmann: *Die Frau als Hausärztin. Ein ärztliches Nachschlagebuch der Gesundheitspflege und Heilkunde in der Familie mit besonderer Berücksichtigung der Frauen- und Kinderkrankheiten, Geburtshilfe und Kinderpflege*, Stuttgart 1911, S. 252 ff., https://archive.org/details/diefraualshaus00fiscuoft/page/n5/mode/2up)
168 Vgl. zum Beispiel Robert Jütte (wie Anm. 30), S. 205
169 Zitiert nach: Kristine von Soden: ›»§218 – streichen, nicht ändern!« – Abtreibung und Geburtenregelung in der Weimarer Republik‹, in: Gisela Staupe/Lisa Vieth (wie Anm. 44), S. 26–50, hier S. 49
170 Anna Bergmann, zitiert nach: Robert Jütte (wie Anm. 30), S. 240
171 Ebd.
172 Vgl. ebd., S. 243
173 ›Helene Stöcker‹, in: *100 Köpfe der Demokratie*, https://www.demokratie-geschichte.de/koepfe/2311
174 Aurelia Weikert (wie Anm. 31), S. 34
175 Brigitte Unger-Soyka: *Das Ehe- und Familienleitbild der Sozialdemokratischen Partei Deutschlands*, Berlin 2009, S. 207, https://d-nb.info/1023750155/34
176 Gisela Notz: *Perspektiven sexueller Selbstbestimmung in der Familienplanung*, 2010, S. 3 f., https://arbeitskreis-frauengesundheit.de/2010/11/03/perspektiven-sexueller-selbstbestimmung-in-der-familienplanung-von-dr-gisela-notz/
177 *Frauenkörper neu gesehen. Ein illustriertes Handbuch*, Berlin 1992, S. 9
178 ›Eine Revolution als Nebenwirkung. Die Anti-Baby-Pille in der DDR‹, in: *MDR*, 14.10.2021 https://www.mdr.de/geschichte/wunschkindpille-anti-babypille-frauen-sex-ohne-folgen100.html
179 Gerd Glaeske/Petra Thürmann: *Pillenreport. Ein Statusbericht zu oralen Kontrazeptiva*, Universität Bremen 2015, S. 14
180 Zitiert nach: Vera Mocnik: *»Wo der Wind, da seine Hose«. Eine historische Diskursanalyse der Berichterstattung in Österreich über die Pille in den 70-iger Jahren*, Wien 2009, S. 221, http://othes.univie.ac.at/6052/1/2009-07-14_9806112.pdf
181 ›Braune Flecken auf der Pille‹, in: *Neues Deutschland*, 10.03.2007, https://www.neues-deutschland.de/artikel/106355.braune-flecken-auf-der-pille.html
182 Susanne Schultz: ›»Kein emanzipatorisches Projekt«‹, Interview mit Patricia Hecht in: *die tageszeitung*, 18.08.2020, https://taz.de/Soziologin-ueber-60-Jahre-Pille/!5703215

183 Ebd.
184 Bundeszentrale für gesundheitliche Aufklärung: *Verhütungsverhalten Erwachsener 2018*, Köln 2020
185 Gerd Glaeske/Petra Thürmann (wie Anm. 179), S. 33
186 Ebd., S. 19
187 United Nations: *Contraceptive Use by Method 2019*, New York 2019, S. 2
188 Word Health Organization (WHO): *Contraception*, Genf 2019, https://apps.who.int/iris/bitstream/handle/10665/329884/WHO-RHR-19.18-eng.pdf
189 United Nations: *Family Planning and the 2030 Agenda for Sustainable Development*, S. 1, https://www.un.org/en/development/desa/population/publications/pdf/family/familyPlanning_DataBooklet_2019.pdf
190 WHO: *Contraception Overview*, https://www.who.int/health-topics/contraception#tab=tab_1
191 European Parliamentary Forum for Sexual & Reproductive Rights (EPF): *Limited Access: Europe's Contraception Deficit – A White Paper*, Brüssel 2018, S. 3
192 EPF: *Contraception Policy Atlas*, Brüssel 2020
193 Patricia Hecht: ›Eine Frage des Einkommens‹, in: *die tageszeitung*, 10.09.2019, https://taz.de/Sichere-Verhuetung-fuer-Frauen/!5621225/
194 HartzIV.org: *Hartz IV Regelsatz. Regelbedarf 2021/2022 beim Arbeitslosengeld II*, https://www.hartziv.org/regelbedarf.html
195 Patricia Hecht (wie Anm. 193)
196 ›Bundesrat will kostenfreie Verhütung für Einkommensschwache‹, in: *Ärzteblatt*, 15.12.2017, https://www.aerzteblatt.de/nachrichten/87067/Bundesrat-will-kostenfreie-Verhuetung-fuer-Einkommensschwache
197 Vgl. *Mehr Fortschritt wagen – Bündnis für Freiheit, Gerechtigkeit und Nachhaltigkeit. Koalitionsvertrag 2021–2025 zwischen SPD, Bündnis 90/Die Grünen und FDP*, S. 116, https://www.spd.de/fileadmin/Dokumente/Koalitionsvertrag/Koalitionsvertrag_2021-2025.pdf
198 Bundesministerium für wirtschaftliche Zusammenarbeit und Entwicklung (BMZ): *Sexuelle und reproduktive Gesundheit und Rechte*, https://www.bmz.de/de/entwicklungspolitik/sexuelle-reproduktive-gesundheit-rechte
199 Guttmacher Institute: *Adding It Up: Investing in Sexual and Reproductive Health 2019*, https://www.guttmacher.org/report/adding-it-up-investing-in-sexual-reproductive-health-2019
200 Vgl. dazu auch: Max-Planck-Gesellschaft: ›Abstand zwischen zwei Geburten beeinflusst Kindersterblichkeit‹, 03.07.2019, https://www.mpg.de/13664120/geburtsintervall-beeinflusst-kindersterblichkeit
201 Hanna Harris Green (wie Anm. 91)
202 United Nations, Department of Economic and Social Affairs: *Contraceptive Use by Method*, 2019, https://www.un.org/development/desa/pd/sites/www.un.org.development.desa.pd/files/files/documents/2020/Jan/un_2019_contraceptiveusebymethod_databooklet.pdf
203 Vgl. zum Beispiel Alice Echtermann: ›Faktencheck‹, in: *Correctiv*, 28.08.2020, https://correctiv.org/faktencheck/2020/08/28/nein-die-who-und-unicef-wollten-nicht-mit-tetanus-impfungen-millionen-frauen-in-kenia-sterilisieren/
204 Family Planning 2020: *Measurement. Indicator 13: Couple-years of Protection*, http://2016-2017progress.familyplanning2020.org/en/measurement-section/couple-years-of-protection-core-indicator-13
205 Lisa Peters/Marlies Pilon: ›Op pad met de racende dokters die een heel land

van anticonceptie willen voorzien‹, in: *De Correspondent*, 06.03.2020, https://decorrespondent.nl/11005/op-pad-met-de-racende-dokters-die-een-heel-land-van-anticonceptie-willen-voorzien/2435713154325-f40d79f1

206 Family Planning 2020: *Marie Stopes International (MSI)*, https://www.familyplanning2020.org/msi

207 Megan Christofield/Maryjane Lacoste: ›Accessible Contraceptive Implant Removal Services: An Essential Element of Quality Service Delivery and Scale-Up‹, in: *Global Health: Science and Practice*, Vol. 4 (2016), No. 3, S. 366–372, hier S. 367, https://www.ncbi.nlm.nih.gov/pmc/articles/PMC5042693/pdf/366.pdf

208 Jill E. Sergison/Randy M. Stalter/Rebecca L. Callahan/Kate H. Rademacher/Markus J. Steiner: ›Cost of Contraceptive Implant Removal Services Must Be Considered When Responding to the Growing Demand for Removals‹, in: *Global Health: Science and Practice*, Vol. 5 (2017), No. 2, S. 330–332, hier S. 331, https://www.ncbi.nlm.nih.gov/pmc/articles/PMC5487094/pdf/330.pdf

209 Lisa Peters/Marlies Pilon (wie Anm. 205)

210 Daniel Bendix/Susanne Schultz: *Implantierte Verhütung. Trend zurück zum Neomalthusianismus?*, Gen-ethisches Netzwerk 2013, https://www.gen-ethisches-netzwerk.de/pharmakonzerne/implantierte-verhuetung

211 Lisa Peters/Marlies Pilon (wie Anm. 205)

212 Daniel Bendix/Susanne Schultz (wie Anm. 210)

213 Ebd.

214 Elisabeth Aufhauser (wie Anm. 84), S. 10

215 Daniel Bendix/Susanne Schultz (wie Anm. 210)

216 Robert Jütte: ›Arzt und Ethos: Aufklärung und »informed consent«‹, in: *Deutsches Ärzteblatt* 2018, 115 (27-28), https://www.aerzteblatt.de/archiv/198935/Arzt-und-Ethos-Aufklaerung-und-informed-consent

217 UN CEDAW Artikel 16.1 (e); UN CEDAW: *General Recommendation No. 24: Article 12 of the Convention (Women and Health)*, 1999

218 Susanne Schultz (wie Anm. 182)

219 *The Puerto Rico Pill Trials*, https://www.pbs.org/wgbh/americanexperience/features/pill-puerto-rico-pill-trials/

220 Ebd.

221 Antonia Darder: ›Colonized Wombs? Reproduction Rights and Puerto Rican Women‹, in: *The Public*, Dezember 2006, http://publici.ucimc.org/2006/12/colonized-wombs-reproduction-rights-and-puerto-rican-women/, Übersetzung durch die Autorinnen

222 Twitter-Post von Ninia LaGrande, 02.09.2020, https://twitter.com/NiniaLaGrande/status/1301056440560496640

223 UN-Behindertenrechtskonvention, Artikel 23: *Achtung der Wohnung und der Familie*, zitiert nach: https://www.behindertenbeauftragte.de/SharedDocs/Publikationen/UN_Konvention_deutsch.pdf?__blob=publicationFile&v=2

224 Monika Schröttle/Claudia Hornberg/Sandra Glammeier et al.: *Lebenssituation und Belastungen von Frauen mit Beeinträchtigungen und Behinderungen in Deutschland – Kurzfassung*, BMFSJ, Berlin 2012, S. 41

225 Vgl. Positionspapier der Staatlichen Koordinierungsstelle nach Art. 3 3 UN-BRK: Zwangssterilisation, 2017, S. 6, https://www.behindertenbeauftragte.de/SharedDocs/Downloads/DE/20170426_Positionspapier_Zwangssterilisation.pdf?__blob=publicationFile&v=1

226 Jantje Bohlmann; *Sterilisation der Frau: dauerhafte Verhütung*, Techniker

Krankenkasse, 13.02.2021, https://www.tk.de/techniker/gesundheit-und-medizin/schwangerschaft-und-geburt/sterilisation-der-frau-dauerhafte-verhuetung-2013532

227 Zitiert nach: Jana-Sophie Brüntjen: ›Expertin: Sterilisation von Frauen mit Behinderung oft nicht rechtens‹, in: *Neues Deutschland*, 19.10.2020, https://www.neues-deutschland.de/artikel/1143308.sterilisation-expertin-sterilisation-von-frauen-mit-behinderung-oft-nicht-rechtens.html

228 Interview Patricia Hecht mit Julia Zinsmeister, 17.09.2021

229 Julia Zinsmeister: ›Zur Einflussnahme rechtlicher Betreuerinnen und Betreuer auf die Verhütung und Familienplanung der Betreuten‹, in: *BtPrax – Betreuungsrechtliche Praxis*, Ausgabe 6/2012, S. 227–232, hier S. 231

230 Jana-Sophie Brüntjen (wie Anm. 227)

231 Bürgerliches Gesetzbuch (BGB): § 1905 Sterilisation, (1), 1.–4., https://www.gesetze-im-internet.de/bgb/__1905.html

232 Interview Patricia Hecht mit Julia Zinsmeister, 17.09.2021

233 Jana-Sophie Brüntjen (wie Anm. 227)

234 Ebd.

235 UN CEDAW: *General recommendation No. 35 on gender-based violence against women, updating general recommendation No. 19*, 2017

236 Pro Familia: *Sexuelle Assistenz für Frauen und Männer mit Behinderungen*, Frankfurt a. M. 2005, S. 21, https://www.profamilia.de/fileadmin/publikationen/Fachpublikationen/expertise_sexuelle_assistenz.pdf

237 Ebd.

238 Ebd., S. 22 (Fußnote 25)

239 Martina Puschke: ›Hat die UN-Behindertenrechtskonvention bewirkt, dass sexuelle Selbstbestimmung gelebt werden kann?‹, in: *BZgA FORUM* 1 (2017), S. 10–13, hier S. 12, https://www.bzga.de/infomaterialien/fachpublikationen/fachpublikationen/heft-1-2017-sexualitaet-und-behinderung/

240 Podcast »All Inclusive«, Folge 5, https://www.aktion-mensch.de/podcast/podcast-folge-5-mareice-kaiser.html

241 Ebd.

242 Associated Press: ›Japan's Supreme Court upholds transgender sterilization requirement‹, in: *NBC News*, 25.01.2019, https://www.nbcnews.com/feature/nbc-out/japan-s-supreme-court-upholds-transgender-sterilization-requirement-n962721

243 Kyle Knight: ›Czech Transgender Sterilization Law Violates Right to Health‹, in: *Human Rights Watch*, 12.10.2018, https://www.hrw.org/news/2018/10/12/czech-transgender-sterilization-law-violates-right-health

244 Paula Balov: ›Zwangssterilisation von trans* Personen‹, in: *Siegessäule*, 22.11.2019, https://www.siegessaeule.de/magazin/4527-zwangssterilisation-von-trans-personen/

245 Grüne Bundestagsfraktion: ›40 Jahre Transsexuellengesetz – Grüne fordern Opfer-Entschädigungsfonds und Selbstbestimmungsgesetz‹, Pressemitteilung, 09.09.2020

246 *Mehr Fortschritt wagen* (wie Anm. 197), S. 119

247 Felix Rupprecht: ›Warum es keine Pille für den Mann gibt‹, in: *Der Tagesspiegel*, 01.10.2018

248 Robert Jütte (wie Anm. 30), S. 325

249 Susanne Schultz (wie Anm. 182)

250 Zitiert nach: Anne Meehrpohl, Interview mit Fabian Hennig: ›Keine Pille

für den Mann‹, in: *analyse und kritik*, 18.05.2020, https://www.akweb.de/ausgaben/660/keine-pille-fuer-den-mann/

251 Zitiert nach: Felix Rupprecht (wie Anm. 247)

252 Anne Meehrpohl (wie Anm. 250)

253 Ebd.

254 Ebd.

255 Zitiert nach: ebd.

256 Niklas Franzen: ›Mit Gebet gegen Abtreibung‹, in: *die tageszeitung*, 18.08.2020, https://taz.de/Nach-Vergewaltigung-in-Brasilien/!5702589/

257 Human Rights Watch: ›Brazil: Revoke Regulation Curtailing Abortion Access‹, 21.09.2020, https://www.hrw.org/news/2020/09/21/brazil-revoke-regulation-curtailing-abortion-access

258 Delphine Starr: ›A 10-Year-Old Girl's Ordeal to Have a Legal Abortion in Brazil‹, in: *Human Rights Watch*, 20.08.2020, https://www.hrw.org/news/2020/08/20/10-year-old-girls-ordeal-have-legal-abortion-brazil

259 AFP: ›Brazil expands requirements for abortion in rape cases‹, in: *Buenos Aires Times*, 30.08.2020, https://www.batimes.com.ar/news/latin-america/brazil-expands-requirements-for-abortion-in-rape-cases.phtml

260 Debora Diniz/Marcelo Medeiros/Alberto Madeiro: ›Pesquisa Nacional de Aborto 2016‹, in: *Ciência & Saúde Coletiva*, Vol. 22 (Februar 2017), Nr. 2, https://doi.org/10.1590/1413-81232017222.23812016

261 David Biller/Almudena Calatrava/Tatiana Pollastri: ›Brazilian women head to Argentina to avoid abortion ban‹, in: *AP News*, 07.01.2021, https://apnews.com/article/brazil-abortion-ban-884b4f8e96d773d15d503cefc4930c32

262 WHO: *Safe abortion: technical and policy guidance for health systems*, second edition, Genf 2012, S. 1

263 Center for Reproductive Rights: *The World's Abortion Laws*, https://maps.reproductiverights.org/worldabortionlaws?category[294]=294

264 Gilad Thaler/Kate Smith: ›»They don't know our reality«: Lives impacted by El Salvador's abortion ban‹, in: *CBS News*, 03.06.2020, https://www.cbsnews.com/news/abortion-ban-el-salvador-lives-affected/

265 https://www.amnesty.de/informieren/aktuell/el-salvador-teodora-del-carmen-vasquez-ist-frei

266 ›El Salvador rape victim who spent 33 months in jail is acquitted of stillbirth murder in retrial‹, in: *ABC.net*, 20.09.2019, https://www.abc.net.au/news/2019-08-20/salvadoran-suspected-of-having-abortion-acquitted-at-retrial/11430428

267 Guttmacher Institute: *Abortion in Latin America and the Caribbean*, New York 2018, https://www.guttmacher.org/sites/default/files/factsheet/ib_aww-latin-america.pdf

268 Center for Reproductive Rights: *The World's Abortion Laws*, https://maps.reproductiverights.org/worldabortionlaws?category[294]=294

269 ›Marokkanische Journalistin nach Abtreibungsurteil begnadigt‹, in: *DW.com*, 17.10.2109, https://www.dw.com/de/marokkanische-journalistin-nach-abtreibungsurteil-begnadigt/a-50865381

270 WHO: *Preventing unsafe abortion*, Genf 2019, https://www.who.int/news-room/fact-sheets/detail/preventing-unsafe-abortion

271 Ebd.

272 Instagram-Account der Kanzlei von Jolanta Budzowska: https://www.instagram.com/p/CVvARj5s2d-/?utm_medium=copy_link

273 Irish Statute Book: *Eighth Amendment of the Constitution Act,* 1983, http://www.irishstatutebook.ie/eli/1983/ca/8/schedule/enacted/en/html

274 Kitty Holland: ›How the death of Savita Halappanavar revolutionised Ireland‹, in: *The Irish Times,* 28.05.2018, https://www.irishtimes.com/news/social-affairs/how-the-death-of-savita-halappanavar-revolutionised-ireland-1.3510387

275 Texas Legislature Online: *Senate Bill 8,* 2021, https://capitol.texas.gov/tlodocs/87R/billtext/html/SB00008I.htm

276 Bethany Irvine: ›Why »heartbeat bill« is a misleading name for Texas' near-total abortion ban‹, in: *Texas Tribune,* 02.09.2021, https://www.texastribune.org/2021/09/02/texas-abortion-heartbeat-bill/

277 § 218 Absatz 1 Satz 1 Strafgesetzbuch (StGB)

278 Entscheidung des Bundesverfassungsgerichts (BVerfGE) vom 28.05.1993 (BVerfGE 88, 203), Az. 2 BvF 2/90, 4/92 und 5/92 (Leitsatz 3)

279 Ebd., D.I.2

280 Judith Goetz: ›»If I can't abort, it's not my revolution«. Abtreibung in Lateinamerika‹, in: *Die neue Radikalität der Abtreibungsgegner_innen im (inter-)nationalen Raum,* hrsg. v. Familienplanungszentrum Balance, Neu-Ulm 2012, S. 66–72, hie S. 67

281 Irene Maffi/Liv Tønnessen: ›The Limits of the Law: Abortion in the Middle East and North Africa‹, in: *Health and Human Rights Journal,* Vol. 21 (2019), No. 2, S. 1–6, hier S. 2, Übersetzung durch die Autorinnen

282 P. Chibueze Okorie/Olubusola Adebayo Abayomi: ›Abortion Laws in Nigeria: A Case for Reform‹, in: *Annual Survey of International & Comparative Law,* Vol. 23 (2019), No. 1, S. 165–192, hier S. 168, Übersetzung durch die Autorinnen

283 Vgl. dazu beispielsweise Bayerisches Staatsministerium für Familie, Arbeit und Soziales: *Schutz des ungeborenen Lebens,* https://www.stmas.bayern.de/schutz-ungeborenes-leben/

284 Günter Jerouschek: ›Zur Geschichte des Abtreibungsverbots‹, in: Gisela Staupe/Lisa Vieth (Hrsg.) (wie Anm. 44), S. 11–26, hier S. 13

285 Andrea Büchler/Marco Frei: ›Der Lebensbeginn aus juristischer Sicht – unter besonderer Berücksichtigung der Problematik des Schwangerschaftsabbruchs‹, in: *Jusletter,* 29.08.2011, S. 1–17, hier S. 3, https://www.ius.uzh.ch/dam/jcr:86cbf057-9067-4f6d-aafa-102364e5c1bd/Buechler_Frei_LebensbeginnausjuristischerSicht.pdf

286 Günter Jerouschek (wie Anm. 284), S. 14 f.

287 Dirk von Behren (wie Anm. 43), S. 12

288 Günter Jerouschek (wie Anm. 284), S. 23

289 Dirk von Behren (wie Anm. 43), S. 12

290 § 218 Strafgesetzbuch für das Deutsche Reich, 15.05.1871, S. 59

291 Kristine von Soden (wie Anm. 169), S. 38

292 Ebd., S. 40

293 Ebd.

294 Zitiert nach: ebd., S. 38

295 Papst Pius XI.: *Enzyklika Casti connubii,* 1930, https://stjosef.at/dokumente/casti_connubii.htm

296 Kristine von Soden (wie Anm. 169), S. 42 f.

297 Ebd., S. 41

298 Gisela Notz (wie Anm. 176)

299 Ute Gerhard-Teuscher: ›Frauenbewegung und § 218‹, in: Gisela Staupe/ Lisa Vieth (Hrsg.) (wie Anm. 44), S. 104–113, hier S. 113

300 ›Gesetz über die Unterbrechung der Schwangerschaft vom 9. März 1972‹, in: *Gesetzblatt der Deutschen Demokratischen Republik*, Teil I, Nr. 5, 15.03.1972, S. 89, Präambel

301 Ebd., § 1 Satz 1

302 Şeyda Kurt: ›Vertragsarbeiter*innen in der DDR: »Heute können sie keine Kinder mehr kriegen, weil sie kaputt sind«‹, in: *Zeit online*, 16.10.2018, https://www.zeit.de/zett/politik/2018-10/vertragsarbeiterinnen-in-der-ddr-heute-koennen-sie-keine-kinder-mehr-kriegen-weil-sie-kaputt-sind

303 Gisela Notz (wie Anm. 176), S. 3

304 Urteil des Bundesgerichtshofs vom 2. November 1966, Az. IV ZR 239/65 (NJW 1967, 1078–1080), in: *OpinioIuris – Die freie juristische Bibliothek*

305 Zitiert nach: Sabine Riese: ›Nicht alles im Leben ist steuerbar‹, in: *die tageszeitung*, 06.01.2018, https://taz.de/Frauenaerztin-ueber-Abtreibungen/!5471998/

306 Lebendiges Museum Online: *Druckgut Stern »Wir haben abgetrieben!«*, https://www.hdg.de/lemo/bestand/objekt/druckgut-stern-wir-haben-abgetrieben.html

307 Eiken Bruhn: ›Nicht mehr nach Holland fahren‹, in: *die tageszeitung*, 20.11.2019, https://taz.de/Pro-Familia-Zentrum-in-Bremen/!5642194/

308 Patricia Hecht/Dinah Riese: ›Ihr Codewort war »Picknick«‹, in: *die tageszeitung*, 07.08.2018, https://taz.de/Illegale-Abtreibungen-in-den-70ern/!5521063/

309 Ebd.

310 Vatikan: *Enzyklika Humanae Vitae*, Rom 1968, http://www.vatican.va/content/paul-vi/de/encyclicals/documents/hf_p-vi_enc_25071968_humanae-vitae.html

311 Deutscher Bundestag: *Stenografischer Bericht der 96. Sitzung*, Bonn, 26.04.1974, S. 6481

312 Entscheidung des Bundesverfassungsgerichts (BVerfGE) vom 25.02.1975 (BVerfGE 39, 1), Az. 1 BvF 1, 2, 3, 4, 5, 6/74 (Leitsätze 1 und 3)

313 Deutscher Bundestag: *Historische Debatten (7): Abtreibungsparagraf 218*, https://www.bundestag.de/dokumente/textarchiv/abtreibungsparagraf-200096

314 Bundeszentrale für politische Bildung: *1975: Streit um straffreie Abtreibung vor dem Verfassungsgericht*, Bonn 2015, https://www.bpb.de/politik/hintergrund-aktuell/201776/1975-streit-um-straffreie-abtreibung

315 Klaus Wittmann: ›»Kein Abtreiber«‹, in: *Die Zeit*, Nr. 39/1988, https://www.zeit.de/1988/39/kein-abtreiber/komplettansicht?print

316 Luitgard Koch: ›Skandalchronik im Memminger Hexenprozeß‹, in: *die tageszeitung*, 26.01.1989, https://taz.de/Skandalchronik-im-Memminger-Hexenprozess/!1824279/

317 Manuela Mayr: ›Abtreibungsprozess in Memmingen: Frauen am Pranger‹, in: *Augsburger Allgemeine*, 09.09.2013, https://www.augsburger-allgemeine.de/politik/Abtreibungsprozess-in-Memmingen-Frauen-am-Pranger-id26881786.html

318 ›Das sind politisch motivierte Prozesse‹, in: *Der Spiegel* 38/1988, 18.09.1988, https://www.spiegel.de/spiegel/print/d-13530329.html

319 Entscheidung des Bundesverfassungsgerichts (BVerfGE) vom 28.05.1993 (BVerfGE 88, 203), Az. 2 BvF 2/90, 4/92 und 5/92 (Leitsatz 3)

320 § 5 Absatz 1 Satz 1 Schwangerschaftskonfliktgesetz (SchKG)

321 § 219 Absatz 1 Satz 2 Strafgesetzbuch (StGB)

322 § 219 Absatz 1 Satz 1 StGB
323 § 218a Absatz 2 und 3 StGB
324 Patricia Hecht: ›»Das ist völlig widersprüchlich«‹, in: *die tageszeitung*, 10.06. 2019, https://taz.de/Juristin-ueber-die-Neuregelung-von--219a/!5599084/
325 FDP-Abgeordneter Heinz Lanfermann, zitiert nach: Deutscher Bundestag: *Stenografischer Bericht der 47. Sitzung*, Bonn, 29.06.1995, S. 3759
326 Statistisches Bundesamt: ›Zahl der Schwangerschaftsabbrüche im Jahr 2020 leicht zurückgegangen‹, Pressemitteilung, 24.03.2021, https://www.destatis.de/DE/Presse/Pressemitteilungen/2021/03/PD21_144_233.html;jsessionid=DA746160110D2B8655826F9EEB0AAE18.live711
327 § 219a StGB
328 Dinah Riese: ›Tausende fordern Ende des Paragrafen‹, in: *die tageszeitung*, 13.12.2017, https://taz.de/Werbung-fuer-Abtreibungen/!5469751/
329 Dinah Riese: ›Das Wort »narkosefrei« ist zu viel‹, in: *die tageszeitung*, 29.11. 2019, https://taz.de/Geldstrafe-wegen-Paragraf-219a/!5643009/
330 Vgl. *Mehr Fortschritt wagen* (wie Anm. 197), S. 116
331 Kristina Hänel; ›»Es ging nie um Werbung für Abtreibung, nur um Information«‹, Interview mit Birgit Baumann, in: *Der Standard*, 01.12.2021, https://www.derstandard.de/story/2000131552545/aerztin-kristina-haenel-es-ging-nie-um-werbung-fuer-abtreibung
332 Katja Belousova: *Ungewollte Schwangerschaften – Weniger Praxen bieten Abbrüche an – warum?*, in: *ZDF Panorama*, 26.08.2020, https://www.zdf.de/nachrichten/panorama/schwangerschaftsabbruch-frauenaerzte-haenel-klinik-praxis-100.html
333 § 13 Absatz 2 Satz 1 Schwangerschaftskonfliktgesetz (SchKG)
334 Dinah Riese/Hanna Voß: ›Der lange Weg zur Abtreibung‹, in: *die tageszeitung*, 08.03.2018, https://taz.de/Immer-weniger-Aerztinnen/!5487589/
335 Eiken Bruhn: ›Die ungewollte Patientin‹, in: *die tageszeitung*, 06.03.2017, https://taz.de/Abtreibung-in-Deutschland/!5386152/
336 Bundesärztekammer: *Schwangerschaftsabbruch – Informationen nach §13 Abs. 3 SchKG – Liste von Ärztinnen und Ärzten, Kliniken und Einrichtungen*, https://www.bundesaerztekammer.de/patienten/schwangerschaftsabbruch-informationen-nach-13-abs-3-schkg-liste/
337 Dinah Riese/Hanna Voß (wie Anm. 334)
338 Dinah Riese: ›Absaugen statt Ausschaben‹, in: *die tageszeitung*, 21.08.2020, https://taz.de/Schwangerschaftsabbrueche-in-Deutschland/!5708678/
339 Dinah Riese: ›An die Papaya, fertig, abtreiben!‹, in: *die tageszeitung*, 16.05.2018, https://taz.de/Thema-Abtreibung-im-Medizinstudium/!5502618/
340 Statistisches Bundesamt: *Gesundheit. Schwangerschaftsabbrüche*, Wiesbaden 2020 (Fachserie 12, Reihe 3), S. 11
341 WHO: *Safe abortion: technical and policy guidance for health systems*, Genf 2012, S. 2, Übersetzung durch die Autorinnen
342 Arbeitsgemeinschaft der Wissenschaftlichen Medizinischen Fachgesellschaften e.V. (AWMF): *Angemeldetes Leitlinienverfahren Registernummer, 015 – 094, Sicherer Schwangerschaftsabbruch*, https://www.awmf.org/leitlinien/detail/anmeldung/1/ll/015-094.html
343 Katharina Hölter: ›Luisa hat abgetrieben: »Es war die einsamste Entscheidung, die ich treffen musste«‹, in: *Der Spiegel*, 05.12.2017, https://www.spiegel.de/panorama/abtreibung-so-verlaeuft-ein-schwangerschaftsabbruch-a-0000-0000-0003-0001-0000-000001904519

344 WHO: *Preventing unsafe abortion*, Genf 2019, https://www.who.int/news-room/fact-sheets/detail/preventing-unsafe-abortion

345 BMFSJ: *VN-Frauenrechtskonvention (CEDAW): Übereinkommen zur Beseitigung jeder Form von Diskriminierung der Frau, 09.03.2017,* https://www.bmfsfj.de/resource/blob/119744/a354e40a34ee989e50cffd790e6d64d2/20170926-2017-cedaw-abschliessende-bemerkungen-deu-arbeitsuebersetzung-data.pdf, S. 16

346 Patricia Hecht: ›Paragraf 218a in der Kritik‹, in: *die tageszeitung*, 02.03.2020, https://taz.de/Blauer-Brief-von-den-Vereinten-Nationen/!5667748/

347 BMFSJ: *CEDAW-Zwischenbericht Deutschlands*, Berlin 2019, S. 3, https://www.bmfsfj.de/resource/blob/136170/6c383f981e02bc58b8bd7667c476c08f/20190517-cedaw-zwischenbericht-deutsche-arbeitsuebersetzung-data.pdf

348 *Mehr Fortschritt wagen* (wie Anm. 197), S. 116

349 Vgl. dazu die Entscheidungen des Bundesverfassungsgerichts vom 25.02.1975 (wie Anm. 312) und 28.05.1993 (wie Anm. 278)

350 ›Papst vergleicht Abtreibung mit Auftragsmord‹, in: *Tagesschau*, 05.03.2019, https://www.tagesschau.de/ausland/papst-abtreibung-101.html

351 US Supreme Court: *Jane ROE, et al., Appellants, v. Henry WADE.*, Absatz 91, 1973, zitiert nach: Cornell Law School, https://www.law.cornell.edu/supremecourt/text/410/113

352 Malene Gürgen/Patricia Hecht/Christian Jakob/Sabine am Orde/Ambros Waibel: ›Die unheilige Allianz‹, in: *die tageszeitung*, 30.11.2018, https://taz.de/efr/2/

353 Christdemokraten für das Leben: Pressemitteilung, 18.08.2019, https://cdl-online.net/einladung-zur-bvl-fachtagung-kultur-des-lebens-ideal-und-wirklichkeit-am-20-09-19-in-berlin/784

354 Pro Life Action League, https://prolifeaction.org/

355 Ebd.

356 Bundesverband Lebensrecht: *Unsere Forderungen für mehr Lebensschutz*, 2020, https://www.bundesverband-lebensrecht.de/wp-content/uploads/sites/42/2020/09/Forderungen-2020.pdf

357 Bundesverband Lebensrecht: *Marsch für das Leben*, https://www.bundesverband-lebensrecht.de/marsch-fuer-das-leben/

358 Bundesverband Lebensrecht: *Unsere Forderungen für mehr Lebensschutz*, 2020, https://www.bundesverband-lebensrecht.de/wp-content/uploads/sites/42/2020/09/Forderungen-2020.pdf

359 Eike Sanders/Kirsten Achtelik/Ulli Jentsch: *Kulturkampf und Gewissen. Medizinethische Strategien der »Lebensschutz«-Bewegung*, Berlin 2018, S. 145

360 Juliane Loeffler: ›Dein Bauch gehört mir‹, in: *Buzzfeed News*, 08.11.2019, https://www.buzzfeed.com/de/julianeloeffler/schwanger-profemina-beratung-abtreibung-218

361 Vgl. dazu: https://www.babykaust.de/09/beratung/beratung-profa.html

362 Ebd.

363 Eike Sanders/Ulli Jentsch/Felix Hansen: *Deutschland treibt sich ab. Organisierter »Lebensschutz«, christlicher Fundamentalismus, Antifeminismus*, Münster 2014, S. 6

364 Ebd., S. 19

365 Bundesverband Lebensrecht: *2018 Grußwort Volker Kauder MdB*, https://www.bundesverband-lebensrecht.de/grusswort-volker-kauder-mdb/

366 Bundesverband Lebensrecht: *2019 Grußwort Alexander Mitsch*, https://www.bundesverband-lebensrecht.de/grusswort-alexander-mitsch/

367 Bundesverband Lebensrecht: *Grußwort für den Marsch für das Leben 2020 von Philipp Amthor*, https://www.bundesverband-lebensrecht.de/wp-content/uploads/sites/42/2020/09/2020-09-19_Grusswort-Marsch-fuer-das-Leben.pdf

368 Eike Sanders/Ulli Jentsch/Felix Hansen (wie Anm. 363), S. 86 f.

369 Ulle Schauws: ›»Es gibt längst Studien, die belegen, dass ein Schwangerschaftsabbruch keine psychische Störung verursacht«‹, Interview mit Lisa Seelig, in: *EditionF*, 12.02.2019, https://editionf.com/spahn-studie-folge-von-schwangerschaftsabbruechen-interview-ulle-schauws/#

370 Vgl. dazu Bundesregierung: *Vorschlag der Bundesregierung zur Verbesserung der Information und Versorgung in Schwangerschaftssituationen*, 12.12.2018, https://fragdenstaat.de/anfrage/bundesjustizministerium-2018-12-12-eckpunkte-papier-novelle-219a-schwangerschaftsabbruch/112215/anhang/2019-01-04-bundesjustizministerium-bescheid-und-anlage-fds-version.pdf

371 Kirsten Achtelik: ›»Keine Opfer bei Abtreibungen«‹, Interview mit Patricia Hecht, in: *die tageszeitung*, 14.12.2018, https://taz.de/Sozialwissenschaftlerin-zu-Paragraf-219a/!5556140/

372 Advancing New Standards in Reproductive Health (ANSIRH): *Turnaway Study*, https://www.ansirh.org/research/turnaway-study#results

373 Pro Familia: *Post Abortion Syndrome*, https://www.profamilia.de/fileadmin/profamilia/verband/Post_abortion_syndrome.pdf

374 Patricia Hecht: ›Überraschend progressiv‹, in: *die tageszeitung*, 28.01.2021, https://taz.de/Studie-zu-Schwangerschaftsabbruch/!5744623/

375 Ebd.

376 Eike Sanders/Ulli Jentsch/Felix Hansen (wie Anm. 363), S. 41 f.

377 Ebd., S. 42

378 Alle Zitate aus: *Programm für Deutschland. Das Grundsatzprogramm der Alternative für Deutschland*, 2016, S. 41, 42, 44

379 Vgl. dazu beispielsweise den Facebookpost von Beatrix von Storch zum »Marsch für das Leben 2019«, https://www.facebook.com/watch/?v=700031303814630

380 NPD: *Nein zur millionenfachen Tötung von ungeborenem Leben!*, 2018, https://npd.de/2018/12/nein-zur-millionenfachen-toetung-von-ungeborenem-leben/

381 Sebastian Hesse: ›»Eine Bewegung – aus Liebe geboren«‹, in: *Tagesschau*, 25.01.2020, https://www.tagesschau.de/ausland/trump-abtreibung-101.html

382 Patricia Hecht: ›Beten gegen »Genderideologen«‹, in: *die tageszeitung*, 31.03.2019, https://taz.de/Ultrakonservativer-Kongress-in-Verona/!5584335/

383 Ebd.

384 Ebd.

385 9jafeminista: *End the war on Nigerian women*, 2019, https://9jafeminista.wordpress.com/2019/05/22/end-the-war-on-nigerian-women/

386 Olutimehin Adegbeye: ›The war on African women is supported by foreign activists, with no regard for our lives‹, in: *Open Democracy*, 01.11.2019, https://www.opendemocracy.net/en/5050/war-african-women-supported-foreign-activists-no-regard-our-lives/, Übersetzung durch die Autorinnen

387 Francesca Visser: ›Inside Italian public hospitals, I saw how a US-linked anti-abortion network is »humiliating« women‹, in: *Open Democracy*, 09.03.2020, https://www.opendemocracy.net/en/5050/inside-italian-public-hospitals-i-saw-how-a-us-linked-anti-abortion-network-is-humiliating-women/

388 Isobel Thompson: ›How Irish Anti-abortion activists are drawing on Brexit and Trump campaigns to influence referendum‹, in: *Open Democracy,* 02.05.2018, https://www.opendemocracy.net/en/5050/irish-anti-abortion-campaigners-brexit-trump-data-companies/

389 Europäisches Parlament: *Report on Sexual and Reproductive Health and Rights (2013/2040(INI)),* 2013, https://www.europarl.europa.eu/sides/getDoc.do?pubRef=-//EP//TEXT+REPORT+A7-2013-0426+0+DOC+XML+V0//EN

390 Sebastian Erb/Anne Fromm/Patricia Hecht/Luise Strothmann: ›Angriff der christlichen Fundis‹, in: *die tageszeitung,* 05.08.2021, https://taz.de/Online-Petitionen-gegen-Abtreibung/!5786746/

391 Institut für Ehe und Familie: ›EU/Abtreibung: Wachsende Allianz gegen »Matić-Report«‹, Wien, 21.06.2021, https://www.ief.at/eu-abtreibung-wachsende-allianz-gegen-matic-report/; Europäisches Parlament: *Bericht über die Lage im Hinblick auf die sexuelle und reproduktive Gesundheit und die damit verbundenen Rechte in der EU im Zusammenhang mit der Gesundheit von Frauen (2020/2215(INI)),* 21.05.2021, https://www.europarl.europa.eu/doceo/document/A-9-2021-0169_DE.html

392 Europäisches Parlament, ebd., Abschnitt d), Absatz 34 und 35

393 Julie Turkewitz/Jack Healy: ›3 Are Dead in Colorado Springs Shootout at Planned Parenthood Center‹, in: *New York Times,* 27.11.2015, https://www.nytimes.com/2015/11/28/us/colorado-planned-parenthood-shooting.html?_r=0

394 Liam Stack: ›A Brief History of Deadly Attacks on Abortion Providers‹, in: *New York Times,* 29.11.2015, https://www.nytimes.com/interactive/2015/11/29/us/30abortion-clinic-violence.html

395 National Abortion Federation: *2017 Violence and Disruption Statistics,* https://prochoice.org/wp-content/uploads/2017-NAF-Violence-and-Disruption-Statistics.pdf

396 Planned Parenthood: *Abortion after the First Trimester in the United States,* S. 3, https://www.plannedparenthood.org/uploads/filer_public/99/41/9941f2a9-7738-4a8b-95f6-5680e59a45ac/pp_abortion_after_the_first_trimester.pdf, Übersetzung durch die Autorinnen

397 Elizabeth Nash/Rachel Benson Gold/Zohra Ansari-Thomas/Olivia Cappello/Sophia Naide/Lizamarie Mohammed: ›State Policy Trends 2018: With Roe v. Wade in Jeopardy, States Continued to Add New Abortion Restrictions‹, in: *Guttmacher Institute,* New York, 11.12.2018, https://www.guttmacher.org/article/2018/12/state-policy-trends-2018-roe-v-wade-jeopardy-states-continued-add-new-abortion

398 Patricia Hecht: ›No sweet home Alabama‹, in: *die tageszeitung,* 15.05.2019, https://taz.de/Abtreibungsgesetz-verschaerft/!5595820/

399 Ebd.

400 Julie Rovner: ›If High Court Reverses Roe v. Wade, 22 States Likely to Ban Abortion‹, in: *npr,* 10.07.2018, https://www.npr.org/sections/health-shots/2018/07/10/627666535/if-high-court-reverses-roe-v-wade-22-states-likely-to-ban-abortion

401 Dinah Riese: ›Self-managed Abortion gibt ungewollt Schwangeren Autonomie‹, in: *Gunda-Werner-Institut,* 25.09.2020, https://www.gwi-boell.de/de/2020/09/25self-managed-abortion-gibt-ungewollt-schwangeren-autono mie-ein-interview

402 Ebd.

403 Mama Network: *Mama's Manifesto*, S.4, https://mamanetwork.org/wp-content/uploads/2019/11/mama-manifesto_english-version-web-version-22102019.pdf, Übersetzung durch die Autorinnen

404 Dorothy Shaw/Wendy V. Norman: ›When there are no abortion laws: A case study of Canada‹, in: *Best Practice & Research Clinical Obstetrics & Gynaecology*, Vol. 62 (Januar 2020), https://www.sciencedirect.com/science/article/pii/S1521693419300550?via%3Dihub

405 Abortion Rights Coalition of Canada: *Canadian Regulation of Abortion*, https://www.arcc-cdac.ca/wp-content/uploads/2020/06/61-Canadian-abortion-regulation.pdf

406 Dorothy Shaw/Wendy V. Norman (wie Anm. 404)

407 Zitiert nach: Patricia Hecht/Dinah Riese: ›Der Schweige-Paragraf‹, in: *die tageszeitung*, 28.06.2020, https://taz.de/Recht-auf-Abtreibung-in-Deutschland/!5693140/

408 Erica Millar: *Happy Abortions. Mein Bauch gehört mir – noch lange nicht*, Berlin 2017, S. 170

409 Vgl. dazu zum Beispiel Cornelia Möhring: *Werbung für Schwangerschaftsabbrüche verboten? Ein Gesetz, das nicht mehr in unsere Zeit gehört*, 29.11.2017, http://www.cornelia-moehring.de/?wysija-page=1&controller=email&action=view&email_id=13&wysijap=subscriptions

410 Erica Millar (wie Anm. 408), S. 7 f.

411 Ebd., S. 172

412 YouTube-Kanal des Unternehmens BioTexCom, Video vom 30.04.2020: *Surrogacy: babies are waiting for their parents*, https://www.youtube.com/watch?v=xPdRx_L96C0&list=PL4Q8twX_alivtFC53bQ8Lh35Zzn-nFprx&index=9, Übersetzung durch die Autorinnen

413 Florian Kellermann: ›Ukraine/Internetvideo löst Debatte über Leihmutterschaft aus‹, in: *Deutschlandfunk*, 16.05.2020, https://www.deutschlandfunk.de/ukraine-internetvideo-loest-debatte-ueber-leihmutterschaft-100.html

414 Barbara Bleisch/Andrea Büchler: *Kinder wollen. Über Autonomie und Verantwortung*, München 2020, S. 209

415 *Follikelpunktion und Eizellgewinnung*, https://www.springermedizin.de/emedpedia/reproduktionsmedizin/follikelpunktion-und-eizellgewinnung?epediaDoi=10.1007%2F978-3-662-55601-6_21

416 Andreas Bernard: *Kinder machen. Neue Reproduktionstechnologien und die Ordnung der Familie. Samenspender, Leihmütter, Künstliche Befruchtung*, Frankfurt a. M. 2014, S. 429

417 Ebd., S. 436

418 Ebd., S. 428

419 ›Papst: Künstliche Befruchtung ist »arrogant«‹, in: *Hessische Niedersächsische Allgemeine*, 25.02.2012, https://www.hna.de/welt/papst-kuenstliche-befruchtung-ist-arrogant-zr-1615203.html

420 Franziskus: *Amoris Laetitia*, Rom, 19.03.2016, http://www.vatican.va/content/vbgfrancesco/de/apost_exhortations/documents/papa-francesco_esortazione-ap_20160319_amoris-laetitia.html

421 Andreas Bernard (wie Anm. 416), S. 441

422 Andreas Bernard (wie Anm. 416), S. 436

423 BioTexCom: https://leihmutter-schaft.de/

424 California Surrogacy Center: https://californiasurrogacycenter.com/

425 Wunschkinder Berlin: https://www.wunschkinder-berlin.de/de#
426 Nationale Akademie der Wissenschaften Leopoldina, Union der deutschen Akademien der Wissenschaften (Hrsg.): *Fortpflanzungsmedizin in Deutschland – für eine zeitgemäße Gesetzgebung*, Halle (Saale) 2019, S. 15
427 Barbara Bleisch/Andrea Büchler (wie Anm. 414), S. 29
428 BMFSJ (Hrsg.): *Ungewollte Kinderlosigkeit 2020. Leiden – Hemmungen – Lösungen*, September 2021, 3. Auflage, S. 75, https://www.bmfsfj.de/blob/jump/161018/ungewollte-kinderlosigkeit-2020-data.pdf
429 Corinna Mann: *Regenbogenfamilie. Auf dem Weg zum Wunschkind*, 20.10.2020, https://kinderwunschaerztin.de/regenbogenfamilie/
430 https://www.deutsches-ivf-register.de/perch/resources/dir-jahrbuch-2019-de.pdf, S. 9
431 Wissenschaftlicher Dienst des Deutschen Bundestags: *Rechtsgrundlagen für die Kostenübernahme bei künstlicher Befruchtung*, Berlin 2018 (Sachstand, WD 9-3000 – 067/18), S. 4
432 WHO-Glossar von 1967: https://icd.who.int/browse11/l-m/en#/http://id.who.int/icd/entity/1237004558
433 Barbara Bleisch/Andrea Büchler (wie Anm. 414), S. 43
434 Vgl. Elke Jansen: *Stellungnahme zum Antrag der FDP-Fraktion*, 2018, S. 11
435 https://www.deutsches-ivf-register.de/perch/resources/dir-jahrbuch-2019-de.pdf, S. 9
436 *Richtlinie des Bundesministeriums für Familie, Senioren, Frauen und Jugend über die Gewährung von Zuwendungen zur Förderung von Maßnahmen der assistierten Reproduktion*, https://www.informationsportal-kinderwunsch.de/blob/jump/147120/bundesfoerderrichtlinie-201802-data.pdf
437 § 27a SGB V: https://dejure.org/gesetze/SGB_V/27a.html
438 *Richtlinie des Bundesministeriums für Familie, Senioren, Frauen und Jugend über die Gewährung von Zuwendungen zur Förderung von Maßnahmen der assistierten Reproduktion*, (wie Anm. 436), 4., Absatz 2
439 Vgl. Elke Jansen (wie Anm. 434), S. 12 f.
440 *Mehr Fortschritt wagen* (wie Anm. 197), S. 116
441 Camille Nedelec: ›Which countries in Europe give access to IVF for single women and lesbians?‹, in: *France24*, 29.06.2021, https://www.france24.com/en/video/20210629-which-countries-in-europe-give-access-to-ivf-for-single-women-and-lesbians
442 Rudolf Balmer: ›Künstliche Befruchtung für Singles‹, in: *die tageszeitung*, 01.07.2021, https://taz.de/Neues-Gesetz-in-Frankreich/!5783635/
443 Antje Schrupp (wie Anm. 119), S. 135
444 ›Facebook und Apple zahlen Einfrieren von Eizellen‹, in: *Die Zeit*, 15.10.2014, https://www.zeit.de/gesellschaft/2014-10/apple-facebook-einfrieren-eier-frauen
445 Andreas Bernard (wie Anm. 416), S. 443
446 Amrita Pande, zitiert nach: Ambre Nicolson: ›Flows in the global fertility-market‹, *University of Cape Town News*, 18.11.2019, https://www.news.uct.ac.za/article/-2019-11-18-flows-in-the-global-fertility-market, Übersetzung durch die Autorinnen
447 Barbara Bleisch/Andrea Büchler (wie Anm. 414), S. 30
448 Vgl. Till Hoppe: ›Das Milliardengeschäft mit dem Kinderwunsch‹, in: *Handelsblatt*, 20.01.2011, https://www.handelsblatt.com/technik/medizin/kuenstliche-befruchtung-das-milliardengeschaeft-mit-dem-kinderwunsch/3768678-all.

html?ticket=ST-6650021-GcadeKPperXue473GzUy-cas01.example.org sowie Andreas Bernard (wie Anm. 416), S. 356 ff.

449 Vgl. Melinda Cooper/Catherine Waldby: ›Biopolitik der Reproduktion‹, in: Kitchen Politics (Hrsg.): *Sie nennen es Leben, wir nennen es Arbeit. Biotechnologie, Reproduktion und Familie im 21. Jahrhundert,* Münster 2015, S. 18–48, hier S. 25

450 ›Einleitung‹, in: ebd., S. 7–17, hier S. 11

451 Patricia Hecht: ›Die Eizelle der anderen‹, in: *die tageszeitung,* 25.01.2020, https://taz.de/Kuenstliche-Befruchtung-im-Ausland/!5656189/

452 Vgl. Barbara Bleisch/Andrea Büchler (wie Anm. 414), S. 212

453 Andreas Bernard (wie Anm. 416), S. 342

454 MyEggBank: https://search.myeggbank.com/donors/preview, Übersetzung durch die Autorinnen

455 Barbara Bleisch/Andrea Büchler (wie Anm. 414), S. 223

456 Zitiert nach: Tebogo Monama: ›Young Afrikaans women travelling around the world to sell their eggs for up to R50k‹, in: *Independent Online (IOL),* 28.08.2020, https://www.iol.co.za/the-star/news/young-afrikaans-women-travelling-around-the-world-to-sell-their-eggs-for-up-to-r50k-abbdba44-4b25-4b02-8f34-92cdd44c8a70

457 Andreas Bernard (wie Anm. 416), S. 365

458 Sven Bergmann: ›Der Imperativ der Ähnlichkeit‹, in: *Gen-ethisches Netzwerk,* Dezember 2014, https://www.gen-ethisches-netzwerk.de/reprotechnologien/der-imperativ-der-aehnlichkeit

459 Ebd.

460 Vgl. https://www.cryobank-muenchen.de/donogene-insemination/ablauf/aufklaerungs-und-beratungsgespraech

461 Nationale Akademie der Wissenschaften Leopoldina, Union der deutschen Akademien der Wissenschaften (wie Anm. 426), S. 69

462 Vgl. Susan Imrie/Susan Golombok: ›Long-term outcomes of children conceived through egg donation and their parents: a review of the literature‹, in: *Fertility and Sterility,* Vol. 110 (Dezember 2018), Nr. 7, S. 1187–1193, https://www.sciencedirect.com/science/article/abs/pii/S0015028218318491

463 BMFSJ (wie Anm. 428), S. 115

464 Nationale Akademie der Wissenschaften Leopoldina, Union der deutschen Akademien der Wissenschaften (Hrsg.) (wie Anm. 426), S. 9

465 Vgl. zu beiden Positionen: Patricia Hecht (wie Anm. 451)

466 *Gesundheitsausschuss – Antrag der FDP zur Änderung des Embryonenschutzgesetzes und Abschaffung des Verbots der Eizellspende. Stellungnahme des Arbeitskreises Frauengesundheit e.V.,* Berlin, 21.01.2021, https://www.bundestag.de/resource/blob/818402/bb221a3dee5233442b654bded44f7096/19_14_0268-6-_Arbeitskreis-Frauengesundheit_Embryonenschutzgesetz-data.pdf

467 ›»Das Verbot von Eizellspende und Leihmutterschaft muss aufrechterhalten bleiben«. Aufruf eines feministischen Netzwerkes‹, in: *Blätter für deutsche und internationale Politik,* 10.10.2020, https://www.blaetter.de/dokumente/das-verbot-von-eizellspende-und-leihmutterschaft-muss-aufrechterhalten-bleiben

468 https://www.bundestag.de/ausschuesse/a14/anhoerungen/815320-815320

469 Nationale Akademie der Wissenschaften Leopoldina, Union der deutschen Akademien der Wissenschaften (Hrsg.) (wie Anm. 426), S. 67

470 Katrin Gottschalk: ›»Mit zweierlei Maß.« Streitgespräch zu Eizellspenden‹,

in: *die tageszeitung*. 08.03.2021, https://taz.de/Streitgespraech-zu-Eizellspen den/!5751293/

471 Barbara Bleisch/Andrea Büchler (wie Anm. 414), S. 245

472 https://www.juraforum.de/gesetze/eschg/1-missbraeuchliche-anwendung-von-fortpflanzungstechniken

473 Embryonenschutzgesetz: https://www.gesetze-im-internet.de/eschg/_1.html

474 Ingrid Kreutz: ›Wie sich Mehrlingsschwangerschaften nach künstlicher Befruchtung reduzieren lassen‹, in: *Ärztezeitung*, 18.11.2020, https://www.aerztezeitung.de/Medizin/Wie-sich-Mehrlingsschwangerschaften-nach-kuenstlicher-Befruchtung-reduzieren-lassen-414755.html

475 https://www.deutsches-ivf-register.de/perch/resources/dir-jahrbuch-2019-de.pdf, S. 9

476 ›Bundesärztekammer mahnt Reform des Embryonenschutzgesetzes an‹, in: *Ärzteblatt*, 02.09.2020, https://www.aerzteblatt.de/nachrichten/115446/Bundesaerztekammer-mahnt-Reform-des-Embryonenschutzgesetzes-an

477 *Mehr Fortschritt wagen* (wie Anm. 197), S. 116

478 Susanne Führer: ›Erlaubt endlich die Eizellspende!‹, Interview mit Annika Ludwig, in: *Deutschlandfunk*, 18.07.2020, https://www.deutschlandfunk kultur.de/fachaerztin-annika-ludwig-erlaubt-endlich-die-eizellspende.990.de.html?dram:article_id=459972

479 Bundesärztekammer: ›Dreierregel, Eizellspende und Embryospende im Fokus – Memorandum für eine Reform des Embryonenschutzgesetzes‹, in: *Deutsches Ärzteblatt*, Jg. 117 (2020), Heft 37, S. A1–A9, hier S. A1

480 Ebd., S. A6

481 Artikel 7, Übereinkommen über die Rechte des Kindes, https://www.kinder rechtskonvention.info/uebereinkommen-ueber-die-rechte-des-kindes-370/#8-artikel-7---geburtsregister-name-staatsangeh%C3%B6rigkeit

482 Vgl. Bundesministerium für Gesundheit: *Fragen und Antworten – Samenspenderregistergesetz*, https://www.bundesgesundheitsministerium.de/service/begriffe-von-a-z/s/samenspenderregister/faqs-samenspenderregistergesetz.html?fbclid=IwAR0-2p2yvznk1JQwLbSO9L5hNsCfiZQp42ajMXFYtkt-iNLgAR3ngM-DX3I0

483 Pacific Surrogacy and Egg Donation inc, https://www.pacificsurrogacyegg-donation.com/deutsch

484 Nationale Akademie der Wissenschaften Leopoldina, Union der deutschen Akademien der Wissenschaften (wie Anm. 426), S. 78 ff.

485 Vgl. zum Beispiel: Babygest: *Ärztliche Untersuchungen der Leihmutter*, https://babygest.com/de/aerztliche-untersuchungen-der-leihmutter/

486 Babygest: *International Surrogacy – Laws & Options for Surrogacy Abroad*, https://babygest.com/en/surrogacy-abroad/#russia

487 ›»Das Verbot von Eizellspende und Leihmutterschaft muss aufrechterhalten bleiben«. Aufruf eines feministischen Netzwerkes‹ (wie Anm. 467)

488 Amrita Pande (wie Anm. 86), S. 34

489 Barbara Bleisch/Andrea Büchler (wie Anm. 414), S. 241 f.

490 ›Thailand verbietet Leihmutterschaft: Keine Kinder für Ausländer‹, in: *die tageszeitung*, 20.02.2015, https://taz.de/Thailand-verbietet-Leihmutter schaft/!5019491/

491 Nilanjana Bhowmick: ›After Nepal, Indian surrogacy clinics move to Cambodia‹, in: *Al Jazeera*, 28.06.2016, https://www.aljazeera.com/features/2016/6/28/after-nepal-indian-surrogacy-clinics-move-to-cambodia

492 ›Auch Kambodscha verbietet Leihmutterschaft‹, in: *Die Zeit*, 03.11.2016, https://www.zeit.de/politik/ausland/2016-11/suedostasien-kambodscha-kommerzielle-leihmutterschaft-verbot

493 ›China Experiences a Booming Underground Market in Surrogate Motherhood‹, in: *New York Times*, 02.08.2014, https://www.nytimes.com/2014/08/03/world/asia/china-experiences-a-booming-black-market-in-child-surrogacy.html

494 Katrin Büchenbacher: ›Kinder kriegen um jeden Preis: Leihmutterschaft blüht in China, ist aber illegal und moralisch umstritten‹, in: *Neue Zürcher Zeitung*, 27.01.2021, https://www.nzz.ch/international/china-leihmutterschaft-ist-verboten-aber-viel-gefragt-nzz-ld.1597842

495 ›Israeli Court Annuls Parts of Surrogacy Law Excluding Same-Sex Couples‹, in: *The Times*, 11.07.2021, https://time.com/6079474/israeli-surrogacy-law/

496 Netael Bandel/Bar Peleg: ›Top Court Rules Israel Must Allow Surrogacy for Same-sex Couples, Single Men‹, in: *Haaretz*, 11.07.2021, https://www.haaretz.com/israel-news/.premium-top-court-rules-israel-must-allow-surrogacy-for-gay-male-couples-within-six-months-1.9989714

497 Paul Starzmann: ›»Der Staat hat kein Recht, dieses Glück zu verhindern«. FDP will Leihmutterschaft legalisieren‹, in: *Der Tagesspiegel*, 10.02.2021, https://www.tagesspiegel.de/politik/der-staat-hat-kein-recht-dieses-glueck-zu-verhindern-fdp-will-leihmutterschaft-legalisieren/26902574.html

498 Lesben- und Schwulenverband in Deutschland: *Was fordert der LSVD für Regenbogenfamilien?*, LSVD-Positionspapier »Regenbogenfamilien im Recht«, Köln 2017, https://www.lsvd.de/de/ct/458-Was-fordert-der-LSVD-fuer-Regenbogenfamilien

499 Ebd.

500 Interview von Patricia Hecht mit Sigrid Graumann, 27.2.2020

501 Amrita Pande: ›Surrogates are workers, not wombs,‹ in: *The Hindu*, 29.08.2016, https://www.thehindu.com/opinion/op-ed/Surrogates-are-workers-not-wombs/article14594820.ece

502 Ebd.

503 Deutsche Vertretungen in Indien: *Leihmutterschaft in Indien*, https://india.diplo.de/in-de/service/leihmutterschaft/1810960

504 LTO-Redaktion: ›Fünf Eltern und doch Waise‹, in: *LTO*, 25.01.2017

505 Antje Schrupp (wie Anm. 119), S. 121

506 Linda Villarosa: ›Why America's Black Mothers and Babies Are in a Life-or-Death Crisis‹, in: *NYT Magazine*, 11.04.2018, https://www.nytimes.com/2018/04/11/magazine/black-mothers-babies-death-maternal-mortality.html, Übersetzung durch die Autorinnen

507 WHO: *Maternal mortality*, https://www.who.int/en/news-room/fact-sheets/detail/maternal-mortality, Übersetzung durch die Autorinnen

508 Weltbank: *Maternal mortality ratio (modeled estimate, per 100,000 live births) – South Sudan, Sub-Saharan Africa, European Union*, https://data.worldbank.org/indicator/SH.STA.MMRT?locations=SS-ZG-EU

509 WHO: *Maternal mortality* (wie Anm. 507)

510 UN: *Programme of Action adopted at the International Conference on Population and Development, Cairo* (wie Anm. 4), S. 59

511 MDG Monitor: *MDG 5: Improve Maternal Health*, https://www.mdgmonitor.org/mdg-5-improve-maternal-health/

512 United Nations Sustainable Development Goal 3: *Ensure healthy lives and promote well-being for all at all ages*, https://sdgs.un.org/goals/goal3

513 Nike Adebowale: ›Family planning can reduce maternal deaths by 30% – Minister‹, in: *Premium Times Nigeria*, 02.07.2021, https://www.premiumtimesng.com/health/health-news/471240-family-planning-can-reduce-maternal-deaths-by-30-minister.html

514 Vgl. https://whopmnchportal.azurewebsites.net/home/mapping

515 Vgl. https://sdgs.un.org/goals/goal10

516 Vgl. dazu zum Beispiel die Kritik von Susanne Schultz am Verhältnis zwischen Familienplanungsprogrammen mit dem Ziel, das Bevölkerungswachstum auszubremsen, zu Initiativen, die die Situation von Schwangeren und Gebärenden verbessern: Susanne Schultz: ›Neoliberale Transformationen internationaler Bevölkerungspolitik: Die Politik Post-Kairo aus der Perspektive der Gouvernementalität‹, in: *Peripherie*, 23. Jg. (2003), Nr. 92, S. 452–480

517 UNFPA: *Maternal Health*, https://www.unfpa.org/maternal-health

518 Centers for Disease Control and Prevention (CDC): ›First Data Released on Maternal Mortality in over a Decade‹, Washington, D.C., 30.01.2020, https://www.cdc.gov/nchs/pressroom/nchs_press_releases/2020/202001_MMR.htm

519 Weltbank: *Maternal mortality ratio (modeled estimate, per 100,000 live births) – OECD members, United States, Italy, Netherlands, Czech Republic*, https://data.worldbank.org/indicator/SH.STA.MMRT?locations=OE-US-IT-NL-CZ&most_recent_value_desc=true

520 Statista: *U.S. Americans without Health Insurance 2010–2020*, https://www.statista.com/statistics/200955/americans-without-health-insurance/

521 Roosa Tikannen et al.: *Maternal Mortality and Maternity Care in the United States Compared to 10 Other Developed Countries*, The Commonwealth Fund, New York, November 2020, https://www.commonwealthfund.org/publications/issue-briefs/2020/nov/maternal-mortality-maternity-care-us-compared-10-countries

522 Ebd.

523 CDC: ›Racial and Ethnic Disparities Continue in Pregnancy-Related Deaths‹, Washington, D.C., 05.09.2019, https://www.cdc.gov/media/releases/2019/p0905-racial-ethnic-disparities-pregnancy-deaths.html

524 Myra J. Tucker et al.: ›The Black-White Disparity in Pregnancy-Related Mortality From 5 Conditions: Differences in Prevalence and Case-Fatality Rates‹, in: *American Journal of Public Health*, Vol. 97 (2007), Nr. 2, S. 245–251, https://www.ncbi.nlm.nih.gov/pmc/articles/PMC1781382/

525 Eugene Declercq/Laurie Zephyrin: *Maternal Mortality in the United States: A Primer*, The Commonwealth Fund, New York, Dezember 2020, https://www.commonwealthfund.org/publications/issue-brief-report/2020/dec/maternal-mortality-united-states-primer

526 Vgl. Bani Saluja/Zenobia Bryant: ›How Implicit Bias Contributes to Racial Disparities in Maternal Morbidity and Mortality in the United States‹, in: *Journal of Women's Health*, Vol. 30 (02.02.2021), Nr. 2, S. 270–273, https://www.liebertpub.com/doi/pdf/10.1089/jwh.2020.8874

527 Linda Villarosa (wie Anm. 506)

528 Eugene Declercq/Laurie Zephyrin (wie Anm. 525)

529 Vgl. u. a. Kimberlé Crenshaw (wie Anm. 140), S. 145 ff.

530 Rae Ellen Bichell: *Scientists Start to Tease Out the Subtler Ways Racism Hurts*

Health, 17.11.2017, https://www.npr.org/sections/health-shots/2017/11/11/562623815/scientists-start-to-tease-out-the-subtler-ways-racism-hurts-health

531 Nicole L. Novak et al.: ›Change in birth outcomes among infants born to Latina mothers after a major immigration raid‹, in: *International Journal of Epidemiology*, 2017, https://pubmed.ncbi.nlm.nih.gov/28115577/

532 Rae Ellen Bichell (wie Anm. 530)

533 Ashley Nguyen: ›Behind the growing movement to include doulas under Medicaid‹, in: *Washington Post*, 01.03.2021, https://www.washingtonpost.com/graphics/2021/the-lily/covering-doulas-medicaid/

534 Vgl. Adam Cancryn: ›Biden's vaccine push fails to gain traction with African Americans‹, in: *Politico*, 06.07.2021, https://www.politico.com/news/2021/06/07/vaccine-equity-black-americans-biden-491973

535 Birthmark Doulas, https://www.birthmarkdoulas.com/pageus

536 § 24d SGB V, https://www.gesetze-im-internet.de/sgb_5/__24d.html

537 https://twitter.com/cosinuskurve/status/934410791473827841

538 WHO: *Vermeidung und Beseitigung von Geringschätzung und Misshandlung bei Geburten in geburtshilflichen Einrichtungen*, Genf 2015, http://apps.who.int/iris/bitstream/handle/10665/134588/WHO_RHR_14.23_ger.pdf

539 Hochschule Fulda: *Gewaltwiderfahrnisse bei der Geburtshilfe*, https://www.hs-fulda.de/pflege-und-gesundheit/forschung/forschungsschwerpunkte/gesundheitsschutz-bei-interpersoneller-gewalt/peko-1

540 Katja Baumgarten: ›Angepasst und ausgewichen‹, in: *Deutsche Hebammenzeitschrift*, Ausgabe 10/2006, S. 1

541 Initiative für eine gerechte Geburtshilfe in Deutschland: https://www.gerechte-geburt.de/wissen/gewalt-in-der-geburtshilfe/

542 Tara Franke: ›»Das Schöne wurde mir genommen«‹, in: *Deutsche Hebammenzeitschrift*, Ausgabe 10/2006, S. 11

543 Ebd.

544 Simone Kirchner: ›Was in unserer Macht steht‹, in: *Deutsche Hebammenzeitschrift*, Ausgabe 10/2006, S. 18

545 WHO: *Vermeidung und Beseitigung von Geringschätzung* (wie Anm. 538)

546 Initiative für eine gerechte Geburtshilfe in Deutschland: https://www.gerechte-geburt.de/wege/

547 Deutscher Hebammenverband: *Zahlenspiegel zur Situation der Hebammen 04/2019*

548 Petra Kolip/Hans-Dieter Nolting/Karsten Zich: *Faktencheck Gesundheit. Kaiserschnittgeburten – Entwicklung und regionale Verteilung*, Bertelsmann Stiftung, Gütersloh 2012, S. 33, https://www.bertelsmann-stiftung.de/fileadmin/files/BSt/Publikationen/GrauePublikationen/GP_Faktencheck_Gesundheit_Kaiserschnitt.pdf

549 Ebd., S. 6

550 Deutscher Hebammenverband: *Zahlenspiegel zur Situation der Hebammen 02/2021*

551 ›WHO Statement on caesarean section rates‹, in: *Reproductive Health Matters*, Vol. 23 (2015), S. 149–150, https://pubmed.ncbi.nlm.nih.gov/26278843/, Übersetzung durch die Autorinnen

552 Lisa Nienhaus: ›Juristen erobern den Kreißsaal‹, in: *Frankfurter Allgemeine Zeitung*, 11.05.2014, https://www.faz.net/aktuell/wirtschaft/unternehmen/geburtshilfe-juristen-erobern-den-kreisssaal-12933172.html

553 Carina Frey: ›Arzthelfer oder Schicksal‹, in: *Spiegel Online*, 01.07.2015, https://www.spiegel.de/gesundheit/schwangerschaft/schadensersatzklage-nach-geburt-behandlungsfehler-oder-schicksal-a-1039552.html

554 Karolina Mayer-Schilf: ›Reif für die Insel-Geburt‹, in: *die tageszeitung*, 10.02.2018, https://taz.de/Reif-fuer-die-Insel-Geburt/!5480968/

555 Petra Kölschbach: ›Anneke Rathje hat vorzeitige Wehen und bringt ihr Kind ohne Gynäkologin auf die Welt‹, in: *Der Insel-Bote*, 16.02.2020, https://www.shz.de/lokales/insel-bote/anneke-rathje-hat-vorzeitige-wehen-und-bringt-ihr-kind-ohne-gynaekologin-auf-die-welt-id27386007.html

556 Martin Albrecht et al.: *Stationäre Hebammenversorgung. Gutachten für das Bundesministerium für Gesundheit*, Berlin, September 2019, https://www.iges.com/kunden/gesundheit/forschungsergebnisse/2020/hebammen/index_ger.html

557 Teresa Bücker: ›Lasst die Gebärenden nicht allein‹, in: *Zeit Online*, 19.02.2020, https://www.zeit.de/gesellschaft/2020-02/wehenmittel-cytotec-geburtseinleitung-schwangerschaft-gesundheit/komplettansicht

558 2017 waren 9.385 Hebammen in Krankenhäusern fest angestellt; vgl. https://www.iges.com/sites/iges.de/myzms/content/e6/e1621/e10211/e24893/e24894/e24895/e24897/attr_objs24976/IGES_stationaere_Hebammenversorgung_092019_ger.pdf

559 Deutsche Gesellschaft für Gynäkologie und Geburtshilfe e. V. (DGGG)/Deutsche Gesellschaft für Hebammenwissenschaft (DGHWi), *Vaginale Geburt am Termin, S3-Leitlinie'* 22.12.2020, S. 29

560 Deutscher Hebammenverband: *Zahlenspiegel zur Situation der Hebammen 02/2021*

561 Vgl. Martin Albrecht et al. (wie Anm. 556)

562 Martin Albrecht et al. (wie Anm. 556)

563 Vgl. Patricia Hecht: ›Schwere Geburt‹, in: *die tageszeitung*, 05.09.2019, https://taz.de/Neue-Ausbildung-fuer-Hebammen/!5620790/

564 Hebammensalon: *Balkonapplaus – my ass*, https://hebammensalon.podigee.io/39-balkonapplaus-my-ass-hebammenstreik

565 Alle Zitate aus einer privaten Facebookgruppe zur Hebammenvermittlung

566 Die Kartenmacherei: *Mangel an Hebammen in Deutschland*, Gilching 2018, https://www.kartenmacherei.de/studie-hebammen/

567 Deutscher Hebammenverband: *Zahlenspiegel zur Situation der Hebammen 02/2021*

568 Zitiert nach: Milena Hassenkamp: ›Hebammen in der Pandemie. So ignoriert die Politik Corona-Heldinnen‹, in: *Spiegel Online*, 08.02.2021, https://www.spiegel.de/politik/deutschland/hebammen-waehrend-der-pandemie-so-ignoriert-die-politik-corona-heldinnen-a-7a8f6f08-9df5-4e75-b1d1-e50d69aa87ea

569 Marlene Halser: ›»Wer es sich leisten kann, gönnt sich eine Doula«‹, in: *Zeit Online*, 10.05.2021, https://www.zeit.de/arbeit/2021-03/geburtsbegleitung-doulas-natuerliche-geburt-dienstleistung-hebamme

570 Ebd.

571 Originalrichtlinie 2005: https://eur-lex.europa.eu/legal-content/DE/TXT/?uri=celex%3A32005L0036; Aktualisierung 2013: https://eur-lex.europa.eu/legal-content/DE/TXT/?uri=celex%3A32013L0055

572 Vgl. Patricia Hecht (wie Anm. 563)

573 Ebd.

574 Raphael Johann Steidele: *Abhandlung von der Geburtshülfe*, Erster Theil:

Verhaltungsregeln für Schwangere, Gebärende und Kindbetterinnen, 4. Auflage, Wien 1787, zweite Seite der Vorrede: https://gdz.sub.uni-goettingen.de/id/PPN667436618

575 Ebd.

576 Vgl. Marina Hilber: ›»Nach den Regeln der Kunst«. Leitmotive in der Geschichte der europäischen Geburtshilfe (18.–20. Jahrhundert)‹, in: Olivia Mitscherlich-Schönherr/Reiner Anselm (Hrsg.): *Gelingende Geburt. Interdisziplinäre Erkundungen in umstrittenen Terrains,* Berlin 2021, S. 191–208, hier S. 195

577 Vgl. ebd., S. 204

578 Vgl. ebd., S. 197

579 Marion Schumann: ›Verschleppte Anpassung‹, in: *Deutsche Hebammenzeitschrift* 05/2016, https://www.dhz-online.de/news/detail/artikel/verschleppte-anpassung/

580 Vgl. Charlotte Frank: ›Als Heilige verehrt, als Hexen verteufelt‹, in: *Süddeutsche Zeitung,* 29.07.2012, https://www.sueddeutsche.de/leben/geschichte-der-hebammen-als-heilige-verehrt-als-hexen-verteufelt-1.1424326-0#seite-2

581 Vgl. Hebammengesetz vom 31. Dezember 1938, § 7 (1) 4, https://alex.onb.ac.at/cgi-content/alex?apm=0&aid=dra&datum=19380004&seite=00001893&zoom=2

582 Ute Lange/Charlotte Ullrich: ›Schwangerschaft und Geburt: Perspektiven und Studien aus der Geschlechterforschung‹, in: Beate Kortendiek/Birgit Riegraf/Katja Sabisch: *Handbuch Interdisziplinäre Geschlechterforschung,* Berlin 2019, S. 3

583 Vgl. Marion Schumann: ›Schwerer Stand für freie Hebammen‹, in: *Deutsche Hebammenzeitschrift,* Ausgabe 04/2006, https://www.dhz-online.de/fileadmin/ebook/decode.php?url=aHR0cDovL3d3dy5kaHotb25saW5lLmRlL2ZpbGVhZG1pbi9lYm9vay9ESFovMjAwNi8wNC0yMDA2L2luZGV4Lmh0bWw=, S. 20

584 Barbara Duden: ›Symptome der Zeit‹, in: *Hebammenzeitschrift,* Ausgabe 04/2006, https://www.dhz-online.de/fileadmin/ebook/decode.php?url=aHR0cDovL3d3dy5kaHotb25saW5lLmRlL2ZpbGVhZG1pbi9lYm9vay9ESFovMjAwNi8wNC0yMDA2L2luZGV4Lmh0bWw= S. 8

585 Birgit Hibbeler/Heike Korzilius: ›Arztberuf: Die Medizin wird weiblich‹, in: *Ärzteblatt,* 105 (2008), 12, https://www.aerzteblatt.de/archiv/59406/Arztberuf-Die-Medizin-wird-weiblich

586 Ute Lange/Charlotte Ullrich, (wie Anm. 582), S. 4

587 Arbeitskreis Frauengesundheit: *Zeit für einen Nationalen #Geburtshilfegipfel! Strategiepapier des Runden Tisches Elternwerden beim AKF e.V.,* 2021, https://arbeitskreis-frauengesundheit.de/wp-content/uploads/2021/02/Strategiepapier-des-Runden-Tisches-Elternwerden-beim-AKF-e.V.-samt-Liste-der-Mitzeichnenden-18.pdf

588 *Mehr Fortschritt wagen* (wie Anm. 197), S. 85

589 Boston Women's Health Collective: *Women and their Bodies – a course* (Titel der ersten Ausgabe), Boston 1970, S. 6, https://www.ourbodiesourselves.org/wp-content/uploads/2020/04/Women-and-Their-Bodies-Free-Press.pdf

590 Laura Barton: ›The clitoris, pain and pap smears: how Our bodies, Ourselves redefined women's health‹, in: *The Guardian,* 22.04.2021, https://www.theguardian.com/lifeandstyle/2021/apr/22/our-bodies-ourselves-clitoris-pain-pap-smears-womens-health

591 Vgl. zum Beispiel Sheila Kitzinger: *Natürliche Geburt. Ein Buch für Mütter und Väter*, München 1987, S. 25

592 Jutta Reippainen: ›Natürlichkeit allein ist keine Selbstbestimmung‹, in: *Pro Familia Magazin*, (2019), Nr. 3, S. 8–10, hier S. 9

593 In Deutschland ist die Müttersterblichkeit seit 1960 um fast 98 Prozent zurückgegangen. Starben damals allein in Westdeutschland noch 1030 Frauen im Zusammenhang mit Schwangerschaft und Geburt, waren es 2019 in der gesamten Bundesrepublik gerade einmal 25. Vgl. dazu: Gesundheitsberichterstattung des Bundes: *Gesundheitsbericht für Deutschland 1998*, Kapitel 3.4 Säuglingssterblichkeit, https://www.gbe-bund.de/gbe/abrechnung.prc_abr_test_logon?p_uid=gast&p_aid=0&p_knoten=FID&p_sprache=D&p_suchstring=829; Statistisches Bundesamt: *Todesursachenstatistik 2019, Schwangerschaft, Geburt und Wochenbett*, https://www.destatis.de/DE/Themen/Gesellschaft-Umwelt/Gesundheit/Todesursachen/_inhalt.html#sprg234240

594 Vgl. Berliner Senatsverwaltung für Gesundheit und Soziales: ›Senator Mario Czaja stellt neuen Flyer »Guter Start ins Leben – Wie Hebammen helfen« und mehrsprachige Homepage des Berliner Hebammenverbandes vor‹, Pressemitteilung, 30.10.2014, https://www.berlin.de/sen/archiv/ges-soz-2011-2016/2014/pressemitteilung.220214.php

595 Die Kartenmacherei (wie Anm. 566), S. 10

596 Ebd.

597 Zitiert nach: Gilda Sahebi: ›Schutzlos im geschützten Raum‹, in: *die tageszeitung*, 08.03.2021, https://taz.de/Rassismus-im-Gesundheitssystem/!5754364/

598 CEDAW-Ausschuss: *Abschließende Bemerkungen zum kombinierten siebten und achten Staatenbericht Deutschlands*, S. 16, https://www.bmfsfj.de/blob/jump/119744/20170926-2017-cedaw-abschliessende-bemerkungen-deu-arbeitsuebersetzung-data.pdf

599 https://www.gesetze-im-internet.de/aufenthg_2004/__87.html

600 Der Tweet ist inzwischen gelöscht, wurde aber vielfach dokumentiert, u. a. hier: Matej Snethlage: ›Das Virus ist nicht egalitär‹, in: *die tageszeitung*, 05.05.2020, https://taz.de/Rassismus-im-Gesundheitswesen/!5679885/

601 BMFSJ: *Nationaler Aktionsplan gegen Rassismus*, Berlin, Juni 2017, S. 114, https://www.bmfsfj.de/resource/blob/116798/5fc38044a1dd8edec34de568ad59e2b9/nationaler-aktionsplan-rassismus-data.pdf

602 Gilda Sahebi (wie Anm. 597)

603 Susanne Bartig et al.: *Diskriminierungsrisiken und Diskriminierungsschutz im Gesundheitswesen – Wissensstand und Forschungsbedarf für die Antidiskriminierungsforschung*, Berlin 2021, https://www.antidiskriminierungsstelle.de/SharedDocs/downloads/DE/publikationen/Expertisen/diskrimrisiken_diskrimschutz_gesundheitswesen.pdf

604 Paula-Irene Villa/Stephan Moebius/Barbara Thiessen: ›Soziologie der Geburt: Diskurse, Praktiken und Perspektiven – Einführung‹, in: Paula-Irene Villa/Stephan Moebius/Barbara Thiessen (Hrsg.): *Soziologie der Geburt. Diskurse, Praktiken und Perspektiven*, Frankfurt a. M./New York 2011, S. 7–21, hier S. 7

605 Vgl. Lotte Rose/Birgit Planitz: ›Der ungleiche Start ins Leben‹, in: Olivia Mitscherlich-Schönherr/Reiner Anselm (Hrsg.) (wie Anm. 576), S. 147–270, hier S. 252 f.

606 Vgl. Jochen Vollmann, *Die Galle auf Nummer 7. Welche Medizin wollen wir?*, Berlin 2019, S. 47

607 Anita Kottwitz/C. Katharina Spieß/Gert G. Wagner: ›Die Geburt im Kontext der Zeit kurz davor und danach – Eine repräsentative empirische Beschreibung der Situation in Deutschland auf der Basis des Sozio-oekonomischen Panels (SOEP)‹, in: Paula-Irene Villa/Stephan Moebius/Barbara Thiessen (wie Anm. 604), S. 129–153, hier S. 143

608 Lotte Rose/Birgit Planitz: ›Der ungleiche Start ins Leben‹, in: Olivia Mitscherlich-Schönherr/Reiner Anselm (wie Anm. 576), S. 25

609 Vgl. Lotte Rose/Birgit Planitz: ›Der ungleiche Start ins Leben‹, in: Olivia Mitscherlich-Schönherr/Reiner Anselm (wie Anm. 576), S. 253

610 Vgl. Jochen Vollmann, (wie Anm. 606), S. 39 ff.

611 https://www.behindertenrechtskonvention.info/gesundheitssorge-3910/

612 UN-Ausschuss für die Rechte von Menschen mit Behinderungen: *Allgemeine Bemerkung Nr. 3 (2016) zu Frauen und Mädchen mit Behinderungen*, 2016, S. 15

613 Zitiert nach: Weibernetz: ›Wo bleibt die barrierefreie gynäkologische Versorgung?‹, Pressemitteilung, 05.03.2021, https://www.weibernetz.de/presse.html

614 Claudia Homberg et al: *Evaluation von Spezialambulanzen und gynäkologischen Sprechstundenangeboten zur gynäkologischen und geburtshilflichen Versorgung von Frauen mit Behinderung*, Bielefeld 2019, S. 39

615 Ebd., S. 20; Bundesärztekammer: *Niedergelassene Ärztinnen/Ärzte nach Gebietsbezeichnungen und Altersgruppen*, 2020, https://www.bundesaerztekammer.de/fileadmin/user_upload/downloads/pdf-Ordner/Statistik_2020/Tabelle_8-Niedergelassene_AErztinnen_AErzte_nach_Gebietsbezeichnungen_und_Altersgruppen.pdf

616 Laura Gehlhaar auf Instagram, 2019, https://www.instagram.com/p/B1Z-KUwdIHEC/?utm_medium=share_sheet

617 Claudia Homberg et al. (wie Anm. 614), S. 35

618 Pro Familia Frankfurt am Main/CeBeef: *Geburtsvorbereitung für Frauen und Paare mit Behinderung*, https://www.behinderte-eltern.de/pdf/Flyer_Geburtsvorbereitung_2016.pdf

619 Bundeszentrale für gesundheitliche Aufklärung: ›Neu: Schwanger mit Behinderungen – BZgA informiert auch bei besonderen Bedarfen‹, Pressemitteilung, 22.08.2018, https://www.bzga.de/presse/pressemitteilungen/2018-08-22-neu-schwanger-mit-behinderungen-bzga-informiert-auch-bei-besonderen-bedarfen/; https://www.familienplanung.de/schwangerschaft/schwanger-mit-behinderung/

620 Noah Schlegel: *Der schwangere Mann – Lebenswelten gebärender trans* Männer in Deutschland*, Halle 2019, S. 26 f., https://opendata.uni-halle.de/bitstream/1981185920/34526/1/SchlegelNoah_Der_schwangere_Mann.pdf

621 Ebd., S. 27

622 Eiken Bruhn: ›»Ich bin stolz, es geschafft zu haben«‹, in: *die tageszeitung*, 20.06.2021, https://taz.de/Trans-Vater-ueber-seine-Schwangerschaft/!5777440/

623 Milena Zwerenz: *Wie dieses Hebammenkollektiv trans und queeren Menschen beim Elternwerden hilft*, Queerfeminstisches Hebammenkollektiv, 14.10.2020, https://ze.tt/wie-dieses-hebammenkollektiv-trans-und-queeren-menschen-beim-elternwerden-hilft/

624 Vgl. https://www.cocoon-hebammenkollektiv.de/unsere-angebote/

625 Saskia Hödl: ›Sonnenhut für zwei kleine Köpfe‹, in: *die* tageszeitung, 06.07.

2021, https://taz.de/Umgang-mit-Fehlgeburten/!5780450&s=saskia+h%C3%B6dl/

626 Julia Stelzner: ›Schwangerschaft ohne Geburt‹, in: *Frankfurter Allgemeine Zeitung*, 23.12.2018, https://www.faz.net/aktuell/gesellschaft/gesundheit/fehlgeburten-gespraech-ueber-den-verlust-der-schwangerschaft-15909717.html

627 Julia Faust: ›Auch tote Kinder werden groß‹, in: Barbara Peveling/Nicola Richter (Hrsg.): *Kinder kriegen. Reproduktion reloaded*, Hamburg 2021, S. 114–127

628 Berit Glanz: ›Splitterstücke‹, in: Barbara Peveling/Nicola Richter (Hrsg.) (wie Anm. 627), S. 104–113

629 Das Ende vom Anfang: *Wenn Fehlgeburten so häufig sind, warum spricht dann keiner darüber?*, https://www.dasendevomanfang.de/ueber

630 Instagrampost von Chrissy Teigen vom 01.10.2020, https://www.instagram.com/chrissyteigen/?hl=de, Übersetzung durch die Autorinnen

631 Berliner Hebammenverband: *Fehl- und Totgeburt*, https://www.berliner-hebammenverband.de/de/eltern/besondere-situationen/fehl-und-totgeburt.html

632 Das Ende vom Anfang: *8 Antworten von der Hebamme*, https://www.dasendevomanfang.de/antworten/sissi-rasche

633 Bundesverband Lebensrecht auf Twitter, 07.07.2021, https://twitter.com/BVLebensrecht/status/1412750793439129602

634 Cornelia Möhring: ›»Die Austragungspflicht muss weg«‹, Interview mit Patricia Hecht, in: *die tageszeitung*, 08.03.2021, https://taz.de/Linken-Politikerin-ueber-Selbstbestimmung/!5751450/

635 Ebd.

636 Zitiert nach: Claudine Monteil: *Simone de Beauvoir: Modernité et engagement*, Paris 2009, ebook

637 BMG: *Informationen für Krankenhäuser, Arztpraxen und Pflegeeinrichtungen*, https://www.bundesregierung.de/breg-de/themen/coronavirus/krankenhaeuser-medizin-pflege-1734982

638 Lea Susemichl, zitiert nach: Franziska Schutzbach: ›Antifeminismus macht rechte Positionen gesellschaftsfähig‹, Gunder-Werner-Institut, Berlin, 03.05.2019, https://www.gwi-boell.de/de/2019/05/03/antifeminismus-macht-rechte-positionen-gesellschaftsfaehig

639 Deutscher Bundestag: Drucksache 19/26980. Antrag der Linksfraktion im Bundestag: *Für das Leben – Das Recht auf körperliche und sexuelle Selbstbestimmung sichern, reproduktive Gerechtigkeit ermöglichen*, 24.02.2021, https://dserver.bundestag.de/btd/19/269/1926980.pdf

640 Zitiert nach: Claudine Monteil (wie Anm. 636)

Lesen Sie weiter ...

Erica Millar **Happy Abortions**

Mein Bauch gehört mir – noch lange nicht

Mein Bauch gehört mir? Die Debatten um die berühmten Abtreibungsparagrafen zeigen, dass es hier noch immer um eines der gesellschaftlich umstrittensten Themen geht. Dabei entscheidet sich jede dritte Frau mindestens einmal im Leben für einen Abbruch.

Aus dem australischen Englisch von Stephanie Singh
Klappenbroschur. 224 Seiten

Jochen Vollmann **Die Galle auf Zimmer 7**

Welche Medizin wollen wir?

Was macht uns wirklich gesund? Messerscharf zeichnet Jochen Vollmann ein ernüchterndes Bild unseres Medizinsystems und warnt vor einer düsteren Zukunft, wenn wir nicht schnell umdenken: Ist alles, was machbar ist und gewünscht wird, auch wünschenswert?

Klappenbroschur. 128 Seiten

Dennis Altman, Jonathan Symons **Queer Wars**

Erfolge und Bedrohungen einer globalen Bewegung

Die Homosexuellen-Bewegung konnte in den letzten Jahrzehnten enorme Erfolge verzeichnen, gleichzeitig wird sie vielerorts vehement bekämpft. Internationaler Aktivismus muss sich daher an denen orientieren, die dem größten Risiko ausgesetzt sind.

Mit einem Vorwort von Daniel Schreiber. Aus dem Englischen von Hans Freundl
Klappenbroschur. 160 Seiten

Claus Leggewie, Ireneusz Paweł Karolewski

Die Visegrád-Connection

Eine Herausforderung für Europa

Wenn Europa sich der schleichenden Transformation durch das Visegrád-Bündnis widersetzt, kann es eine solidarische Zukunft geben. Tut es das nicht, droht eine tiefe Spaltung der Staatengemeinschaft, die durch den Brexit und die Pandemie ohnehin geschwächt ist.

Klappenbroschur. 176 Seiten

Klassiker neu lesen

Ulrike Marie Meinhof **Die Würde des Menschen ist antastbar**
Aufsätze und Polemiken

Diese Texte Ulrike Meinhofs analysieren die Unfähigkeit der Verarbeitung des Nazismus und die eilige Rekonstruktion der Macht, sie beschreiben das Verkümmern der Demokratie am Fall des Einzelnen – seine Würde wird antastbar.

Mit einem Nachwort von Klaus Wagenbach
WAT 690. 192 Seiten

Das unbefangen Menschliche Peter Brückner lesen

Peter Brückner war eine mutige und konsequente Stimme der 68er-Generation. Er war aber auch einer der wichtigsten deutschen Sozialpsychologen – theoriebildend für sein Fach bis heute.

WAT 848. 208 Seiten

Norberto Bobbio **Rechts und Links**
Gründe und Bedeutungen einer politischen Unterscheidung

Wer den Unterschied von Rechts und Links leugnet, gibt die Idee einer Gesellschaft mit gleichen Rechten auf, stiehlt sich aus der Spannung zwischen Freiheit und Gleichheit, die seit der Französischen Revolution besteht.

Aus dem Italienischen von Moshe Kahn
WAT 311. 96 Seiten

Marshall Sahlins **Der Tod des Kapitän Cook**
Geschichte als Metapher und Mythos als Wirklichkeit

Die atemberaubende Schilderung eines tödlichen Missverständnisses: Wie Kapitän Cook auf Hawaii zum Gott wurde und dafür mit seinem Leben bezahlte. Ein anthropologisches Meisterstück über Glück und Tragik der Begegnung zweier fremder Kulturen.

Aus dem amerikanischen Englisch von Hans Medick und Michael Schmidt
WAT 844. 208 Seiten mit vielen Abbildungen

Kleine Kulturwissenschaftliche Bibliothek

Anke te Heesen **Revolutionäre im Interview**
Thomas Kuhn, Quantenphysik und Oral History

Wie unpolitisch kann eine Wissenschaft im Schatten der Atombombe sein? Wie in der Physik umgehen mit Intuition und Gefühl? Und wie kommen revolutionäre Entdeckungen zustande? Die unbekannte Geschichte eines Interviewprojekts, das den Helden der Quantenphysik das Geheimnis der wohl wichtigsten wissenschaftlichen Revolution des 20. Jahrhunderts entlocken sollte.

KKB 92. Klappenbroschur. 240 Seiten mit Abbildungen

Wolfgang Ullrich
Die Kunst nach dem Ende ihrer Autonomie

Muss Kunst heute politisch, fair und klimaneutral sein? Was unterscheidet sie noch von Mode und Design? Kritisch und zugleich kulturoptimistisch: Wolfgang Ullrichs umfassende Analyse eines Paradigmenwechsels, dessen Konsequenzen weit über die Kunst hinausreichen.

KKB 90. Klappenbroschur. 176 Seiten mit 40 teils farbigen Abbildungen

Deborah Nelson **Denken ohne Trost**
Arbus, Arendt, Didion, McCarthy, Sontag, Weil

Von Frauen wird Tröstung verlangt. Deborah Nelson nähert sich sechs beeindruckenden Denkerinnen, die sich weigerten, die harte Realität im Meer der Gefühle untergehen zu lassen.

Aus dem amerikanischen Englisch von Birthe Mühlhoff
Mit einem Nachwort von Merve Emre
KKB 91. Klappenbroschur. 240 Seiten

Wenn Sie mehr über den Verlag und seine Bücher wissen möchten, schreiben Sie uns eine Postkarte oder elektronische Nachricht (mit Anschrift und E-Mail). Wir informieren Sie dann regelmäßig über unser Programm und unsere Veranstaltungen.

Verlag Klaus Wagenbach Emser Straße 40/41 10719 Berlin
www.wagenbach.de vertrieb@wagenbach.de

Der Verlag dankt der Heinrich-Böll-Stiftung, die das Buch ermöglicht und die Autorinnen großzügig bei der Arbeit unterstützt hat.

HEINRICH BÖLL STIFTUNG

Politik bei Wagenbach
Die Reihe wurde 2008 neu gegründet
von Patrizia Nanz und Susanne Schüssler

Covergestaltung und Satz (Meridien/Brown): Julie August
Autorinnenfoto Gesine Agena © Mina Schmidt
Autorinnenfotos Patricia Hecht und Dinah Riese © Sonja Trabandt
Umschlagkarton: Salzer Touch
Gedruckt und gebunden bei Pustet, Regensburg
Printed in Germany.

ISBN 978 3 8031 3715 9